路桥施工技术与项目管理

朱 睿 田永许◎主编

中国纺织出版社

图书在版编目（CIP）数据

路桥施工技术与项目管理 / 朱睿，田永许主编. --北京 : 中国纺织出版社，2018.12（2023.8重印）
ISBN 978-7-5180-5689-7

Ⅰ. ①路… Ⅱ. ①朱… ②田… Ⅲ. ①道路施工②桥梁施工 Ⅳ. ①U415②U445

中国版本图书馆CIP数据核字(2018)第259087号

责任编辑：沈　靖　　　　**责任校对**：江思飞
责任印制：何　建

中国纺织出版社出版发行
地址：北京市朝阳区百子湾东里A407号楼　邮政编码：100124
销售电话：010-67004422　传真：010-87155801
http://www.c-textilep.com
E-mail：faxing@c-textilep.com
中国纺织出版社天猫旗舰店
官方微博http://weibo.com/2119887771
永清县晔盛亚胶印有限公司印刷　各地新华书店经销
2018年12月第1版　2023年8月第3次印刷
开本：787×1092　1/16　印张：14
字数：230千字　定价：88.00元

编委表

第一主编：朱　睿

第二主编：田永许

副 主 编：郭　平　任有俭　刘玉红

参　　编：陈凌云

前 言
PREFACE

工程建设产品复杂多样，施工中需要投入大量人力、财力、物力等，同时，需要根据施工对象的特点和规模、地质水文气候条件、图纸、合同设备及材料供应情况等，充分做好施工准备、施工技术工艺、施工方法方案等，以确保技术经济效果，避免出现事故，这就对工程建设施工管理技术人员提出了较高的要求。在日常施工生产管理组织中，路桥工程人员需要了解路桥施工技术和路桥工程的项目管理知识，以使既有资源利用最大化，获得最佳组合效益，故组织相关人员编写了《路桥施工技术与项目管理》。

本书注意结合我国公路和桥梁建设的特点，着重阐述传统施工方法。基于公路桥梁工程施工技术理论和实践并重的特点，本书在编写时遵循理论联系实际的原则，以中华人民共和国交通部最新颁布的有关工程技术标准、规范为依据，紧密结合工程实践。本书实践性强、内容翔实、涉及面广，融知识性、实践性于一体。主要内容包括路基施工技术、路面施工技术、桥梁工程施工技术和工程项目管理。

本书在编写过程中，检索和查阅了许多信息、资料，在此向有关人员一并致谢。由于作者水平有限，疏漏之处在所难免，恳请广大读者批评指正。

目录
CONTENTS

第一章　路基施工技术

第一节　路基施工的准备工作

一、施工测量

（一）测量内容和精度

路基施工开工前应做好施工测量工作。其内容主要包括导线、中线、水准点的复测，横断面的检查与补测，必要水准点的增设等。施工测量是整个公路工程施工的基础，是确保线路、高程、尺寸、形状正确的手段，必须认真做好这项工作。施工测量的精度应符合中华人民共和国交通部颁布实施的《公路勘测规范》(JTG C10—2007) 中的要求。

（二）导线复测工作

导线点复测保证在道路施工的施工的全过程中，相邻导线间不能通视。

(1) 当原测中线的主要控制桩由导线来控制时，施工单位必须根据设计资料认真做好导线复测工作，根据地面上的控制桩做好检查复测工作。

(2) 导线复测要求精度较高，应采用现代先进的测量仪器（如红外线测距仪等）进行测量，测量精度应符合有关规程的规定。在进行正式测量前，应对使用的仪器进行认真检验、校正，以确保其测量精度。

(3) 当原有导线点不能满足施工要求时，应适当加密，保证在公路施工全过程中相邻导线点间能互相通视。

(4) 导线起、讫点应与设计单位的测定结果进行比较，测量精度应满足设计要求。当设计未具体规定时，应满足《公路路基施工技术规范》(JTG F10—2006) 中导线测量技术要求的内容。

(5) 复测导线时，必须确保其和相邻施工段的导线闭合。

(6) 对妨碍施工的导线点，在施工前应当加以固定，固定方法可采用交点法或其他固定方法。设置的护桩应牢固可靠，桩位应便于架设测量仪器，并设在施工范围以外。其他控制点也可以参照此法进行固定。

（三）中线复测工作

中线复测就是在施工过程中对直线和曲线上若干点的测设，将道路中心线测设到地面上。

(1) 在路基工程开工前，应全面恢复中线并固定路线的主要控制桩，如交点、转点、圆曲线以及缓和曲线的起、讫点等。为确保线路准确无误，对高速公路、一级公路应采用坐标法恢复主要控制桩。

(2) 在恢复中线时，应特别注意与结构物中心、相邻施工段的中线进行闭合，发现问题时应及时查明原因，并报现场监理工程师和业主。

(3) 如果发现原设计中线长度丈量错误或需要进行局部改线时，应作断链处理，相应调整纵坡，并在设计图表的相应部位注明断链距离和桩号。出现此类错误时，应立即与设计单位联系，共同协商解决。

（四）校对及增设水准点

(1) 在使用设计单位设置的水准点之前，应当进行仔细校核，并与国家水准点闭合。超出允许误差范围时，应查明原因并及时报告有关部门。大桥附近的水准点闭合差应符合《公路桥涵施工技术规范》(JTG/T F50—2011) 中的有关规定。

(2) 两相邻水准点的间距一般不宜大于 1km，在人工结构物附近、高填深挖地段、工程量集中地段、地形复杂地段宜增设临时水准点。临时水准点必须符合精度要求，并与相邻路段的水准点闭合。

(3) 如果发现个别水准点受施工影响，应将其移至影响范围之外，其标高应与原水准点闭合。

(4) 增设的水准点应设在便于观测的坚硬岩石上或永久性建筑物的牢固处，也可设在埋入土中至少 1m 深的混凝土桩上。

（五）横断面图核对

横断面图是否准确关系到施工放样、工程量计算、施工标准、场地布置和工程结算等。在路基正式施工前，应详细检查、核对设计单位提供的横断面图。如果发现问题，应进行复测，并及时报告监理工程师和业主。如果设计单位未提供横断面图，应按照有关规定全部进行补测。

（六）路基工程放样

路基工程放样是一项非常重要的施工准备工作，是施工的标准和依据，也是确保路基工程质量的重要措施。因此，必须认真、准确地进行路基工程放样工作。

(1) 在路基工程正式施工前，应根据恢复的路线中桩、设计图表、施工机械、施工工艺和有关规定，确定路基用地界桩、路堤坡脚桩、路堑堑顶桩、边沟、取土坑、护坡道、弃土堆等的具体位置。在距路中心一定安全距离处，还要设立控制桩，其间距一般不宜大于50m。在桩上应注明桩号、相对路中心的填挖高度，通常用“+”表示填方，用“–”表示挖方。

(2) 在放完边桩后，应进行边坡的放样。对于深挖高填地段，每挖、填5m应复测一次中线桩，测定其标高及宽度，以控制边坡角的大小。

(3) 对于施工工期较长的公路工程，路基工程施工期间，应至少每半年复测一次水准点。在季节冻融地区施工的路基，在冻融后也应对水准点进行复测。

(4) 采用机械施工时，应在边桩处设立明显的填挖标志。高速公路和一级公路在施工过程中，宜在不大于200m 的路段内距中心桩一定距离处埋设能够控制标高的控制桩，从而进行准确的施工控制。如果在施工中桩被碰倒或丢失，应当及时按规定将其补上，以免影响工程的正常施工。

(5) 取土坑放样时，应在坑的边缘设立明显标志，注明土场供应里程桩号及挖掘深度；对于排水用的取土坑，当挖至距设计坑底 0.2 ~ 0.3m 时，应按照设计修整坑底纵坡。

(6) 边沟、截水沟和排水沟放样时，宜先做成样板架检查，也可每隔10 ~ 20m 在沟内外边缘钉上木桩并注明里程及挖深。

(7) 在整个路基工程施工中，应注意保护设置的所有标志，特别注意保护一些原始控制点。

二、施工前的复查和试验

根据《公路路基施工技术规范》(JTG F10—2006) 中的规定，路基施工前应进行认真的复查和试验，以确保工程质量，保证工程顺利进行。路基的复查和试验工作主要包括以下内容。

(1) 在路基正式施工前，施工人员应对路基工程范围内的地质、地形、水文情况进行详细调查，通过取样、试验确定其性质和范围，并了解附近已有建筑物和对特殊土的处理方法。

（2）施工人员应根据设计文件提供的资料，对取自挖方、借土场、料场的路堤填料进行复查和取样试验。如果设计文件中提供的料场填料不足或不符合要求，施工单位应自行勘查寻找，并立即报告监理工程师和业主。

（3）挖方、借土场和料场中用作填料的土应严格进行下列试验项目。其试验方法应按照《公路土工试验规程》（JTG E40—2007）中的规定进行。

①液限、塑限、塑性指数、天然稠度或液体指数。

②颗粒大小分析试验。

③含水量试验。

④密度试验。

⑤相对密度试验。

⑥土的击实试验。

⑦土的强度试验。

⑧一级公路、高速公路应做有机质含量试验及易溶盐含量试验。

对于特殊土，除应进行以上试验外，还应结合对各种土定名的需要辅以相应的专门鉴别试验，以确定其种类及处置方法。

（4）使用新材料（如工业废渣等）填筑路堤时，除应按照相关规范、规程进行有关试验外，还应做对环卫有害成分的试验，同时提出报告，经有关部门批准后方可使用。

三、场地准备

施工场地的准备一般根据合同文件的规定由建设单位配合施工单位进行。

（一）用地划界及拆迁建筑物

路基施工前，应按设计要求进行公路用地放样，根据实际情况确定用地范围，进行公路用地测量，并绘制用地平面图及用地划界表，送交有关单位办理拆迁及占用土地手续。路基施工范围内的所有建筑物、设施等，均应会同有关部门先行拆迁或改造。路基施工影响沿线附近建筑物的稳定时，应予以适当加固。

（二）清理场地

清理场地也是路基工程施工前的一项重要准备工作。如果场地清理不符合要求，不仅不能保证公路工程的质量，而且会严重影响整个工程的施工进度。清理场地主要包括以下工作。

（1）施工前应按设计要求进行公路用地放样，业主办理土地征用手续。施工单位可根据施工需要提出增加临时用地计划，并对增加部分进行公路用地测量，绘制出用地平面图及用地划界表，送交有关单位办理拆迁及临时占用土地手续。

（2）路基用地范围内的既有房屋、道路、河沟、通信设施、电力设施、上下水道、坟墓及其他建（构）筑物，均应会同有关部门进行事先拆迁或改造；路基附近的危险建筑应予以适当加固；文物古迹应妥善保护。

（3）路基用地范围内的树木等均应在施工前砍伐或移植清理。砍伐的树木应移至路基用地之外，进行妥善处理。对于二级及二级以上公路和填方高度小于1m 的公路路堤，应将路基基底范围内的树根全部挖除，并将坑穴填平夯实；对于填方高度大于1m 的二级以下公路路堤，可以保留树根，但根部不能露出地面。取土坑范围内的树根也应全部挖除。

（4）应对路幅范围内、取土坑的原地面表层腐殖土、表土、草皮等进行清理时，应对填方和借方地段的原地面进行表面清理。清理深度应根据种植土的厚度确定，清出的种植土应集中堆放。填方地段在清理完地表面后，应整平压实到规定要求后方可进行填方作业。清出的表层土宜充分利用。

（三）场地排水

场地排水是指疏干、排除场地上所积的地面水，保持场地干燥，为施工提供正常条件。通常根据现场情况设置纵、横排水沟，形成排水系统，将水引入附近河渠、低洼处。在受地面积水或地下水影响的土质不良地段施工时，为了保证工程质量，减少土方挖掘、运送和夯实的困难，施工前也应切实做好场地排水工作。

四、铺筑试验路段

对于高速公路、一级公路，以及在特殊地区或采用新技术、新工艺、新设备、新材料进行路基施工时，应采用不同的施工方案铺筑试验路段。

铺筑试验路段的目的是为了获得施工经验，检验施工机械组合，根据压实机械情况及施工技术规范准许的压实厚度、松铺系数，确定松铺厚度、土的最佳含水量、达到设计要求密实度的碾压遍数，将其作为以后施工的经验资料，指导大面积路基施工。

试验路段要求如下。

（1）为了尽快开工及便于管理，试验路段应选在距驻地近、地形较平坦、交通方便、施工条件较好的地段。

（2）试验路段应选在填方工程量集中、施工时间较长或需尽早开工填筑完成的地段。

（3）当沿线填筑的土质变化较大时，试验路段应选在地质条件、断面形式等均具有代表性的地段，试验路段的长度不宜小于100m。

（4）当填方的原地面地基水文地质变化较大时，试验路段应避开水位较高的地基及软地基，宜选在不需要加固处理，地基承载力较高的地段。

（5）试验所用材料和机具应当与全线施工所用材料和机具相同。通过试验可确定采用不同机具压实不同填料时的最佳含水量、适宜的松铺厚度和相应的碾压遍数、最佳的机械配套和施工组织。高速公路和一级公路应按松铺厚度为30cm进行试验，以确保压实层的均匀性。

（6）试验路段施工过程中及完成试验后，应加强对有关压实指标的检测，完工后应及时写出试验报告。如发现路基在设计方面存在缺陷，应提出变更设计意见并报审。

第二节　土方路基施工技术

一、路基土的分类与土石工程分级

（一）路基土的分类

土的分类方法依据目的不同而方法各异，可按地质、工程等进行分类。每种分类方法只能反映土某些方面的特征，如按地质分类可突出土的成因，着重反映土的发生、变化过程，为确定其物理和化学性质服务。在工程实践中，需要的是能表达出主要工程特性的分类方法。例如，为了解决渗流问题，要突出土的渗透性；在考虑粒度成分界限值时，要注意使粒组的划分与其透水性的变化相协调。对路基土的分类要突出土的压实性和水稳定性。

我国公路路基土采用的分类方法如下。

首先，按有机质含量的多少划分成有机土和无机土两大类。其次，将无机土按粒组含量由粗到细划分为巨粒土、粗粒土和细粒土三类。最后，若为巨粒土和粗粒土，则按其细粒土含量和级配情况进一步细分；若为细粒土，则按其塑性指数和液限进一步细分。

路基土可以归纳为如下四类。

(1) 巨粒土：包括漂石、块石、卵石、碎石、卵石夹土。

(2) 砾石土：包括级配良好砾与级配不良砾、含细粒土砾、粉土质砾与黏土质砾。

(3) 砂类土：包括级配良好砂与级配不良砂、细粒土质砂、粉土质砂与黏土质砂。

(4) 细粒土：包括高、低液限粉土和高、低液限黏土。

（二）土石工程分级

对于安排施工和确定定额来说，最有实用意义的是将土石按其开挖的难易程度进行分级。

表 1–1 所示为土石的六级分级与十六级分级的对应关系。

表 1–2 所示为土石的六级分级，即将土分为松土、普通土和硬土三级，将岩石分为软石、次坚石和坚石三级。

表 1–3 与表 1–4 所示为土石的十六级分级，即将土分为Ⅰ ~ Ⅳ四级，将岩石分为Ⅴ ~ ⅩⅣ十二级。我国公路土石分级通常采用六级，但有时也会用到十六级。

表1–1　土石的六级分级与十六级分级的对应关系

	对应关系					
六级	松土	普通土	硬土	软石	次坚石	坚石
十六级	Ⅰ ~ Ⅱ	Ⅲ	Ⅳ	Ⅴ ~ Ⅵ	Ⅶ ~ Ⅸ	Ⅹ ~ ⅩⅥ

表1-2 土石的六级分级

等级	类别	土及岩石的名称	钻眼1m所需时间			爆破$1m^3$所需炮眼长度/m		强度系数f	开挖方法
			湿式凿岩，一字合金钻头（净钻）/min	湿式凿岩，普通淬火钻头（净钻）/min	双人打眼/工日	路堑	隧道导坑		
Ⅰ	松土	各色粗细砂土、腐殖土、种植土、轻型及各色土质的砂黏土、砂夹石、松散且水分含量不大的各色黏土、含有直径3cm以下树根或灌木根的泥炭土						0.50～0.80	用铁锹挖，脚蹬一下铁锹即到底的松散土壤
Ⅱ	普通土	水分含量较大的各色黏土，密实的各色砂黏土，干燥的黄土，含有直径3cm以上树根或灌木根的泥炭土、碎石类土						0.81～1.00	部分用镐刨松，再用锹挖，用脚蹬锹，需连蹬数次才能挖动
Ⅲ	硬土	各色硬黏土、大石块夹土、大卵石、密实的硬黄土、各种风化的砂石						1.01～1.50	必须先用镐整体刨才能用锹挖
Ⅳ	软石	各种松石、胶结不紧的砾岩、风化页岩、较坚实的泥灰岩、漂石、软的有空隙且节理多的石灰岩	J163	7以内	0.2以内	2.0以内	2.0以内	1.51～4.00	部分用撬棍或十字镐及大锤开挖，部分用爆破法开挖
Ⅴ	次坚石	页岩、砂岩、石灰岩、石英岩、坚实的泥灰岩、风化的玄武岩、风化白云岩、软质的玄武岩、片麻岩及正长岩、角砾状花岗岩		7～20	0.2～1.0	0.2～0.4	2.0～3.5	4.01～10.00	用爆破法开挖

续表

等级	类别	土及岩石的名称	钻眼 1m 所需时间			爆破 $1m^3$ 所需炮眼长度 /m		强度系数 f	开挖方法
			湿式凿岩，一字合金钻头（净钻）/min	湿式凿岩，普通淬火钻头（净钻）/min	双人打眼 / 工日	路堑	隧道导坑		
Ⅵ	坚石	白云岩、硬玄武岩、青白而密实的石灰岩、大理石、闪长斑、坚实的石灰岩、粗粒花岗岩、粗粒正长岩、特坚实的石灰岩		20 以上	1.0 以上	0.4 以上	3.5 以上	10.00 以上	用爆破法开挖

表1-3　按十六级分级方法对土的分级

土质级别	土质名称	自然湿容重 / $(kg \cdot m^{-3})$	外形特征	开挖方法
Ⅰ	1. 砂土 2. 种植土	1650 ~ 1750	疏松，黏着力差或易透水，略有黏性	用锹或略加脚踩开挖
Ⅱ	1. 壤土 2. 淤泥 3. 含壤种植土	1750 ~ 1850	开挖时能成块，并易打碎	用锹加脚踩开挖
Ⅲ	1. 黏土 2. 干燥黄土 3. 干淤泥 4. 含少量砾石的黏土	1800 ~ 1950	黏手，看不见砂粒或干硬	用镐、三齿耙开挖或用锹用力加脚踩开挖
Ⅳ	1. 坚硬黏土 2. 砾质黏土 3. 含卵石黏土	1900 ~ 2100	土壤结构坚硬，将土分裂后成块状或含黏粒砾石较多	用镐、三齿耙工具开挖

表1-4　按十六级分级方法对岩石的分级

岩石级别	岩石名称	实体岩石自然湿度时的平均容重 /（$kg \cdot m^{-3}$）	净钻 1m 所需时间 /min			极限抗压强度 /（$kg \cdot cm^{-2}$）	强度系数
			用直径为 30mm 的合金钻头，采用凿岩机打眼（工作气压为 4.5atm①）	用直径为 30mm 的合金钻头，采用凿岩机打眼（工作气压为 4.6atm）	用直径为 25mm 的钻杆，人工单人打眼		
Ⅴ	1. 砂藻土及软的白垩土 2. 硬的石炭纪的黏土 3. 胶结不紧的砾岩 4. 各种不坚实的砾岩	1500 1950 1900～2200 2000		≤ 3.5	30	≤ 200	1.5～2
Ⅵ	1. 软的有孔隙的节理多的石灰岩及贝壳石灰岩 2. 密实的白垩土 3. 中等坚实的页岩 4. 中等坚实的泥灰岩	2200 2600 2700 2300		4（3.5～4.5）	45（30～60）	200～400	2～4
Ⅶ	1. 水成岩卵石经石灰质胶结而成的砾石 2. 风化的节理多的黏土质砂岩 3. 坚硬的泥质页岩 4. 坚实的泥灰岩	2200 2200 2800 2500		6（4.5～7）	78（61～95）	400～600	4～6
Ⅷ	1. 角砾状花岗岩 2. 泥灰质石灰岩 3. 黏土质砂岩 4. 云母页岩及砂质页岩 5. 硬石膏	2300 2300 2200 2300 2900	6.8（5.7～7.7）	8.5（7.1～10）	115（96～135）	600～800	6～8

续表

岩石级别	岩石名称	实体岩石自然湿度时的平均容重/（$kg \cdot m^{-3}$）	净钻1m所需时间/min			极限抗压强度/（$kg \cdot cm^{-2}$）	强度系数
			用直径为30mm的合金钻头，采用凿岩机打眼（工作气压为4.5atm①）	用直径为30mm的合金钻头，采用凿岩机打眼（工作气压为4.6atm）	用直径为25mm的钻杆，人工单人打眼		
Ⅸ	1. 软的风化较严重的花岗岩、片麻岩及正长岩 2. 滑石质的蛇纹岩 3. 密实的石灰岩 4. 水成岩卵石经硅质胶结的砾岩 5. 砂岩 6. 砂质石灰质的页岩	2500 2400 2500 2500 2500 2500	8.5（7.8～9.2）	11.5（10.1～13）	157（136～175）	800～1000	8～10
Ⅹ	1. 白云岩 2. 坚实的石灰岩 3. 大理石 4. 石灰质胶结的致密砂岩 5. 坚硬的砂纸页岩	2700 2700 2700 2600 2600	10（9.3～10.8）	15（13.1～17）	195（176～215）	1000～1200	10～12
Ⅺ	1. 粗粒花岗岩 2. 特别坚实的白云岩 3. 蛇纹岩 4. 石灰质胶结的致密砂岩 5. 坚硬的砂质页岩 6. 粗粒花岗岩	2800 2900 2600 2800 2700 2700	11.2（10.9～11.5）	18.5（17.1～20）	240（216～260）	1200～1400	12～14
Ⅻ	1. 有风化痕迹的安山岩及玄武岩 2. 片麻岩、粗面岩 3. 特别坚实的石灰岩 4. 火成岩卵石经硅质胶结的砾岩	2700 2600 2900 2600	12.2（11.6～13.3）	22（20.1～25）	290（261～320）	1400～1600	14～16

续表

岩石级别	岩石名称	实体岩石自然湿度时的平均容重 / (kg · m^{-3})	净钻 1m 所需时间 /min			极限抗压强度 / (kg · cm^{-2})	强度系数
			用直径为 30mm 的合金钻头，采用凿岩机打眼（工作气压为 4.5atm①）	用直径为 30mm 的合金钻头，采用凿岩机打眼（工作气压为 4.6atm）	用直径为 25mm 的钻杆，人工单人打眼		
XⅢ	1. 中粒花岗岩 2. 坚实的片麻岩 3. 辉绿岩 4. 玢岩 5. 坚实的粗面岩 6. 中粒正长岩	3100 3000 2800 2700 2500 2800	14.1（13.4 ~ 14.8）	27.5（25.1 ~ 30）	360（321 ~ 400）	1600 ~ 1800	16 ~ 18
XⅣ	1. 特别坚实的细粒花岗岩 2. 花岗片麻岩 3. 闪长岩 4. 最坚实的石灰岩 5. 坚实的玢岩	2300 2300 2200 2300 2900	15.5（14.9 ~ 18.2）	32.5（30.1 ~ 40）		1800 ~ 2000	18 ~ 20
XⅤ	1. 安山岩、玄武岩、坚实的角闪岩 2. 最坚实的辉绿岩及闪长岩 3. 坚实的辉长岩及石英岩	3100 2900 2800	20（18.3 ~ 24）	46（40.1 ~ 60）		2000 ~ 2500	20 ~ 25
XⅥ	1. 钙钠长石质橄榄石质玄武岩 2. 特别坚实的辉长岩、辉绿岩、石英岩及玢岩	3300 3000	> 24	> 60		> 2500	> 25

① 1atm=1.01×10^5Pa。

二、路堤基底处理及填料的选择

（一）路堤基底处理

填方路段应将路基范围内的树根全部挖除并将坑穴填平夯实。填土范围内原地面表层上的种植土、草皮等应予以清除，清除深度一般不小于15cm。清除出来的含有许多植物根系的表土可以铺在路堤边坡上，以利植物生长，同时可起到边坡防护的作用。

路堤基底清理后应予以压实。在深耕（大于30cm）地段，必要时应先将土翻松、打碎，再整平、压实。路堤基底经过水田、池塘、洼地时，应根据具体情况采用排水疏干，换填水稳定性好的土，抛石挤淤等处理措施，以确保路堤基底具有足够的稳定性。

地面横坡坡度为1∶5～1∶2.5时，原地面应挖成台阶，台阶宽度不小于1m；地面横坡坡度大于1∶2.5时，应做特殊处理，防止路堤沿基底滑动。常用的处理措施如下。

（1）经检算下滑力不大时，先清除基底表面的薄层松散土，再挖1～2m台阶。坡脚附近的台阶应宽些，通常为2～3m。

（2）经检算下滑力较大或边坡下部填筑土层太薄时，先将基底分段挖成不陡于1∶2.5的缓坡，再在缓坡上挖1～2m的台阶，最下一级台阶宜宽些。

（3）若坡脚附近地面横坡比较平缓时，可在坡脚处作土质护堤或干砌片石垛护堤。护堤最好用渗水性土填筑，用与路堤相同的土填筑亦可。片石垛最好用大块的片石分层干砌，里外咬合紧密，不得只砌表面而内部任意抛填。片石垛的断面尺寸应通过稳定性检算确定。

（二）填料的选择

一般的土和石都能用作路堤的填料。用卵石、碎石、砾石、粗砂等透水性良好的填料时，只要分层填筑与压实，可不控制含水量；用黏性土等透水性不好的填料时，应在接近最佳含水量的情况下分层填筑与压实。

淤泥、沼泽土、含残余树根和易腐烂物质的土，不能用于路堤填筑。液限大于50%及塑性指数大于26的土透水性很差，干时坚硬难挖，具有较强的可塑性、黏结性和膨胀性，毛细现象也很显著；浸水后能长时间保持水分，因而承载力很低，一般不作为填筑材料。如非用不可，应在接近最佳含水量的情况下充分压实，并设置完善的排水设施。

含盐量超过规定的强盐渍土和过盐渍土不能作为高等级公路的填料；膨胀土除非表层用非膨胀土封闭，一般也不宜作为高等级公路的填料。

工业废渣是良好的填料。高炉矿渣或钢渣应至少放置一年以上，必要时应予以破碎。粉煤灰属于轻质筑路材料，当路堤修筑在软弱地基或滑坡体上时，采用轻质填料有利于保持路堤的稳定。有些矿渣在使用前应检验有害物质的含量，以免污染环境。

需要指出的是，有多种料源可供选择时，应优先选用挖取方便、压实容易、强度高、水稳定性好的土料。路堤受水浸淹部分应尽量选用水稳定性好的填料。

三、路堤填筑方式

每侧路堤填土宽度应大于填层设计宽度，压实宽度不得小于设计宽度，最后削坡。

对于山坡路堤，当地面横坡不陡于1∶5且基底符合填方路堤一般规定中的要求时，路堤可直接修筑在天然土基上。当地面横坡陡于1∶5时，原地面应挖成台阶（台阶宽度不小于1m），并用小型夯实机夯实。填筑时，应由最低一层台阶填起，并分层夯实，然后逐台阶向上填筑和分层夯实，所有台阶填完之后即可按一般填土进行。

路堤填筑是把填料用一定方式运到堤上铺平、碾压密实的过程。路堤填筑方法分为分层填筑法、竖向填筑法和混合填筑法三种。

（一）分层填筑法

采用分层填筑法时，必须考虑土质的不同，从原地面逐层填起并分层压实，每层填土的厚度可根据压实机具的有效压实深度和压实度确定。分层填筑法可分为水平分层填筑法和纵向分层填筑法两种。

1.水平分层填筑法

填筑时按照横断面全宽分成若干水平层次，逐层向上填筑。如原地面不平，应由最低处分层填起。每填一层，经过压实并符合规定要求之后再填下一层，循环进行直至达到设计标高。这是最常用的一种填筑方法。

2.纵向分层填筑法

其宜用推土机从路堑中取土填筑近距离的路堤，依纵坡方向分层，逐层向上填筑。原地面纵坡坡度大于 12% 的地段常采用此法。

在稳定的斜坡上分层填筑路堤时应注意以下几点。

(1) 横坡不陡于 1∶5 时，应清除草木杂物、淤泥、松散土后再进行填筑。

(2) 横坡陡于 1∶5 时，除清除草木杂物、淤泥、松散土外，原地面还应挖成台阶（台阶宽度不小于 1m）并用小型夯实机加以夯实。

(3) 对于高速公路、一级公路，必须在山坡上从填方坡脚向上挖成向内倾斜的台阶，台阶宽度不小于 1m。其中，挖方一侧在行车范围之内的宽度不足一个行车道的宽度。

（二）竖向填筑法

竖向填筑法是从路基一端或两端同时按横断面的全部高度逐步推进填筑，仅用于无法自下而上填筑的深谷、陡坡、断岩、泥沼等运土机械无法进场的路堤。采用竖向填筑法时，因填土过厚不易压实，施工时需采取必要的技术措施。

(1) 选用振动式或夯击式压实机械。

(2) 选用沉陷量较小、透水性较好及颗粒粒径均匀的砂石材料或附近开挖路堑的废石方，并一次填足路堤全宽。

(3) 暂时不修建较高级路面时，容许短期内自然沉落。

（三）混合填筑法

在深谷陡坡地段填筑路堤，尽量采用混合填筑法。即在路堤下层竖向填筑，在上层水平分层填筑，使上部填土经分层压实获得需要的压实度，混合填筑法适用于因地形限制或填筑堤身较高，不宜采用水平分层填筑法和竖向填筑法自始至终进行填筑的情况。其可以单机作业，也可多机作业，一般沿线路分段进行，每段距离以 20 ~ 40m 为宜，多在地势平坦或两侧有可利用山地土场的场合下采用。

对于旧路改建工程，路堤填筑方法是分层填，层压实。为使新、旧路堤紧密结合，加宽之前的旧路边坡须挖成阶梯形，然后分层填筑，层层夯实。阶梯宽一般为 1m 左右，阶高约 0.5m。

在高等级公路施工中，采用不同土质填筑路堤是十分常见的，但若将不同土质的土任意混填，将会造成路基病害，因此必须注意下列几点。

(1) 不同土质的土应分层填筑，层次应尽量减少，每层总厚度最好不小于 0.5m。不得混杂乱填，以免形成水囊或滑动面。

(2) 将透水性差的土填筑在下层时，其表面应做成一定的横坡（一般为双向4% 横坡），以保证将来自上层透水性填土的水分及时排出。

(3) 为保证水分蒸发和排除，路堤不宜被透水性差的土层封闭，也不应覆盖在透水性较大的土所填筑的下层边坡上。

(4) 根据强度与稳定性要求合理安排不同土质的层位。一般地，不因潮湿及冻融而发生体积变化的优良土应填在上层，强度较小的土应填在下层。

(5) 为防止相邻两段用不同土质填筑的路堤在交接处发生不均匀变形，交接处应做成斜面，并将透水性差的土填在斜面的下部。

(6) 若填方分几个作业段施工，两段交接处不在同一时间填筑，则先填地段应按 1∶1 坡度分层留台阶；若两个地段同时填，应分层相互交叠衔接，其搭接长度不得小于 2m。

四、桥涵等构造物处的填筑

（一）桥涵台背处路基产生沉陷的原因

桥涵台背处路基由于沉陷导致桥头跳车是高等级道路中的一种常见病害。其主要原因如下。

(1) 路基本身的压缩沉降。桥台台背、涵洞两侧及涵顶、挡土墙墙背的填筑是在这些构造物基本完成后进行的。由于场地狭窄，死角较多，又不能损坏构造物，故填筑压实比较困难，而且容易积水。如果填筑不良，完工后填土与构造物连接部分容易出现沉降差。

(2) 地基沉降。一般情况下，台背后的地物、地貌与其他路段不同，地形起伏大，地质条件不一。同时桥涵处路基的填筑高度较大，产生的基底应力也相对较大，因此，在台背填筑地段产生的地基沉降较其他路段大。

(3) 路基与台背接头处常会产生细小裂缝，雨水渗入裂缝后会使路基产生病害，导致该处路基发生沉降。

综上所述，填筑施工的质量直接关系到桥涵台背处路基是否出现沉降。要解决桥涵处填料的下沉问题，必须采取正确的施工措施。

（二）台背填土的施工与控制

1.填料选择

桥涵及其他构造物的填料，除设计文件中另有规定外，应采用砂类土或透水性土。在下列范围内，一般应选用渗水土填筑：台背顺路线方向，上部距翼墙尾端不小于台高加2m，下部距基础内缘不小于2m；拱桥台背不小于台高的3～4倍；涵洞填土每侧不小于2倍孔径长度。挡土墙回填部分如果采用透水性材料有困难时，在冰冻地区自路堤顶面起2.5m以下，在非冰冻地区的高水位以下，可用与路堤相同的填料填筑。特别要注意不要将从构造物基础下挖出来的劣质土混入填料中。当确有困难，不得不采用透水性土时，应在土中添加外加剂，如石灰、水泥等。

2.填筑方式

桥梁台背后填土应与锥坡填土同时进行，涵洞、管道缺口填土时应在两侧对称均匀回填。涵顶填土的松铺厚度小于50cm时，不得通过重型车辆或施工机械；构造物1.0m范围内，不得有大型机械行驶或作业。

3.排水措施

对于桥涵等构造物处的填土，在施工中应注意防止雨水流入。若对已有积水，应挖沟或用水泵将其排除。对于地下渗水，可设盲沟引出。当不得不用非渗水土填筑时，应在其上设置横向盲沟或用黏土等不透水材料封顶。挡土墙墙背应做好反滤层，使水能顺利地从泄水孔中流出。具体做法是：台背路基填筑前，在原地基土拱上设置泄水管或盲沟。在基底上，先对基底作必要的处理，然后填筑横坡为3%～4%的夯实黏土拱，再在黏土拱上挖一条双向坡的地沟（地沟一般宽40～60cm，深30～50cm）。最后在台背后全宽范围内满铺一层隔水材料（可用油毡，或下垫尼龙薄膜，上盖油毡）。在地沟四周铺设有小孔的硬塑料管（管径一般不小于10cm，其上小孔孔径为5mm，布成绢花形，间距控制在10cm以内）。塑料泄水管的出口应伸出路基外。然后在硬塑料管四周填筑透水性好、粒径较大的砂石材料，再分层填筑台背后透水性材料，直到路基顶面。

横向盲沟的设置与上相同，取消泄水管，用渗透系数较大的透水性材料填筑地沟（如大粒径碎石）。用土工布包裹盲沟出口处，并对其作必要的处理。

4.压实

桥涵及其他构造物处的填料应适时分层回填压实。压实时的含水量应控制在最佳含水量状态，分层松铺厚度宜小于20cm。当采用小型夯具时，对于一级以上的公路，松铺厚度不宜大于15cm，并充分压（夯）实到规定标准。

5.填土前基底的加固处理

高速公路桥台填土路堤工后沉降量（使用期间地基的残余沉降量）一般控制在10cm以内。因此，为尽量减小路、桥衔接处的沉降差异，可采用加设钢筋混凝土搭板的形式，但对台背下的软弱地基进行加固处理是减小工后沉降量，控制桥头“跳车”的重要措施。目前，对地基的处理方法很多，如换土法、超载预压法、排水固结法、粉体搅拌法、高压喷射注浆法及振动碎石桩和矿渣桩等。

五、路堑开挖方式

应根据挖方量大小、土石质情况和施工要求确定路堑开挖方式。土质和软石路堑可采用机械开挖法，机械难以开挖的石质路堑或土石混合路堑可采取爆破方法或松土法。

（一）横向挖掘法

横向挖掘法分为单层横向全宽挖掘法和多层横向全宽挖掘法。

采用单层横向全宽挖掘法时，需利用一台挖掘机，使其位于道路中心位置，左、右分别挖土，按断面全宽一次性挖掘至设计标高，边挖边沿中线移动，使路堑一次成型。这种方法适用于挖掘深度小，工程量较小，工作面较窄且较短的路堑。

多层横向全宽挖掘法和单层横向全宽挖掘法基本相同，一层挖完后再挖下一层，分层挖掘至设计标高。该方法主要适用于深、短且较窄的路堑。

（二）纵向挖掘法

对于土方量比较集中的深路，采用多层纵向挖掘法。先沿路堑挖一通道，然后将该通道向两侧拓宽，扩大工作面，该通道可作为运土路线和场内排水的出路。该层拓宽至路堑边坡后，再开挖下层，直至挖至设计标高。该法适用于较长、较深且两端纵坡较小的路堑开挖。当路堑过长时，也可分段纵挖，即将路堑分成两段或数段，各段分别安排多个施工队伍，同时按上述方法组织纵向开挖。纵向挖掘法可以使用推土机、铲运机施工，也可使用装载机或挖掘机配合自卸汽车施工。

（三）混合式挖掘法

当路线纵向长度和挖掘深度都很大时，为扩大工作面，可以将多层横向全宽挖掘法和通道纵向挖掘法混合使用，以增大工作面，提高作业效率。

六、路基压实

填土经过挖掘、搬运，其原状结构已被破坏，土团之间留下许多孔隙。在荷载作用下，可能会出现不均匀或过大的沉陷、坍落甚至失稳滑动，所以路基填土必须进行压实。对于松土层构成的路堑表面，为改善其工作条件，也应将其压实。

土是三相体，土粒为骨架，颗粒之间的孔隙被水和气体占据。采用机械对土施以碾压能量时，土颗粒重新排列，彼此挤紧，孔隙减小，形成新的密实体，增强了粗粒土之间的摩擦和咬合以及细粒土之间的分子引力，从而可提高土的强度和稳定性。实践证明，经过压实的路基，塑性变形、渗透系数、毛细作用及隔温性能等都有明显改善。因此，压实是改善土工程性质的一种经济、合理的措施。

（一）影响压实效果的主要因素

1.含水量

土中含水量对压实效果的影响比较显著。当含水量较小时，粒间引力（可能包括毛细管压力）使土保持比较疏松的状态或凝聚结构，土中孔隙大多互相连通，水少而气多。在一定的外部压实功能的作用下，虽然土孔隙中的气体易被排出，密度增大，但由于水膜润滑作用不明显以及外部压实功能不足以克服粒间引力，土粒相对移动并不容易，因而压实效果比较差；当含水量逐渐增大时，水膜变厚，引力减小，在水膜的润滑作用和外部压实功能的作用下，土粒相对移动比较容易，压实效果渐佳；当土中含水量过大时，孔隙中出现了自由水，压实功能不可能将气体排出，压实功能的一部分被自由水所抵消，减小了有效压力，压实效果反而降低。

然而，当含水量较小时，土粒间引力较大，虽然干容重较大，其强度可能比最佳含水量时还要高。此时，因土的密实度较低，孔隙多，一经吸饱水，其强度会急剧下降。因此又可得出一个结论：在最佳含水量的情况下，压实土的水稳定性最好。

最佳含水量和最大干容重是两个十分重要的指标，对路基设计与施工很有用。

2.土类

在同一压实功能的作用下，含粗粒越多的土，其最大干容重越大，最佳含水量越小，即随着粗粒土的增多，其击实曲线的峰点向左上方移动。施工时，应根据不同土类分别确定其最大干容重和最佳含水量。

3.压实功能

对于同一类土，其最佳含水量随压实功能的增强而减小，而最大干容重则随压实功能的增强而增加。当土偏干时，增强压实功能对提高干容重影响较大，偏湿时则收效甚微。故对偏湿的土欲借助增强压实功能的办法来提高土的密实度是不经济的；若土的含水量过大，此时增强压实功能就会出现“弹簧”现象。另外，当压实功能增强到一定程度后，最佳含水量的减小和最大干容重的提高都不明显。即单纯通过增强压实功能来提高土的密实度未必划算，压实功能过强会破坏土体结构，效果会适得其反。

（二）路基压实标准

衡量路基压实程度的指标是工地实际达到的干容重（就是指不含水分状态下的容重）与由室内标准击实试验所得的最大干容重的比。

路基受到的荷载应力随深度的增加而迅速减小，所以路基上部的压实度高一些。另外，公路等级高，其路面等级也高，对路基强度的要求相应提高，所以对路基压实度的要求也应高一些。因此，高等级公路路基的压实度标准（重型击实试验），对于路堤，路槽底面以下 0 ~ 80cm 应不小于 95%，80 ~ 150cm 应不小于 93%，150cm 以上应不小于 90%；对于零填土及路堑，路槽底面以下 0 ~ 30cm 应不小于 95%。

在平均年降水量小于 150mm 且地下水位低的特殊干旱地区（相当于潮湿系数小于等于 2.25 的地区），路基的压实度标准可降低 2% ~ 3%。因为这些地区降水量较小，地下水位低，天然土的含水量大大低于最佳含水，加水到最佳含水量进行压实对施工确有很大困难，而压实度标准稍降低并不影响路基的强度和稳定性。在平均年降水量超过 2000mm，潮湿系数大于 2 的过湿地区和不能晾晒的多雨地区，天然土的含水量超过最佳含水量 5% 时，要达到上述要求极为困难，应进行稳定处理后再压实。

在确定压实标准，大干容重要通过室内标准击实试验求得。长期以来使用的室内标准击实试验是 20 世纪 20 年代初期形成的，它模拟当时的运输工具和碾压设备，汽车质量一般不超过 4t，压路机质量低于 6t。20 世纪 50 年代后，特别是近年来，载重汽车和碾压机械的质量已经大大提高，如仍沿用原击实标准，势必由于路基强度过低，不能适应行车要求，故将击实试验改为重型击实试验。

所谓重型击实试验，是与原来的击实试验（现称轻型击实试验）相比较而言的。重型击实试验增强了击实功能，从而提高了路基的压实标准。其所得的最大干容重，对于砂性土提高6%～10%，对于黏性土提高10%～18%；而最佳含水量则有所降低，对于砂性土降低1%～3%，对于黏性土降低3%～9%。

重型击实试验的原理和基本规律与轻型击实试验类似，但击实功能提高了4.5倍。重型与轻型击实试验的大致差别见表1-5。

表1-5　重型与轻型击实试验对比

击实方法		锤重 /kg	锤击面直径 /cm	落高 /cm	试筒尺寸			锤击层数	每层锤击次数	单位击实功 /（kJ·cm^{-3}）
					内径 /cm	高 /cm	体积 /cm^3			
轻型		2.5	5	30	10	12.7	997	3	25	56.3
重型	甲类	4.5	5	45	10	12.7	997	5	27	274.2
	乙类	4.5	5	45	15.2	12.0	2177	5	59	274.2
	丙类	4.5	5	45	15.2	12.0	2177	3	9	273.5

注　如试筒尺寸有变化，可根据平均单位击实功重新计算每层锤击次数。

（三）压实方法

压实土层的密实度随深度递减，表层5cm的密实度最大。填土分层压实厚度和压实遍数与压实机械类型、土的种类和压实度要求有关，应通过试验来确定。同样质量的振动压路机要比光轮静碾压路机的有效压实深度大1.5～2.5倍。如果压实遍数超过10遍仍达不到压实度要求，则继续增加遍数的效果很差，不如减小压实层厚。

碾压时，横向接头的轮迹应有一部分重叠，振动压路机一般重叠40～50cm，三轮压路机一般重叠1/2后轮宽；前后相邻两区段也宜纵向重叠1～1.5m。应做到无漏压、无死角，确保碾压均匀。

压路机行驶速度过慢会影响生产率；行驶过快则压路机与土的接触时间过短，压实效果较差。一般来说，光轮静碾压路机的最佳行驶速度为2～5km/h，振动压路机的最佳行驶速度为3～6km/h。当压实度要求高，以及铺土层较厚时，行驶速度要更慢些。碾压开始时宜用慢速，随着土层的逐步密实，速度逐步提高。压实时的单位压力不应超过土的强度极限，否则土体将会遭到破坏。开始时土体较疏松，强度低，故宜先轻压；随着土体密度的增加，再逐步增大压强。所以，推运摊铺土料时，应力求机械车辆均匀分布行驶在整个路堤宽度内，以便填土能够得到均匀预压。否则，应采用轻型光轮静碾压路机（6～8t）进行预压。正式碾压时，若为振动压路机，第一遍应静压，然后由弱振至强振进行碾压。

碾压时，在直线路段和大半径曲线路段，应先压边缘，后压中间；半径曲线路段因有较大的超高，碾压顺序宜先低（内侧）后高（外侧）。

路堤边缘往往无法压实，处于松散状，后容易滑塌，故两侧可多填宽度40～50cm，压实工作完成后再按设计宽度和坡度予以刷齐整平。也可以采用卷扬机牵引的小型振动压路机从坡脚向上碾压，或采用人工拍实。坡度不大于1：1.75时，可用履带式推土机从下向上压实。

不同的填料和场地条件要选择不同的压实机械。一般来说，轻型光轮静碾压路机（6～8t）适用于各种填料的预压整平；重型光轮静碾压路机（12～15t）适用于细粒土、砂类土和砾石土；重型轮胎压路机（30t以上）适用于各种填料，尤其是细粒土，其气胎压力应根据填料种类进行调整，土颗粒越小气压越高；羊足碾（包括格式和条式）最适用于细粒土，也适用于粉土质与黏土质砂，需要有光轮静碾压路机配合对被翻松的表层进行补压；振动压路机具有滚压和振动的双重作用，适用于砂类土、砾石土和巨粒土，其效果远远优于其他压实机械，但对细粒土的压实效果不理想。

牵引式碾压机械结构质量大，爬坡能力强，生产率高，适用于广阔的工作场，采用螺旋形运行路线；自行式碾压机械结构质量较小，机动灵活，适用于一般工作场，采用穿梭形运行路线，在尽头回转；夯实机械在路基压实中不是主要设备，仅用于狭窄工作场地的作业。

压实质量要求高的路基宜选用压实效果较好的碾压机械，如重型轮胎压路机和振动压路机。

（四）压实质量控制与检查

土的压实应在其接近最佳含水量的条件下进行。天然土通常接近最佳含水量，因此填铺后应随即碾压。当含水量过大，将土摊开晾晒至要求的含水量后再整平压实。

填土接近最佳含水量的容许范围，与土的种类和压实度要求有关。在一定的压实度要求下，砂类土比细粒土的范围大；对于同一种土类，压实度要求低的土比要求高的土范围大。最佳含水量的容许范围可从该种土的击实试验曲线上查得，即在该曲线图的纵坐标上在要求的干密度处画一横线，此线与曲线相交的两点所对应的两个含水量就是它的范围。

天然土过干需要加水时，可在前一天于取土地点浇洒，使水均匀渗入土中；也可将土运至路堤再用水浇洒，并拌和均匀。加水量可按下式估算：

$$V=(\omega-\omega_0)\frac{Q}{1+\omega} \tag{1-1}$$

式中：V 为所需加水量，t；ω 为天然土的含水量；ω_0 为最佳含水量；Q 为需加水的土的质量，t。

此外，还应增加洒水以抵消碾压时的水分蒸发消耗量。

在压实过程，施工单位的自检人员应经常检查压实度是否符合要求。压实度的试验方法有环刀法、蜡封法、水袋法、灌砂法或核子密度湿度仪法。环刀法适用于细粒土，灌砂法适用于各类土。核子密度湿度仪法应先与环刀法、灌砂法等进行对比标定后才可应用。

每一压实层均应检验压实度，合格后方可填筑上一层。

检验取样频率：当填土宽度较小时（如路堤的上部），沿路线纵向每 200m 检查 4 处，每处左、右各 1 个点；当填土宽度较大时，每 2000m^2 检查 8 个点。必要时可增加检查点数，以防止压实不足处漏检。

压实度的评定以一个工班完成的路段压实层为检验评定单元比较恰当。如检验不合格能及时补，不会因等待过久而使含水量变化过大。检验评定段的压实度 K 按下式计算，若 K 大于等于压实度的标准值，则为合格。

$$K=\overline{K}-\frac{t_0 S}{\sqrt{n}} \tag{1-2}$$

式中：$\overline{K}$为检验评定段内各检验点压实度的算数平均值；t_0 为分布表中随自由度和保证率（置信率）而变的系数，通常保证率为 95%；S 为检验值的均方差；n 为检验点数，应不少于 10 点，汽车专用公路取高限，一般公路取低限。

填筑碾压完成的路基，其路槽地面的回弹模量应满足路面设计的要求。然而实测土基回弹模量 E_0 比较困难，可用测试弯沉值 l_0 代替。弯沉值与回弹模量有如下关系：

$$l_0 = 9308E_0^{-0.938} \tag{1-3}$$

式中：l_0为以 BZZ-100 标准轴载试验车实测的弯沉值，为 1/100mm；E_0为土基回弹模量，MPa。

弯沉值测试应在不利季节进行。若在非不利季节测定时，则应乘以季节影响系数。弯沉值测试频率为每车道 50m 检查 4 个点（即左、右两后轮隙下各 1 个点）。

路槽底弯沉值反映路基上部的整体强度，而压实度反映路基每一层的密实状态。只有弯沉值和压实度两者都合格，路基的整体强度、稳定性才能符合要求。如果经过反复检查，各层压实度均合，表面弯沉值仍然达不到设计要求值（这种情况极少），则应考虑按实测弯沉值调整路面结构设计，适应该压实土所能达到的强度。

第三节　石质路基施工技术

一、岩石的开挖方法

石方路堑的开挖应根据岩石的类型、风化程度、岩层产状、岩体断裂构造、施工环境等因素确定开挖方案。爆破法施工是石质路基施工最有效的方法之一。此外，爆破还可以爆松冻土、爆除淤泥、开采石料等。山区公路路基石方工程量大量集中时，采用爆破法施工不但可以提高功效、缩短工期、节约劳动力，而且可以改善线型，提高公路使用质量。

（一）炸药种类、起爆材料及起爆方法

为了爆破某一岩体，在其中或表面放置一定数量的炸药，称为药包。按其形状或集结程度的不同，可以分为集中药包、延长药包和分集药包三种。凡药包形状接近球形或立方体，以及高度不超过直径 4 倍的近似圆柱体和最长边不超过最短边 4 倍的近似直角六面体，均属于集中药包；相反，药包的长度或高度超过上述情况者，属于延长药包。分集药包是提高炸药有效能量利用率的新型装药方式，它是将一个集中药包分为两个保持一定距离的子药包。

1.炸药种类

炸药种类繁多，在爆破工程中常用的种类有以下两类。

(1) 起爆炸药：它是一种爆炸速度极高的烈性炸药，爆速可达 2000 ~ 8000m/s，用于制造雷管。起爆炸药可分为正起炸药和副起炸药。正起炸药对热能和机械冲击能均具有强烈的敏感性；副起炸药须由正起炸药引爆，其爆速甚高，可加强雷管的起爆能量。

(2) 主要炸药：用于对岩石或其他介质进行爆破的炸药称为主要炸药。它的敏感性较低，要在起爆炸药的强力冲击下才能爆炸。道路工程中常用的主要炸药有 TNT、黑火药、硝铵等。

2.起爆材料及起爆方法

(1) 起爆材料：雷管是常用的起爆材料，黄色炸药和硝铵炸药一般用直接火花不会引起爆炸，需用雷管来引爆。按照引爆方式，雷管有火雷管和电雷管两种。火雷管也叫作普通雷管，它是用导火索来引爆的。火雷管由雷管壳、正副起炸药、加强帽三部分组成。在管壳开口的一端留有 15mm 长的空隙，以便插入导火索，另一端做成窝槽状。电雷管是用电流点火引爆的。电雷管的构造与火雷管的构造基本相同，不同之处在于管壳上的一段有一个电气点火装置，通电时电流通过电桥丝，灼热的电桥丝将引燃剂点燃，使起爆炸药爆炸。电雷管又可分为即发电雷管和迟发电雷管。即发电雷管用于同时点火、同时起爆的电点火线路中；迟发电雷管用于同时点火，但不同时爆炸的电点火线路中。迟发电雷管的构造与即发电雷管基本相同，只是在引火药与起爆药之间装有燃烧速度相当准确的缓燃剂。

(2) 起爆方法。

①导火索及火花起爆法：导火索是点燃火雷管的配置材料，外形为圆形索线，索芯内装有黑火药，中间有纱导线，芯外紧缠数层纱与防潮纸（或防潮剂）防潮，以避免变质。导火索应满足的要求是燃烧完全，燃速恒定。根据使用要求，导火索的正常燃烧速度有两种规格：一种为 10mm/s，另一种为 5mm/s。

②电力起爆法：电雷管是用点火器，通过电爆导线通电发热起爆的。点火器即为产生电流的电源，如干电池组、蓄电池、手摇起爆机等。

③传爆线起爆法：传爆线又称导爆线，其索芯用高级烈性炸药制成，内有双层棉织物：一层为防潮层，另一层为缠绕的纱线。为了与导火索区别，传爆线表面涂成红色或红黄相间色等。我国制造的传爆线是以黑索金或泰安为索芯，速度为 6800 ~ 7200m/s。

（二）综合爆破方法

1.中、小型爆破

(1) 钢钎炮 (眼炮)：在路基工程中，钢钎炮通常是指炮眼直径和深度分别小于 70mm 和 5m 的爆破方法。因其炮眼浅、用药少、工效低，一般情况下单独使用钢钎炮爆破石方是不太经济的，但是由于其比较灵活，所以仍不失为一种重要的炮型，在地形艰险及爆破量较小的地段 (如挖水沟、便道、基坑等) 仍属必需，在综合爆破中是一种改造地形，为其他炮型服务的辅助炮型。

(2) 药壶炮 (烘膛炮)：药壶炮是指在深 2.5 ~ 3.0m 以上的炮眼底部用少量炸药经一次或多次烘膛，使眼底呈葫芦形，将炸药集中装入药壶中以提高爆炸效果的一种炮型。它适用于Ⅺ级以下岩石，不含水分，阶梯高度（H）小于 10m，自然地面坡角在 70° 左右的情形。

(3) 猫洞炮 (蛇穴炮)：猫洞炮是指炮洞直径为 0.2 ~ 0.5m，洞穴水平或略有倾斜 (台眼)，深度小于 5m，用集中药包在炮洞中进行爆破的一种方法。其特点是充分利用岩体本身的崩塌作业，能用较浅的炮眼爆破较高的岩体，一般爆破可炸松 15 ~ 50m^3。采用这种爆破方法，可以获得较好的爆破效果。

2.大爆破

其是指采用导洞和药室装药，用药量在 1000kg 以上的爆破。它主要用于石方大量集中、地势险要或工期紧迫路段。

3.洞室炮爆破

为使爆破设计断面内的岩体大量抛掷 (抛坍) 出路基，减少爆破后的清方工作量，确保路基的稳定性，可根据地形和路基断面形式采用以下不同性质的洞室炮爆破方法。

(1) 抛掷爆破：当自然地面坡角小于 15°，路基设计断面为拉沟路堑，石质大多是软石时，为将石方大量抛掷到路基两侧，通常采用稳定的加强抛掷爆破。但此法在公路工程中很少采用。当自然地面坡角为 15° ~ 50°，岩石也较松软时，可采用斜坡地形半路堑的抛掷爆破。

(2) 抛坍爆破：当自然地面坡角大于 30°，地形地质条件均较复杂，临空面大时，宜采用这种爆破方法。在陡坡地段，岩石只要被充分破碎，就可以利用其自重坍滑出路基，这样既提高了爆破效果，又使爆后路堑边坡稳定，单位耗药量下降，从而降低了路基工程造价。

（3）多面临空地形爆破：路线通过起伏的峡谷或鸡爪地形地段时，因地形状况的限制，会出现较多临空面，这将有利于爆破。

（4）定向爆破：这是利用爆能将大量土石方按照指定的方向，搬移到一定的位置并堆积成路堤的一种爆破施工方法。它减少了挖、装、运、夯等工序，生产率极高。采用定向爆破，一次可形成百米甚至数百米路基。

（5）松动爆破：大型松动爆破主要用于不宜采用抛掷爆破的次坚石而需进行机械化清方的地段。在坚石中，宜采用深孔炮。

4.微差爆破

两相邻药包或前后排药包以毫秒的时间间隔（一般为15～75ms）依次起爆，称为微差爆破，也称毫秒爆破。其优点是可减震1/3～2/3，提高爆破效果，节省炸药200%，有利于挖掘机作业。

5.光面爆破和预裂爆破

（1）光面爆破是指在开挖限界的周边适当排列一定间隔的炮孔，在有侧向临空面的情况下，用控制抵抗线和药量的方法进行爆破，使之形成一个光滑、平整的边坡。

（2）预裂爆破是指在开挖限界处按适当间隔排列炮孔，在没有侧向临空面和最小抵抗线的情况下，用控制药量的方法预先炸出一条裂缝，使拟爆体与山体分开，将其作为隔离减震带，起减弱开挖限界以外山体或建筑物的地震破坏作用。光面爆破与预裂爆破后，在边坡壁上通常会留下半个炮孔的痕迹。

进行光面爆破或预裂爆破时，应严格保持炮孔在同一平面内，炮孔间距和最小抵抗线之比应小于0.8。装药量应适当，并采用合理的药包结构，通常使炮孔直径大于药卷直径的1～2倍，或采用间隔药包、间隔钻孔装药。

（三）爆破方法的基本选用原则

为了充分发挥各种爆破方法的优点，利用地形地质的客观条件，在路基石方工程中采取综合爆破，选用各种爆破方法组织炮群，有计划、有步骤地爆破拟开挖的石方是十分重要的。为此，石方工程的施工方案应全面规划，重点设计；由路基面开挖，形成高阶梯，以增加爆破效果；综合利用小炮群，以分段、分批爆破的原则进行爆破。

二、填石路堤

（一）对石料的要求

用于填石路堤的石料强度不应小于 15MPa，用于护坡的石料强度不应小于 20MPa；填料最大粒径不应大于 500mm，并不宜超过分层压实厚度的 2/3。当石料性质差异较大时，不同性质的石料应分层或分段填筑。暴露在大气中风化较快的石块不应用作填石路堤的填料。当必须用这种强风化石料或软质岩石填筑路堤时，应先检验其 CBR 值是否符合土质路堤的填土质量要求：CBR 值符合要求的按土质路堤相关技术要求进行填筑，不符合要求的不得使用。高速公路和一级公路填石路堤路床顶面以下 500mm 范围内用符合路床要求的土填筑，土的最大粒径不得超过 10mm，并分层压实。其他公路填石路堤路床顶面以下 300mm 范围内用符合路床要求的土填筑，填料粒径不大于 150mm。

（二）石质路堤填筑方案

石质路堤的填筑施工方式有倾填（含抛填）和分层填筑、分层压实两种。

由于石料从高处自然落下，石料间难免重叠交错，空隙较大，故倾填路堤的压实、稳定等问题较多。高速公路、一级公路和铺设高级路面的其他等级公路的石质路堤不宜采用倾填式施工，而应采用分层填筑、分层压实的方法。对于二级及二级以下且铺设低级路面的公路，在陡峭山坡段施工特别困难或大量爆破移挖作填时，可采用倾填方式将石料填筑于路堤下部，但倾填路堤在路床底面下小于 1.0m 范围内仍应分层填筑、分层压实。分层填筑方式施工又可分为机械作业和人工作业两种方法。机械作业分层填筑时，高速公路及一级公路分层松铺厚度一般为 500mm，其他公路为 1000mm。

（三）注意事项

填石路堤应主要考虑石料性质、石块大小、填筑高度和边坡坡度，应逐层水平填筑，并夯压密实。用风化岩石填筑路堤时，石块应摆平、放稳，空隙用小石块或石屑填满铺平，边坡坡度同土质路堤；用不易风化且粒径在 250mm 以下的石块填筑路堤时，应分层铺填，当路堤高度不超过 6m 时，边坡要码砌 1 ~ 2m 厚，大面向下，小面向上，摆平靠紧，用小碎石填缝找平；用 250mm 以上的大石块填筑路堤时，可大致分层铺填，不必严格找平，尽量靠紧密实，边坡要码砌 1 ~ 2m 厚，如边坡码砌成台阶形，则上、下层石块应错缝互相压住。当用土、石混合填筑路堤时，如土石易分清，宜分开分段填筑；如不易分清，应尽量按上述情况施工，不得乱抛乱填。

第二章　路面施工技术

第一节 沥青混凝土路面施工技术

沥青混凝土路面是以沥青材料为结合料，黏结矿料形成沥青混合料，用其修筑面层，与各类基层和垫层共同组成的路面结构。沥青作为结合料，增强了矿料颗粒间的黏结力，同时提高了路面的技术品质。由于沥青材料具有较好的弹性、黏性和塑性，因而沥青混凝土路面具有平整、耐磨、不扬尘、不透水、耐久、平稳、舒适等特点，是目前各级道路常用的路面面层。

沥青混凝土路面施工过程中必须遵循以下规定。

(1) 贯彻“精心施工，质量第一”的方针，保证沥青混凝土路面的施工质量。

(2) 必须符合国家环境和生态保护的规定。

(3) 沥青混凝土路面施工必须有施工组织设计，并保证合理的施工工期。沥青混凝土路面不得在气温低于10℃(高速公路和一级公路) 或5℃(其他等级公路)，以及雨天、路面潮湿的情况下施工。

(4) 沥青面层宜连续施工，避免与可能污染沥青层的其他工序交叉干扰，以杜绝施工和运输污染。

(5) 沥青混凝土路面施工应确保安全，有良好的劳动保护。沥青搅拌厂应具备防火设施，配制和使用液体石油沥青的全过程严禁烟火。使用煤沥青时，应采取措施防止工作人员吸入煤沥青，或避免皮肤直接接触煤沥青而造成身体伤害。

(6) 进行沥青混凝土路面试验检测的试验室应通过认证，取得相应的资质；试验人员应持证上岗；仪器设备必须检定合格。

(7) 沥青混凝土路面工程应积极采用经试验和实践证明有效的新技术、新材料和新工艺。

(8) 沥青混凝土路面施工除应符合《公路沥青路面施工技术规范》(JTG F 40—2004) 外，还应符合国家颁布的现行有关标准、规范的规定。特殊地质条件和地区的沥青混凝土路面工程，可根据实际情况制定补充规定。各省、市、自治区或工程建设单位可根据具体情况，制订相应的技术指南，但技术要求不应低于《公路沥青路面施工技术规范》(JTG F40—2004) 中的规定。

热拌沥青混合料是由矿料与沥青在热态下拌和而成的混合料的总称，是高等级公路主要采用的路面施工方式。本节主要讲述热拌沥青混合料施工技术。

一、施工前的准备工作

施工前的准备工作主要有确定料源及进场材料的质量检验、检查施工机械、铺筑试验路段等。

（一）确定料源及进场材料的质量检验

在沥青混凝土路面建设过程中，材料起着至关重要的作用。有些新建的高速公路沥青混凝土路之所以会出现早期损坏，材料问题是重要原因。因此，在沥青混凝土路面施工过程中，应严把材料关，以试验为依据，严格控制材料质量。沥青混凝土路面使用的各种材料运至现场后，必须取样进行质量检验，经评定合格后方可使用。不得以供应商提供的检测报告或商检报告代替现场检测，以防止因使用不符合要求的材料而造成损失的情况发生。

1.沥青材料

沥青材料的选用应在全面了解各种沥青料源、质量及价格的基础上，从质量和经济两个方面综合考虑。对每批进场的沥青，均应检验生产厂家所附的试验报告，检查装运数量、装运日期、订货数量、试验结果等。对每批沥青进行抽样检测，试验中如有一项达不到规定要求，应加倍抽样试验。如仍不合格，应退货并提出索赔。沥青材料的试验项目有针入度、延度、软化点、薄膜加热、蜡含量、密度等。有时根据合同要求，可增加其他非常规测试项目。

沥青材料的存放应符合下列要求：沥青运至沥青厂或沥青加热站后，应按规定分批检验其主要性质指标是否符合要求，不同种类和标号的沥青材料应分别储存，并加以标记；临时性的储油池必须搭盖棚顶，并应疏通周围的排水渠道，防止雨水或地表水进入池内。

2.集料

集料是用于配制混凝土或砂浆的颗粒状松散材料，也称料集料质量差是目前公路建设中特别严重的问题，突出表现是材料脏、粉尘多、针片状颗粒含量高、级配不良等，经常达不到规范要求。我国公路部门的集料多半取自社会料场，国有企业、乡镇企业、个体企业都有，各料场的质量、规格参差不齐，用时离析严重，导致实际级配和配合比与设计有很大的差距，这是造成沥青混凝土路面早期损坏的重要原因。

集料的准备应符合下列要求。

(1) 不同规格的集料应分别堆放，不得混杂，有条件时应加盖防雨顶棚。

(2) 各种规格的集料运达工地后，应对其强度、形状、尺寸、级配、清洁度、潮湿度进行检查。如尺寸不符合规定要求，应重新过筛；若有污染，应用水冲洗干净，干燥后方可使用。

集料质量的控制主要从粗集料、细集料、填料（矿粉）和纤维稳定剂几个方面进行。

第一，粗集料的选择应遵循就地取材的原则，注重集料的加工特性，重点检查石料的技术标准能否满足要求，石料等级、保水抗压强度、磨耗率、磨光值、压碎值等，以确定石料料场。实际中，有些石料虽然达到了技术标准中的要求，但不具备开采条件，在确定料场时也应慎重考虑。在各个料场采集样品，制备试件并进行试验，考虑经济性等问题后确定料场。在选择集料时，并非一定要用玄武岩。有人认为表面层非玄武岩不能使用，当地没有就去外地买，对当地的石料如辉绿岩、安山岩、闪长岩、石灰岩等质量很好的石料视而不见，特别是花岗岩、砂岩等酸性石料。实际上，只要采取掺加消石灰或抗剥落剂等技术措施，酸性石料也具有较好的应用效果，且玄武岩未必都好，有的吸水率很大，热稳定性并不好。

第二，细集料的质量是确定料场的重要指标，进场的机制砂、天然砂、石屑应满足规定的质量要求。细集料应洁净、干燥、无风化、无杂质，并有适当的颗粒级配，其中最重要的是洁净。为保证细集料的质量，并从保护环境的角度来看，机制砂是今后细集料的发展方向。

第三，填料（矿粉）必须为石灰岩或岩浆岩中的强基性岩石等憎水性石料经磨细得到的矿粉，原石料中的泥土杂质应除净。矿粉应干燥、洁净，能自由地从矿粉仓流出。拌和机的粉尘可作为矿粉的一部分进行回收使用，但每盘用量不得超过填料总量的25%，掺有粉尘填料的塑性指数不得大于4。当采用粉煤灰作为填料使用时，用量不得超过填料总量的50%，粉煤灰的烧失量应小于12%，与矿粉混合后的塑性指数应小于4，其余质量要求与矿粉相同。高速公路、一级公路的沥青面层不宜采用粉煤灰作填料。

第四，纤维稳定剂宜选用木质素纤维、矿物纤维等。其掺加比例以其占沥青混合料总量的质量百分率计算。通常情况下，用于SMA路面的木质素纤维不宜低于0.3%，矿物纤维不宜低于0.4%，必要时可适当增加纤维用量。纤维掺加量的允许误差宜不超过 ±5%。纤维应存放在室内或有棚盖的地方，松散纤维在运输及使用过程中应避免受潮、结团。使用纤维时必须符合环保要求，不危害身体健康。矿物纤维宜采用玄武岩等矿石制造，易影响环境及造成人体伤害的石棉纤维不宜直接使用。

（二）检查施工机械

沥青混凝土路面施工前，应对各种施工机械作全面检查。具体检查项目如下。

(1) 检查洒油车的油泵系统、洒油管道、量油表、保温设备等有无故障，并将一定数量的沥青装入油罐，在路上试洒，校核其洒油量。每次喷洒前应保持喷油嘴干净，管道畅通。喷油嘴的角度应一致，并与洒油管呈15°～25°的夹角。

(2) 检查矿料撒铺车的传动和液压调整系统，并应事先进行试洒，以确定洒铺每一种规格矿料时应控制的间隙和行驶速度。

(3) 检查沥青混合料拌和与运输设备。拌和设备在开始运转前要进行一次全面检查，注意各个连接部件螺栓连接的紧固情况，传动链的张紧度，搅拌器内有无积存余料，振动筛筛网规格及网面有无破损，冷料运输机是否运转正常和有无跑偏现象；仔细检查沥青、燃油、导热油和压缩空气供给系统是否畅通，是否有漏沥青、漏油、漏气现象；注意检查沥青拌和设备的电气系统；检查运输车辆是否符合要求，保温设施是否齐全。

(4) 检查摊铺机的规格和主要机械性能，如振捣板、振动器、熨平板、螺旋摊铺器、离合器、刮板送料器、料斗闸门、厚度调节器、自动调平装置，并检查纵坡、横坡控制器是否正常工作。作业前，应使用喷雾器向接料斗、推滚、刮板送料器、螺旋摊铺器及熨平板等可能黏着沥青混合料的部位喷洒柴油，但严禁在熨平板预热时喷洒柴油。

(5) 检查压路机的规格和主要机械性能 (如转向、启动、振动、倒退、停驶等方面的能力) 及滚筒表面的磨损情况；检查发动机冷却水量、机油量、液压油量是否符合压路机的使用要求；检查燃油量、喷水水箱的水量是否充足，保证能够顺利完成当天的生产任务。

（三）铺筑试验路段

1.铺筑试验路段的目的

铺筑沥青混合料道路时一般就地取材。每个地区的材料性能和特点各不相同，在进行道路设计时，要根据现有的材料确定矿料的级配、沥青用量。道路施工时，各个施工单位使用的设备不同。随着施工技术的不断发展，新技术、新工艺、新材料、新设备不断应用。

铺筑试验路段的目的如下。

(1) 为了减少不定因素造成的风险，防止道路铺筑后产生缺陷。

(2) 通过铺筑试验路段，对采用的新技术、新工艺、新材料、新设备进行综合验证和评定。待各项指标完全满足设计要求后，才能正式摊铺施工。

(3) 通过试验路段的作业，总结出全套的作业参数，供正式施工时参照执行。

2.铺筑试验路段的要求

铺筑试验路段绝不是一种形式，必须达到所要求的目的。具体应满足以下要求。

(1) 高速公路和一级公路在正式施工前，都应铺筑试验路段。

(2) 其他等级的公路，在缺乏施工经验或使用新材料、新设备、新施工方法时，也应铺筑试验路段。

(3) 只有施工单位、材料、机械设备以及施工方法都相同时，才能用已有的经验施工，无须铺筑试验路段。

(4) 试验路段的长度一般为100～200m。

(5) 为了确保试验结果准确，应选择直线路段进行试验。

(6) 沥青混合料路面的每个结构层都要铺筑试验路段。

(7) 确定各层试验路段位置时，不能在同一地段。

3.通过试验路段应得到的数据

热拌热铺沥青混合料路面试验路段的铺筑分试拌及试铺两个阶段，通过试验路段应得到以下数据。

(1) 验证设计阶段取得的沥青混合料配合比数、目标配合比、生产配合比等数据是否满足设计要求。

(2) 对施工准备阶段设定的沥青拌和站的各项参数进行验证，包括拌和时矿料的加热温度、沥青的加热温度、混合料的拌和时间及其他设备生产参数，测量混合料的出厂温度，还要测算拌和站的实际生产率。

(3) 测量运输车将混合料运达现场后混合料的温度、运输过程所用的时间、运输车数量是否满足施工要求。

(4) 验证各种施工机械的性能是否满足施工质量要求，施工机械的数量是否足够，施工机械匹配是否合理，全套施工机械是否能够满足均衡生产的要求；设备的技术状况是否可靠，性能是否达到最佳稳定运转状态。

(5) 测量摊铺机的摊铺温度、松铺系数、摊铺机的各项作业数据。

(6) 测量压路机初压时混合料的温度，复压时混合料的温度，复压遍数后终压时混合料的温度及碾压过程所用的时间。使用振动压路机时，比较各振动频率和振幅的碾压效果，确定最佳振动频率和振幅参数。

(7) 进行路面渗水系数试验，检查路面沥青混合料的防水性能。

(8) 建立用钻孔法与核子密度仪无破损检测路面密度的对比关系，确定压实度的标准检测方法。核子密度仪等无破损检测在碾压成型后的热态条件下测定，取 13 个测点的平均值为 1 组数据，一个试验路段不得少于 3 组；钻孔法在第 2 天或第 3 天以后测定，钻孔数不少于 12 个。

试验路段的铺筑应由相关各方共同参加，及时商定有关事项，明确试验结论。铺筑结束后，施工单位应就各项试验内容提出完整的试验路段施工、检测报告，取得业主或监理的批复。

热拌沥青混合料路面施工工艺包括混合料的拌和、运输、摊铺、压实及接缝处理等。铺筑沥青层前，应检查基层或下卧沥青层的质量，不符合要求的不得铺筑沥青面层。旧沥青路面或下卧层已被污染时，必须清洗或经铣刨处理后方可铺筑沥青混合料。以下对热拌沥青混合料路面的各施工工艺分别进行阐述。

二、沥青混合料的拌和与运输

（一）沥青混合料的拌和

沥青混合料必须在沥青拌和厂（场、站）采用拌和机械拌制。拌和厂的设置必须符合国家有关环境保护、消防、安全等的规定；设计拌和厂与工地现场距离时，应充分考虑交通堵塞的可能性，确保混合料的温度下降符合要求，且不致因

续表

颠簸造成混合料离析；拌和厂应具有完备的排水设施，各种集料必须分隔储存，细集料应设防雨顶棚，料场及场内道路应做硬化处理，严禁泥土污染集料。

在拌制一种新配合比的混合料之前，或生产中断了一段时间后，应根据室内配合比进行试拌。通过试拌及抽样试验确定施工质量控制指标。

1.拌和设备

沥青混合料拌和设备按工艺流程可分为间歇式强制搅拌式和连续滚筒式，根据生产能力（即每小时拌和成品料的数量）又分为小型（40t/h 以下）、中型（40 ~ 350t/h）和大型（350t/h 以上）三种。间歇式强制搅拌式拌和设备的生产能力最高可达 700t/h，连续滚筒式拌和设备的生产能力最高可达 1200t/h。

对于间歇式强制搅拌式拌和设备，冷矿料的烘干、加热与热沥青的拌和先后在不同的设备中进行，采用分批计量、强制拌和的生产工艺，所生产的沥青混合料的油石比和骨料级配具有精度高、拌和均匀、残余含水率低的特点，但设备庞大，动力消耗较高。对于高速公路和一级公路，为了保证路面施工质量，以适应大负荷、大流量的运输工况，规范规定宜选择间歇式强制搅拌式拌和设备。

对于连续滚筒式拌和设备，冷矿料的烘干、加热与热沥青的拌和在同一滚筒内连续进行，采用连续作业、自由拌和的生产工艺，热砂石料和热沥青液连续计量供应，不断搅拌并卸出。其搅拌器较长，装有多对按螺旋形方向安装的搅拌叶片，一端连续进料，另一端连续出料。此种拌和设备紧凑，同等生产率条件下动力消耗小。其一般装有自动控制装置，可以实现自动化生产，生产率较高，但对沥青混合料的油石比和骨料级配控制精度比较低，而且由于沥青接触火焰易老化，使用性能降低。连续滚筒式拌和设备使用的集料必须稳定不变，当一个工程从多处进料，料源或质量不稳定时，不得采用连续滚筒式拌和设备。

按其安装情况，沥青混合料拌和设备又可分为固定式和移动式。前者的全部机组固定安装在场地上，多用于规模较大、工程量集中的场合。后者若为大、中型设备，则全部机组分装在几辆特制平板挂车上，拖运到施工地点后拼装架设，多用于公路施工工程；若为小型设备，则机组安装在一辆特制平板挂车上，可随时转移，多用于道路维修工程。

选择沥青混合料拌和设备时还应注意以下情况。

(1) 间歇式强制搅拌式拌和设备的总拌和能力满足施工进度要求。拌和设备除尘设备完好，能达到环保要求。冷料仓的数量满足配合比需要，通常不宜少于

6个。拌和设备应配备有添加纤维、消石灰等外掺剂的设备。

(2) 沥青混合料拌和设备的各种传感器必须定期检查，每年不少于一次。冷料供料装置需经标定得出集料的供料曲线。

2.材料要求

集料进场后，宜在料堆顶部平台卸料。经推土机推平后，铲运机从底部按顺序竖直装料，以减少集料离析。集料与沥青混合料取样应符合现行试验规程的要求。从沥青混合料运料车上取样时，必须设置取样台，分几处采集一定深度下的样品。热拌沥青混合料宜当天拌和、当天摊铺。若遇特殊情况，如下雨或摊铺设备出故障不能立即摊铺时，可于成品储料仓内储存。

3.拌和质量控制

(1) 高速公路和一级公路施工采用的间歇式强制搅拌式和设备必须配备计算机，拌和过程中逐盘采集并打印各个传感器测定的材料用量和沥青混合料拌和量、拌和温度等各种参数，每个台班结束时打印出一个台班的统计量。按现行《公路沥青路面施工技术规范》(JTG F40—2004) 中规定的方法，进行沥青混合料生产质量及铺筑厚度的总量检验，若总量检验数据有异常波动，则应立即停止生产并分析原因。

(2) 控制沥青混合料的温度。沥青混合料的出厂温度通常由沥青、矿料的加热温度控制。沥青混合料拌制完成出厂，运到施工现场时混合料的温度对摊铺质量影响很大，摊铺完成后铺层混合料的温度对压实的密实度影响最大。如果混合料的温度过低，铺筑的混合料还没有完全压实就已经冷却，铺筑层混合料将不能被压实，路面就达不到规定的密实度，路面的强度、防水性能均会受到很大的影响。普通沥青混合料和改性沥青混合料的施工温度应分别满足表 2-1 和表 2-2 中的要求。通常改性沥青混合料凝结温度高，施工温度要比普通沥青混合料的施工温度高。

表2-1 普通沥青混合料的施工温度　　单位：℃

施工工序		石油沥青的标号			
		50 号	70 号	90 号	110 号
沥青加热温度		160 ~ 170	155 ~ 165	150 ~ 160	145 ~ 155
矿料加热温度	间隙式拌和机	矿料加热温度比沥青温度高 1` ~ 30			
	连续式拌和机	矿料加热温度比沥青温度高 5 ~ 10			

续表

施工工序		石油沥青的标号			
		50 号	70 号	90 号	110 号
沥青混合料出料温度		150 ~ 170	145 ~ 165	140 ~ 160	135 ~ 155
混合料储料仓储存温度		储料过程中温度降低不超过 10			
混合料废弃温度		≥ 200	≥ 195	≥ 190	≥ 185
运输到现场时的温度		≥ 150	≥ 145	≥ 140	≥ 135
混合料摊铺温度	正常施工	≥ 140	≥ 135	≥ 130	≥ 125
	低温施工	≥ 160	≥ 150	≥ 140	≥ 135
开始碾压时的混合料内部温度	正常施工	≥ 135	≥ 130	≥ 125	≥ 120
	低温施工	≥ 150	≥ 145	≥ 135	≥ 130
碾压终了的表面温度	钢轮压路机	≥ 80	≥ 70	≥ 65	≥ 60
	轮胎压路机	≥ 85	≥ 80	≥ 75	≥ 70
	振动压路机	≥ 75	≥ 70	≥ 60	≥ 55
开放交通时的路表温度		≤ 50	≤ 50	≤ 50	≤ 45

注（1）沥青混合料的施工温度采用具有金属探测针的插入式数显温度计测量，表面温度可采用表面接触式温度计测定。当采用红外线温度计测量表面温度时，应进行标定。

（2）表中未列入的 130 号、160 号及 30 号沥青的施工温度由试验确定。

表2-2　改性沥青混合料的施工温度　　单位：℃

工序	聚合物改性沥青品种		
	SBS 类	SBR 胶乳类	EVA、PE 类
沥青加热温度	160 ~ 165		
改性沥青现场制作温度	165 ~ 170	—	165 ~ 170
成品改性沥青加热温度	≤ 175	—	≤ 175
集料加热温度	190 ~ 220	210 ~ 220	185 ~ 195
改性沥青 SMA 混合料出厂温度	170 ~ 185	160 ~ 180	165 ~ 180
混合料最高温度（废弃温度）	195		
混合料储存温度	拌和出料后降低不超过 10		
摊铺温度	≥ 160		
初压开始温度	≥ 150		
碾压终了的表面温度	≥ 90		
开放交通时的路表温度	≤ 50		

注　当采用表列以外的聚合物或天然沥青改性沥青时，施工温度应由试验确定。

（3）拌和机的矿粉仓应配备振动装置以防止矿粉起拱。添加消石灰、水泥等外掺剂时，宜增加粉料仓，也可由专用管线和螺旋升送器直接加入拌和锅。若消石灰、水泥与矿粉混合使用，应注意二者因密度不同容易发生离析。

（4）拌和机必须有两级除尘装置。经一级除尘的部分可直接回收使用，二级除尘的部分可进入回收粉仓使用（或废弃）。对因除尘造成的粉料损失应补充等量的新矿粉。

（5）沥青混合料拌和时间根据具体情况经试拌确定，以沥青均匀裹覆集料为度。间歇式强制搅拌式拌和设备每盘的生产周期不宜少于45s（其中干拌时间不少于10s），改性沥青和SMA混合料的拌和时间应适当延长。

（6）间歇式强制搅拌式拌和设备的振动筛规格应与矿料规格相匹配，最大筛孔宜略大于混合料的最大粒径，其余筛的设置应考虑混合料的级配稳定，并尽量使热料仓大体均衡，不同级配的混合料必须配置不同的筛孔组合。

（7）间隙式强制搅拌式拌和设备宜备有保温性能好的成品储料仓，储存过程中混合料温降不得大于10℃，且不能有沥青滴漏。普通沥青混合料的储存时间不得超过72h，改性沥青混合料的储存时间不宜超过24h，SMA混合料只限当天使用，OGFC混合料宜随拌随用。

（8）生产添加纤维的沥青混合料时，纤维必须在混合料中充分分散，拌和均匀。拌和设备应配备同步添加投料装置，松散的絮状纤维可在喷入沥青的同时或稍后采用风送设备喷入拌和锅，拌和时间宜延长5s以上。颗粒纤维可在粗集料投入的同时自动加入，经5～10s干拌后再投入矿粉。纤维的添加量很小时，也可分装成塑料小包或由人工量取直接投入拌和锅。

（9）使用改性沥青时，应随时检查沥青泵、管道、计量器是否堵塞，发生堵塞时应及时清洗。

（10）沥青混合料出厂，逐车检测沥青混合料的质量和温度，记录出厂时，发运料单。

（二）沥青混合料的运输

沥青混合料成品应及时运往工地。运输前应查明工地的具体位置、施工条件、摊铺能力、运输路线、运距、运输时间以及所需混合料的种类和数量等，合理确定运输车辆数量。沥青混合料在运输过程中极易发生离析现象，其中尤以级配离析和温度离析居多。因此，控制和减少离析现象的发生是运输过程中质量控制的重点。

1.运输过程中的级配离析

运输过程中级配离析的发生主要有以下几种情况。

(1) 沥青拌和设备生产的混合料进入储存罐储存时，由于储存罐装置有所不同，粗集料滚向一侧，使得混合料发生离析。

(2) 在沥青混合料从拌缸直接装车的过程中，规格大的石料和多面体、圆形的石料滚动较快，从而被堆放在沥青混合料周围的下部。由于沥青的黏结作用，规格小的集料相互吸附而不易滚动，因此，被堆放在沥青混合料堆的中间。如果一次装完沥青混合料，易使较大的碎石滚到车辆前部、后部和两侧，从而造成离析。

(3) 在沥青混合料从运输车中倒入摊铺机料斗的过程中，堆放在沥青混合料堆四周的粗集料聚集部分同时进入摊铺机料斗，而摊铺机的输料器无法消除这种离析现象，铺筑在路面上就造成了周期性的离析。

(4) 载货汽车在储料仓下快速装料时，驾驶员若不移动车辆，较大粒径碎石将滚到载货汽车前部、后部和两侧，使得卸料时开始卸下的料和最后卸下的料都是粗集料，两侧的粗集料被卸到摊铺机受料斗的两块侧板上。这种装料方式使该车料铺筑路面的中间部分区域产生离析现象。

此外，运输过程中路况不平或运料车的突然制动，也会加剧沥青混合料的离析。

2.运输过程中的温度离析

沥青混合料从拌和厂向摊铺现场运输的过程中，沥青混合料温度与周围温度相差很多，热交换的作用会导致混合料温度在到达现场前有较大的下降。沥青混合料的温度越高，其温度下降越多；周围环境温度越低，热量损失越大。由于沥青和集料的导热系数较小，热量传导缓慢，在产生热量损失的车厢周边，冷混合料较多，中心混合料温度下降量较小。这样就在载货汽车的周边混合料与中心混合料之间产生了温度差异。

即使在炎热的夏天，环境温度比沥青混合料的温度也要低得多。车厢壁传导、对流、辐射三种方式的热量交换，会造成沥青混合料的热量损失，从而引起沥青混合料温度的下降。热量的损失主要出现在靠近车厢壁的混合料中，中心区域混合料温度下降量较小。

3.运输过程中离析的控制

要实现运输过程中沥青路面的施工质量控制，必须有效控制和减少离析现象的发生，可以从以下几个方面入手。

（1）装料和卸料方法：在从储料仓卸料至运料车的过程中，为减少沥青混合料颗粒的离析，应尽量缩短出料口至车厢的下料距离，以保持50cm为宜，且运料车应停在不同位置受料。汽车位置需要进行前、后、中三次改变，以实现平衡装料，从而减小载货汽车中混合料的离析程度。此外，也可分两层装料，装每层时先装载中间再装载前部、后部。通过试验路段，验证该措施克服离析现象的效果。

当载货汽车将料卸入摊铺机受料斗时，应尽量使混合料整体卸落，而不是逐渐将混合料卸入受料斗。因此，车厢底板需要处于良好的启闭状态并涂润滑剂，使全部混合料同时向后滑动。快速卸料可预防粗粒料集中在摊铺机受料斗两侧的外边部。经调研发现，我国较多高速公路的施工现场均存在粗集料集中于摊铺机受料斗两侧板边部的情况。

（2）运输过程的控制：由于大吨位的运输车辆易于保温，因此，热拌沥青混合料宜采用较大吨位的运料车运，不得超载运输，不得急刹车、急弯掉头，否则，易使透层、封层发生损伤。运输过程中，混合料宜用篷布覆盖，以保温、防雨、防污染。为更好地减轻温度离析现象，可采用双层篷布中间加海绵的方式覆盖，将其固定在车上，卸料时不揭开。

（3）合理的施工组织管理：在沥青混合料成品运达之前，应对工地的具体摊铺位置、运输路线、运距、运输时间、施工条件、摊铺能力以及所需混合料的数量等进行详细核对。

为减少在摊铺机前频繁换车卸料的情况，应采用大型自卸汽车运送沥青混合料到摊铺现场。运料车辆的数量和总运输能力应较拌和机生产能力和摊铺速度有所富余。运输车辆的数量可按式（2–1）计算。

$$n=\frac{K(t_1+t_2+t_3)}{T} \qquad (2\text{–}1)$$

式中：t_1为车辆满载时由拌和厂行至摊铺现场的运行时间，min；t_2为车辆空载时由摊铺现场行至拌和厂的运行时间，min；t_3为在工地卸料以及在拌和厂和工地等待的总时间，min; K 为安全储备系数，视运输道路上交通等情况而定，一般取 K 为 1.1 ~ 1.2; T 为拌和一车混合料所需的时间，min。

拌合一车混合料所需的时间，由下式计算：

$$T=\frac{60C}{G} \tag{2-2}$$

式中：C 为单车装载能力，t; G 为拌和设备生产能力，t/h。

为避免由于现场供料不足而造成摊铺机停机待料，拌和设备成品储料仓内应储存足够的混合料。施工中应保证将拌和机拌制的沥青混合料（包括预先储存在拌和厂成品储料仓内的混合料）及时运送到摊铺现场，并在摊铺机前尽量保持 4 ~ 5 车沥青混合料待卸。

4. 运输过程中的注意事项

（1）运料车每次使用前后必须清扫干净，在车厢板上涂一薄层防止沥青黏结的隔离剂或防黏剂，但不得有余液积聚在车厢底部。运料车进入摊铺现场时，轮胎上不得沾有泥土等可能污染路面的脏物，宜设水池洗净轮胎后进入工程现场。

（2）沥青混合料在摊铺地点凭运料单接收。若混合料不符合施工温度的要求，或已经结成团块、已遭雨淋，则不得铺筑。

（3）摊铺过程中，运料车应在摊铺机前 100 ~ 300mm 处停放，空挡等候。由摊铺机推动前进开始缓缓卸料，避免撞击摊铺机。

（4）有条件时，运料车可将混合料卸入具有保温作用的转运车，经二次拌和后再向摊铺机连续、均匀地供料。运料车每次卸料时必须倒净，尤其是对改性沥青或 SMA 混合料，如有剩余，应及时清除以防止硬结。

（5）SMA 及 OGFC 混合料在运输、等候过程中，如发现有沥青结合料沿车厢板滴漏，应采取措施予以避免。

三、沥青混合料摊铺技术

摊铺作业是沥青混凝土路面施工的关键工序之一，常包括下承层准备、施工放样、摊铺机各种参数的调整与选择、摊铺机作业等主要内容。

（一）准备工作

1. 下承层的准备

沥青混合料的下承层（即前一层）是指基层、联结层或面层下层。虽然下承层完成之后已进行过检查验收，但在两层施工的间隔很可能因某种原因，如雨天、施工车辆通行或其他施工干扰等，使其发生不同程度的损坏，如基层可能会出现弹软、松散或表面浮尘等，因此需对其进行维修。沥青类联结层下层表面可能被泥泞污染，必须将其清洗干净。下承层表面出现的任何质量缺陷，都会影响到路面结构的层间结合强度，以致影响路面整体强度。特别是当桥头及通道两端基层出现沉陷时，应在两端全宽范围内进行挖填处理（在一定深度与长度范围内重新分层填筑与压实），并在两端适当长度内，线形略向上抬起 0 ~ 3cm，使线形“饱满”。对下承层的缺陷进行处理后，即可洒透层油或黏层油。

（1）透层油：为使沥青面层与非沥青材料基层结合良好，沥青路面各类基层上都必须喷洒透层油。根据基层类型选择渗透性好的液体沥青、乳化沥青、煤沥青作透层油，喷洒后通过钻孔或挖掘确认透层油渗入基层的深度宜不小于 5（无机结合料稳定集料基层）~ 10mm（无结合料基层），并能与基层联结成一体。

在撒布透层油时应注意以下事项。

①透层油撒布后应不致流淌，并应渗入基层一定深度，不得在表面形成油膜。

②气温低于 10℃时，不宜喷洒透层油。

③遇大风或将要下雨时，不能喷洒透层油。

④应按设计喷油量一次均匀撒布，当有漏洒时，应人工补洒。

⑤喷洒透层油后，一定要严格禁止人和车辆通行。

⑥在摊铺沥青前，应将局部多余的未渗入基层的沥青清除。

⑦透层油撒布后应待充分渗透，一般不少于 24h，之后才能摊铺上层，但也不能在透层油喷洒后很长一段时间不做上层施工，应尽早施工。

⑧对无机结合料稳定的半刚性基层喷洒透层油后，如果不能及时铺筑面层，且需开放交通，应铺撒适量的石屑或粗砂，此时宜将透层油增加 10% 的用量。之后用 6 ~ 8t 钢筒式压路机稳压一遍，并控制车速。

（2）黏层油：黏层油使上、下层沥青结构层或沥青结构层与结构物（或水泥混凝土路面）完全黏结成一个整体。黏层油宜采用快裂或中裂乳化沥青、改性乳化沥青，也可采用快、中凝液体石油沥青，其规格和质量应符合规范中的要求，所使用的基质沥青标号宜与主层沥青混合料相同。

一般符合下列情况之一时，必须喷洒黏层油。

①双层式或三层式热拌热铺沥青混合料路面的沥青层之间。

②水泥混凝土路面、沥青稳定碎石基层或旧沥青路面层上加铺沥青层。

③路缘石、雨水口、检查井等构造物与新铺沥青混合料接触的侧面。

在洒布黏层油时应注意以下事项。

①黏层油宜采用沥青洒布车喷洒，并选择适宜的喷嘴，洒布速度和喷洒量要保持稳定；气温低于10℃和路面潮湿时不得喷洒黏层油；寒冷季节施工不得不喷洒时，可以分成两次喷洒；用水洗刷后需待表面干燥后再喷洒。

②喷洒的黏层油必须呈均匀雾状，在路面全宽范围内均匀分布成一薄层，不得漏空或呈条状，也不得堆积。喷洒不足的要补洒，喷洒过量处应予以刮除。喷洒黏层油后，严禁除运料车外的其他车辆和行人通过。

③黏层油宜在当天洒布，待乳化沥青破乳、水分蒸发完成，或稀释沥青中的稀释剂基本挥发完成后，再铺筑沥青层，以确保黏层不受污染。

2.施工放样

施工放样必须超前于摊铺施工，要尽可能减少放样误差。施工放样包括标高测定与平面控制两项内容。

标高测定的目的是确定下承层表面高程与原设计高程相差的确切数值，以便在挂线时纠正到设计值或保证施工层厚度。根据标高值设置挂线标准，以控制摊铺厚度和标高。无自控装置的摊铺机不存在挂线问题，但应根据所测的标高值和本层应铺厚度综合考虑确定实铺厚度，用适当垫块或定位螺旋调整就位。为便于掌握铺筑宽度和方向，还应放出摊铺的平面轮廓线或设置导向线。

标高放样时应考虑下承层的标高差值（设计值与实际标高值之差）、厚度和本层应铺厚度。综合考虑后定出挂线桩顶的标高，再打桩挂线。当下承层的厚度不够时，应在本层内加入厚度差并兼顾设计标高。如果下承层的厚度足够而标高低，则应根据设计标高放样。如果下承层的厚度与标高都超过设计值，则应按本层厚度放样。若下承层的厚度和标高都不够，则应按差值大的为标准进行放样。总之，标高放样不但要保证沥青路面的总厚度，而且要考虑使标高不超出容许范围。当两者矛盾时，应以满足厚度为主考虑放样，放样时记入实测的松铺系数。

3.摊铺机的准备

热拌沥青混合料应采用沥青摊铺机摊铺。在喷洒过黏层油的路面上铺筑改性沥青混合料或 SMA 时，宜使用履带式摊铺机。摊铺机的受料斗应涂刷薄层隔离剂或防黏结剂。

铺筑高速公路、一级公路沥青混合料时，一台摊铺机的铺筑宽度不宜超过6（双车道）~7.5m（三车道以上），通常宜采用两台或两台以上摊铺机前后错开10~20m 呈梯队方式同步摊铺。两幅之间应有 30~60mm 宽的搭接，并躲开车道轮迹带，上、下层的搭接位置宜错开 200mm 以上。

开工前应提前 0.5~1h 预热熨平板，使其温度不低于 100℃。铺筑过程中应保证熨平板的振捣或夯锤压实装置具有适宜的振动频率和振幅，以提高路面的初始压实度。熨平板加宽连接时，应仔细调节至摊铺的混合料没有明显的摊铺痕迹。

（二）摊铺机施工作业

1.摊铺机的作业速度

摊铺机的作业速度对摊铺机的作业效率和摊铺质量影响极大。正确选择作业速度是加快施工进度，提高摊铺质量的重要手段。如果摊铺机时快时慢、时开时停，将导致熨平板受力系统平衡变化频繁，会对铺层平整度和密实度产生很大影响：过快则铺层疏松，供料困难；停机会使铺层表面形成台阶状，且料温下降，不易压实。

摊铺机必须缓慢、均匀、连续不间断地摊铺，不得随意变换速度或中途停，可提高平整度，减少混合料的离析。摊铺速度可根据混合料的供给能力、摊铺宽度和厚度确定。一般情况下，摊铺速度宜控制为 2~6m/min。对于改性沥青混合料及 SMA 混合料，宜放慢至 1~3m/min。当发现混合料出现明显的离析、波浪、裂缝、拖痕时，应分析原因并予以消除。摊铺速度具体可按下式计算：

$$V=\frac{100Q}{60bh\gamma} \tag{2-3}$$

式中：V 为摊铺机的摊铺速度，m/min；Q 为沥青混合料供给能力，t/h；b 为摊铺宽度，m；h 为压实后的摊铺厚度，cm；γ 为沥青混合料压实后的密度，一般取 2.35t/m^3。

2.摊铺机的调平方式

现代沥青混合料摊铺机有完善的自动调平装置，包括纵坡调平和横坡调平两种调平装置。纵坡调平装置是在摊铺机一侧的地面上设置一条水平的纵坡基准线作为参照物，摊铺机作业时比照该基准线摊铺，使该侧摊铺始终保持设定高度。横坡调平装置是在纵坡控制的基础上进行控制的。当熨平板的一侧用纵坡控制保持设定高度后，横坡调平装置可使熨平板保持横向水平，使铺筑的路面成为一个水平面。使用时可采用纵坡和横坡配合控制，也可选择使用两个纵坡控制。

纵坡基准是摊铺机能够摊铺出平整路面的基础，分为绝对高程基准和地面平均高程基准。在实际施工中，绝对高程基准适用于摊铺下面层和中面层，以保证路面各个部位的高程；地面平均高程基准适用于摊铺表面层，使摊铺表面圆润、平滑，以提高车辆行驶的舒适性。绝对高程基准包括钢丝绳基准、铝合金梁基准、路缘石基准等，一般应在摊铺施工前在地面上设置。地面平均高程基准包括拖梁基准、滑靴平衡梁基准、多足式基准梁基准、大型平衡梁基准、声呐平衡梁基准等。其中，声呐平衡梁是通过声呐测量地面的平整度，采用非接触测量，也称为非接触式平衡梁。

一般情况下，摊铺机应采用自动调平方式。下面层或基层宜采用钢丝绳引导的高程控制方式，上面层宜采用平衡梁或雪橇式摊铺厚度控制方式，中面层根据情况选用找平方式。直接接触式平衡梁的轮子不得黏附沥青，铺筑改性沥青或SMA 路面时宜采用非接触式平衡梁。

3.摊铺温度

沥青路面施工必须有施工组织设计，并保证合理的施工工期。寒冷季节遇大风降温，不能保证迅速压实时不得铺筑沥青混合料。热拌沥青混合料的最低摊铺温度根据铺筑层厚度、气温、风速及下卧层表面温度按规范执行，且不得低于表 2-3 中的要求。每天施工开始阶段宜采用较高温度的混合料。

表2-3　沥青混合料的最低摊铺温度

下卧层的表面温度 /℃	相应于下列不同摊铺层厚度的最低摊铺温度 /℃					
	普通沥青混合料			改性沥青混合料或 SMA 沥青混合料		
	< 50mm	50 ~ 80mm	> 80mm	< 50mm	50 ~ 80mm	> 80mm
< 5	不允许	不允许	140	不允许	不允许	不允许
5 ~ 10	不允许	140	135	不允许	不允许	不允许
10 ~ 15	145	138	132	165	155	150
15 ~ 20	140	135	130	158	150	145
20 ~ 25	138	132	128	153	147	143
25 ~ 30	132	130	126	147	145	141
> 30	130	125	124	145	140	139

4.松铺系数

沥青混合料的松铺系数应根据混合料类型经试铺试压确定。摊铺过程中，应随时检查摊铺层厚度及路拱、横坡。摊铺层的平均压实厚度利用一个评定周期内的沥青混合料总生产量、施工总面积、沥青混合料密度求得，具体可按下式计算得到。

$$H=\frac{\sum m_i}{Ad}\cdot 1000 \tag{2-4}$$

式中：H 为该评定周期内沥青路面摊铺层的平均压实厚度，mm；m_i 为第 i 盘沥青混合料的质量；$\sum m_i$ 为一个评定周期内沥青混合料的总生产量，t；A 为该评定周期内沥青路面摊铺层的总面积，当遇有加宽等情况时，铺筑面积应按实际计算，m^2；d 为该评定周期内摊铺层现场压实密度的平均值，由钻孔试件的干燥密度（即实验室标准密度乘以压实度）测定得到，t/m^3。

确定沥青混合料的松铺系数时应注意以下几点。

（1）沥青混凝土的松铺系数为1.15～1.35，沥青碎石混合料的松铺系数为1.15～1.30，不同混合料的松铺系数不同。

（2）不同型号熨平板的初压实能力不同，松铺系数也不相同。

（3）准确的松铺系数应在道路试验路段铺筑完成后经过实测确定。

（三）摊铺过程中的质量检验、质量缺陷及防止对策

1.质量检验

（1）沥青含量的直观检查：若混合料又黑又亮，料车上的混合料呈圆锥状或混合料在摊铺机受料斗中蠕动，则表明沥青含量正常；若混合料特别黑，车上的混合料呈平坦状或沥青结合料从骨料中分离出来，则表明沥青含量过大（或骨料没有充分烘干，表面上看起来沥青太多）；若混合料呈褐色，暗而脆，粗集料没有被完全裹覆，受料斗中的混合料不蠕动，则表明沥青含量太少（或过热，拌和不充分）。

（2）混合料温度检测：沥青混合料在正常摊铺和碾压温度范围内，往往冒出

淡蓝色蒸气。沥青混合料产生黄色蒸气或缺少蒸气分别说明温度过高或过低。通常在运料车到达工地时测定混合料的温度，有时在摊铺后测定。每天早晨要特别注意做这项检查，因为此时下承层表面的温度和气温都比较低。只要混合料温度较低或初次碾压，而压路机跟不上时，就应测定温度。测量摊铺层的温度时，应将温度计的触头插进未压实的面层中部，然后周围轻轻用脚踏实。目前，也有许多地方采用电子点温计测定。

(3) 厚度检测：摊铺机在摊铺过程中应经常检测虚铺厚度。

(4) 表观检查：未压实混合料的表面结构无论是纵向还是横向都应均匀、密实、平整，无撕裂、小波浪、局部粗糙、拉沟等现象，否则应查明原因并及时处理。

2.摊铺中的质量缺陷及防止对策

在沥青混合料的摊铺过程中，常见的质量缺陷主要有：厚度不准、平整度差(小波浪、台阶)、混合料离析、裂纹、拉沟等。产生这些质量缺陷的原因主要是机械本身的调整、摊铺机的操作和混合料的质量等方面。为了防止和消除在施工中可能发生的各种质量缺陷，在沥青混合料摊铺过程中应注意以下几点。

(1) 波浪形基层的摊铺不必考虑摊铺厚度的均一性，实际的混合料用量应比理论计算值大。在波浪地段，即使摊铺得很平整，碾压后仍会出现与基层相似的波形。因此，对有大波浪的基层应在其凹陷处预先铺上一层混合料，并予以压实。

(2) 摊铺机的操作及本身的调整对摊铺质量影响很大。一般非操作人员不准上、下摊铺机；不准在熨平板上放置物体，如水桶、工具等；不准随意调节熨平板的厚度，厚度变化较大时，应查明原因，按坡度标准要求进行调节；纵向传感器与熨平板边沿的距离应当恒定，不能时远时近，特别是在有横坡的路段，该距离变化将引起铺层厚度的变化；应时刻注意摊铺机的行走方向线，避免急掉方向；摊铺机的螺旋布料器应相应于摊铺速度调整到一个稳定的速度均衡转动，两侧应保持有不少于送料器 2/3 高度的混合，减少摊铺过程中混合料的离析。

(3) 沥青混合料的性质也是影响摊铺质量的主要原因之一。混合料的性质不稳定，易使摊铺厚度发生变化，如温度过高，沥青量过多，矿粉掺量过多等都会使摊铺层变薄。当矿料中的大颗粒尺寸大于摊铺厚度，摊铺过程中该大颗粒将被熨平板拖着滚动，导致铺层产生裂纹、拉沟等，所以应严格控制矿料粒径，使其最大粒径小于摊铺厚度的一半。混合料的配合比不当会产生全铺层的裂缝，混合料摊铺过程中，用机械摊铺的混合料不宜用人工反复修整。当不得不由人工做局部找补或更换混合料时，需仔细进行，特别严重的缺陷应整层铲除。

（4）其他因素：摊铺过程中应设专人指挥自卸车的停车、起顶、卸料，防止自卸车撞击摊铺机。在雨季铺筑沥青路面时，应加强气象联系，已摊铺的沥青层因遇雨未行压实的应予以铲除。在路面狭窄部分、平曲线半径过小的匝道或加宽部分，以及小规模工程中不能采用摊铺机铺筑时，可用人工摊铺混合料。

四、沥青混合料的压实技术

压实是沥青混凝土路面施工的最后一道工序，目的是提高沥青混合料的强度、稳定性以及疲劳特性。若采用优质的筑路材料、精良的拌和与摊铺设备及良好的施工技术，则可以摊铺出较理想的混合料层。一旦碾压中出现任何质量缺陷，则必将前功尽弃。因此，必须重视压实工作。

（一）压实机械的选择

压路机种类很多，目前最常用的压路机有静力光轮压路机、轮胎压路机和振动压路机。静力光轮压路机和轮胎压路机一般采用机械传，动压路机大多采用液压传动。

1.静力光轮压路机

静力光轮压路机按其质量可分为特轻型（0.5～2t）、轻型（2～5t）、中型（5～10t）、重型（10～15t）和特重型（15～20t）五种，按轮数可分为拖式、双轮式和三轮式三种。目前使用较多的是中型和特重型两轮或三轮压路机，依靠其自重或附加配重对路面产生静压力，单位直线静压力为4000～12000kPa。两轮静力光轮压路机的后轮为驱动轮，其质量一般为8～10t，适用于沥青路面的初压和终压。三轮静力光轮压路机也是两后轮为驱动轮，质量一般为12～18t，由于其单位直线静压力大，易使混合料推移，且启动、停机不灵活，目前已不多用。

2.轮胎压路机

轮胎压路机通常有5～11个光面橡胶碾压充气轮胎，工作质量一般为5～25t。目前常用前5轮、后6轮的9～16t机型，轮胎压力为500～620kPa。使用轮胎压路机进行初压时产生的推移小，过去使用较多。但使用轮胎压路机进行初压时，由于混合料温度较高而易出现轮胎压痕，在低温季节或大风环境中混合料的温度下降较快，该痕迹难以被后续的碾压作业消除。轮胎压路机目前主要用作中间碾压，利用其揉压作用可以有效提高压实度，减少静力压路机碾压后表面产生的细裂纹和孔隙。应用轮胎压路机压实摊铺侧边时对路缘石的擦边碰撞破坏也较小。当铺层温度较高时（大于 80℃）不宜用轮胎压路机进行终压，以免留有轮胎印痕。

3.振动压路机

振动压路机的压实功主要来自于自重和钢轮振动的共同作用。沥青路面施工常用的振动压路机质量为 7 ~ 18t，激振力为 150 ~ 300kN，主要机型为单碾压轮式振动压路机和双碾压轮式（串联）振动压路机。单碾压轮式振动压路机前面有 1 个振动轮，后面配置 2 个橡胶驱动轮。由于其轮胎的印花较深，且自重和激振力较大，通常只用作复压。双碾压轮式振动压路机依靠 2 个碾压轮共同驱动，具有可调的振频和振幅，目前使用最为广泛。

沥青路面施工应配备足够数量的压路机，选择合理的压路机组合方式及初压、复压、终压（包括成型）的碾压步骤，以达到最佳碾压效果。在高速公路上铺筑双车道沥青路面的压路机不宜少于 5 台。当施工气温低、风大、碾压层薄时，压路机的数量应适当增加。

（二）碾压速度、温度和厚度

1.碾压速度

压路机应以慢而均匀的速度碾压，压路机的碾压速度应符合表 2-4 中的规定。压路机的碾压路线及碾压方向不应突然改变而导致混合料推移。碾压区的长度应大致恒定，两端的折返位置应随摊铺机的前进而推进，横向不得在相同的断面上。

表2-4　压路机的碾压速度　　单位：km/h

压路机类型	初压		复压		终压	
	适宜	最大	适宜	最大	适宜	最大
静力光轮压路机	2 ~ 3	4	3 ~ 5	6	3 ~ 6	6
轮胎压路机	2 ~ 3	4	3 ~ 5	6	4 ~ 6	8
振动压路机	2 ~ 3(静压或振动)	3(静压或振动)	3 ~ 4.5(振动)	5(振动)	3 ~ 6(静压)	6(静压)

2.碾压温度

压路机的碾压温度应符合相关要求，并根据混合料种类、压路机、气温、层厚等经试压确定。在不产生严重推移和裂缝的前提下，初压、复压、终压都应在尽可能高的温度下进行。同时，不得在低温状况下反复碾压，以免石料棱角被磨损、压碎，破坏集料嵌挤。

3.碾压厚度

沥青混凝土压实层的最大厚度不宜大于100mm，沥青稳定碎石混合料的压实层厚度不宜大于120mm，但当采用大功率压路机且经试验证明能达到压实度时，允许增大到150mm。

（三）碾压作业程序

碾压分为初压、复压和终压三道工序。

1.初压

初压的目的是整平和稳定沥青混合料，同时为复压创造有利条件，因此要注意压实的平整性。初压应紧跟摊铺机后进行，并保持较小的初压区长度，以尽快将表面压实，减少热量散失。摊铺后初始压实度较大，经实践证明：采用振动压路机或轮胎压路机直接碾压无严重推移而有良好效果时，可免去初压而直接进入复压工序。通常宜采用钢轮压路机静压1～2遍。碾压时应将压路机的驱动轮面向摊铺机，从外侧向中心碾压，在超高路段则由低处向高处碾压，在坡道上应将驱动轮从低处向高处碾压。初压后应检查平整度、路拱，有严重缺陷时应进行修整乃至返工。

2.复压

复压的目的是使沥青混合料密实、稳定、成型，混合料的密实程度取决于复压，因此复压必须与初压紧密衔接，不得随意停顿。压路机碾压段的总长度应尽量小，通常60～80m。采用不同型号的压路机组合碾压时，宜安排每一台压路机做全幅碾压，以防止不同部位的压实度不均匀。

密级配沥青混凝土的复压宜优先采用重型轮胎压路机进行搓揉碾压，以增强密水性，其总质量不宜小于25t，每一轮胎的压力不小于15kN。相邻碾压带应重叠1/3～1/2的碾压轮宽度，压完全幅为一遍。碾压至要求的压实度，且无显著轮迹为止。总的碾压遍数由试压确定，宜4～6遍。

对于以粗集料为主的较大粒径的混合料，尤其是大粒径沥青稳定碎石基层，宜优先采用振动压路机复压。厚度小于30mm的薄沥青层不宜采用振动压路机碾压。振动压路机的振动频率宜为 35 ~ 50Hz，振幅宜为 0.3 ~ 0.8mm。层厚较大时选用低频率、大振幅，以产生较大的激振力；厚度较小时采用高频率、低振幅，以防止集料破碎。相邻碾压带重叠宽度为 100 ~ 200mm。振动压路机折返时应先停止振动。

当采用三轮钢筒式压路机时，总质量不宜小于 12t，相邻碾压带宜重叠后轮的 1/2 宽度，并不应小于 200mm。

3.终压

终压的目的是消除轮迹，形成平整的压实面，因此，这道工序不宜采用重型压路机在高温下完成，否则会影响平整度。终压应紧接在复压后进行，如经复压后已无明显轮迹，可免去终压。

终压可选用双轮钢筒式压路机或关闭振动的振动压路机进行，碾压不宜少于 2 遍，至无明显轮迹为止。对未压实的边角应辅以小型机具压实。

（四）碾压注意事项

为保证沥青混合料的压实质量，在碾压过程中还应注意以下事项。

（1）碾压过程中，碾压轮应保持清洁，有混合料沾轮时应立即清除。对钢轮可涂刷隔离剂或防黏结剂，但严禁刷柴油。当采用向碾压轮喷水（可添加少量表面活性剂）的方式时，必须严格控制喷水量且使其呈雾状，不得漫流，以防混合料降温过快。轮胎压路机在开始碾压阶段可适当烘烤，涂刷少量隔离剂或防黏结剂，也可少量喷水，并先到高温区碾压使轮胎尽快升温，之后停止洒水。轮胎压路机轮胎外围宜加设围裙保温。

（2）压路机不得在未碾压成型的路段上转向、掉头、加水或停留。在当天成型的路面上，不得停放各种机械设备或车辆，不得散落矿料、油料等杂物。

（3）路边碾压：压路机在设有支承边的厚层上碾压时，可在离边缘 30 ~ 40cm（较薄层时，预留 20cm）处开始碾压作业。这样就能在路边压实前形成一条支承侧面，以减少沥青混合料碾压时铺层塌边。在碾压留下的未压部分时，压路机每次只能向自由边缘方向推进 10cm。

（4）弯道或交叉口碾压：应选用铰接转向式压路机作业，先从弯道内侧或弯道较低一边开始碾压（以利于形成支承边）。急弯处应尽可能采取直线式碾压（即缺角式碾压），并逐一转换压道，缺角处用小型机具压实。压实中应注意转向同速度要吻合，尽可能采用振动碾压，以减小剪切力。

(5) 陡坡碾压：在陡坡碾压时，压路机很大部分的作用力将作用于下坡方向，因而增加了混合料顺坡下移的趋势。为抵消这种趋势，除了下承层表面必须清洁、干燥，喷洒黏层油外，压实时还应注意先采用轻型压路机进行预压（轮胎压路机不宜用作预压）。无论是上坡还是下坡，压路机的从动轮应始终朝着摊铺方向，驱动轮在后（与一般路段碾压时相反）。这样从动轮起到了预压作用，从而使沥青混合料能够承受驱动轮所产生的剪切力。如果采用振动压路机，应先静碾，待混合料稳定后方可采用低振幅的振动碾压。在陡坡碾压中，压路机的启动、停止、变速要平稳，避免速度过高或过低，同时沥青混合料的温度也不宜过高（取压实时温度范围的下限为宜）。

(6) SMA 路面（SMA 路面是指由沥青、矿粉、纤维稳定剂及细集料组成的沥青玛蹄脂填充于间断级配粗集料的骨架间隙中形成密实沥青混合料所铺筑的路面）：SMA 路面宜采用振动压路机或钢筒式压路机碾压，不宜采用轮胎压路机碾压，以防将沥青结合料搓揉、挤压、上浮。振动压路机应遵循“紧跟、慢压、高频、低幅”的原则，即紧跟在摊铺机后，采取高频率、低振幅的方式慢速碾压。一般情况下，用 10t 钢筒式压路机紧跟摊铺机后初压 1～2 遍，复压时静碾 3～4 遍或振动碾压 2～3 遍，最后用较宽的钢筒式压路机终压 1 遍即可，切忌过碾。如发现 SMA 混合料高温碾压有推拥现象，应复查其级配是否合适。

(7) OGFC 路面（开级配抗滑磨耗层（OGFC）是指用大孔隙的沥青混合料铺筑、能迅速从其内部排走路表雨水、具有抗滑、抗车辙及降噪的优良品性）：OGFC 路面宜采用小于 12t 的钢筒式压路机碾压。

五、接缝处理

沥青路面必须接缝紧密，连接平顺，不得产生明显的接缝离析。接缝处若处理不当极易产生病害，施工过程中必须十分注意。在接缝处，上、下层的纵缝至少应错开 15cm（热接缝）或 30～40cm（冷接缝），相邻两幅及上、下层的横向接缝均应错开 1m 以上。接缝处施工应用 3m 直尺检查，确保平整度符合要求。

（一）纵向接缝

(1) 摊铺时采用梯队作业的纵缝应采用热接缝，将已摊铺部分留下 100～200mm 宽暂不碾压，作为后续摊铺部分的基准面，待后续摊铺部分碾压时

续表

采用跨缝碾压以消除缝迹。

(2) 半幅施工或因特殊原因而产生纵向冷接缝，加设挡板或用切刀切齐，也可在混合料尚未完全冷却前用镐刨除边缘留下毛茬，但不宜在冷却后采用切割机作纵向切缝。加铺另半幅前应涂洒少量沥青，重叠在已铺层上 50 ~ 100mm，再铲走铺在前半幅上的混合料，碾压时由边向中间碾压，预留 100 ~ 150mm，再跨缝挤紧压实。或者先在已压实路面上行走碾压新铺层 150mm 左右，然后压实新铺部分。

（二）横向接缝

横向接缝的形式有斜接缝、阶梯形接缝和平接缝。在具体选择过程中应满足以下要求。

(1) 高速公路和一级公路表面层的横向接缝应采用垂直的平接缝，以下各层可采用自然碾的斜接缝，沥青层较厚时也可做阶梯形接缝。其他等级公路的各层均可采用斜接缝。

(2) 斜接缝的搭接长度与层厚有关，宜为 0.4 ~ 0.8m。搭接处应撒少量沥青，混合料中的粗集料颗粒应予以剔除，并补上细料，以使搭接平，分压实。阶梯形接缝的台阶经铣刨而成，并撒黏层油，搭接长度不宜小于 3m。

(3) 平接缝宜趁尚未冷透时用凿岩机或人工垂直刨除端部层厚不足的部分，使工作缝成直角连接。当采用切割机制作平接缝时，宜在铺设当天混合料冷却但尚未硬结时进行。刨除或切割时不得损伤下层路面。切割时留下的泥水必须冲洗干净，待干燥后涂刷黏层油。铺筑新混合料前，应加热接茬使其软化。碾压开始时，先用钢筒压路机进行横向碾压，可将压路机位于已压实的混合料层上，跨缝伸入新铺层宽 150mm 碾压。每压一遍向新铺混合料方向移动 150 ~ 200mm，直至全部在新铺路面上为止。然后改为纵向碾压，此时应注意不要在横接缝上垂直碾压，以免引起新旧层错台。

六、沥青混凝土路面施工质量控制

（一）沥青混凝土路面铺筑过程中的质量控制标准

沥青混凝土路面铺筑过程中，必须随时对铺筑质量进行评定。质量检查的内容、频度、允许差应符合表 2–5 中的规定。

表2-5 公路热拌沥青混凝土路面施工过程中工程质量的控制标准

项目		检查频度及单点检验评价方法		质量要求或允许偏差		试验方法
				高速公路、一级公路	其他等级公路	
外观		随时		表面平整密实，不得有明显轮迹、裂缝、推挤、油汀、油包等缺陷，且无明显离析		目测
接缝		随时		紧密平整、顺直、无跳车		目测
接缝		逐条缝检测评定		3mm	5mm	T 0931
施工温度		摊铺温度		逐车检测评定	符合规范规定	T 0981
施工温度		碾压温度		随时	符合规范规定	插入式温度计实测
厚度	每一层次	随时	厚度50mm以下	设计值的5%	设计值的8%	施工时插入法量测松铺厚度及压实厚度
厚度	每一层次	随时	厚度50mm以上	设计值的8%	设计值的10%	施工时插入法量测松铺厚度及压实厚度
厚度	每一层次	1个台班区段的平均值	厚度50mm以下	-3mm	—	总量检验法
厚度	每一层次	1个台班区段的平均值	厚度50mm以上	-5mm	—	总量检验法
厚度	总厚度	每2000m² 单点评定		设计值的-5%	设计值的-8%	T 0912
厚度	上面层	每2000m² 单点评定		设计值的-10%	设计值的-10%	T 0912
压实度		每2000m² 检查1组，逐个试件评定并计算平均值		实验室标准密度的97%（98%），最大理论密度的93%（94%），试验段密度的99%（99%）		T 0924，T 0922及《公路沥青路面施工技术规范》（JTG F40—2004）附录E
平整度（最大间隙）	上面层	随时，接缝处单杆评定		3mm	5mm	T 0931
平整度（最大间隙）	中、下面层	随时，接缝处单杆评定		5mm	7mm	T 0931
平整度（标准差）	上面层	连续测定		1.2mm	2.5mm	T 0932
平整度（标准差）	中面层	连续测定		1.5mm	2.8mm	T 0932
平整度（标准差）	下面层	连续测定		1.8mm	3.0mm	T 0932
平整度（标准差）	基层	连续测定		2.4mm	3.5mm	T 0932

续表

项目		检查频度及单点检验评价方法	质量要求或允许偏差		试验方法
			高速公路、一级公路	其他等级公路	
宽度	有侧石	检测每个断面	± 20mm	± 20mm	T 0911
	无侧石	检测每个断面	不小于设计宽度	不小于设计宽度	
纵断面高程		检测每个断面	± 10mm	± 15mm	T 0911
横坡度		检测每个断面	± 0.3%	± 0.5%	T 0911
沥青层层面上的渗水系数		每千米不少于 5 点，每点 3 处取平均值	300mL/min（普通密级配沥青混合料） 200mL/min（SMA 混合料）		T 0971

注　(1) 表中厚度检测频度指高速公路和一级公路的钻坑频度，其他等级公路可酌情减少，且通常采用压实度钻孔试件测定。上面层的允许误差不适用于磨耗层。

(2) 压实度检测括号中的数值是对 SMA 路面的要求，对马歇尔成型试件采用 50 次或者 35 次击实的混合料，压实度应适当提高要求。

(3) 3m 直尺主要用于接缝检测，对正常生产路段，采用连续式平整度仪测定。

(4) 渗水系数适用于公称最大粒径≤ 19mm 的沥青混合料，应在铺筑成型后未遭行车污染的情况下测定，且仅适用于要求密水的密级配沥青混合料、SMA 混合料，不适用于 OGFC 混合料。表中渗水系数以平均值评定，计算的合格率不得小于 90%。

1. 施工厚度的控制

施工厚度的检测按以下方法执行，并相互校核。当差值较大时通常以总量检验为准。

(1) 利用摊铺过程沿线控制，即不断地用插尺或其他工具插入摊铺层测量松铺厚度。

(2) 利用拌和厂沥青混合料总生产量与实际铺筑的面积计算平均厚度进行总量检验。

(3) 当具有地质雷达等无破损检验设备时，可利用其连续检测路面厚度，但其测试精度需经标定认可。

(4) 待路面完全冷却后，钻孔检测压实度的同时测量沥青层的厚度。

2. 压实度的控制

沥青混凝土路面的压实度控制采取重点对碾压工艺进行过程控制，适度钻孔抽检压实度的方法。

(1) 碾压工艺的控制内容包括压路机的配置（台数、吨位及机型）、排列和碾压方式、压路机与摊铺机的距离、碾压温度、碾压速度、压路机洒水（雾化）情况、碾压段长度、掉头方式等。

(2) 碾压过程中宜采用核子密度仪等无破损检测设备进行压实度过程控制，测点随机选择，一组不少于13点，取平均值，与标定值或试验路段测定值比较评定。测定温度应与试验路段测定时一致，检测精度通过试验路段与钻孔试件标定。

(3) 在路面完全冷却后，随机选点钻孔取样。如一次钻孔同时有多层沥青层，需用切割机切割，待试件充分干燥后（在第二天之后）分别测定密度。钻孔后应及时将孔中灰浆淘净，吸净余水，待干燥后以相同的沥青混合料分层填充夯实。为减少钻孔数量，有关施工、监理、监督各方宜合作进行钻孔检测，以避免重复钻孔。

(4) 测试压实度的一组数据最少取自3个钻孔试件。当一组检测的合格率小于60%，或平均值小于要求的压实度时，可将检测点数增加一倍。如仍然不能满足要求，应核查标准密度的准确性，以确定是否需要返工以及返工的范围。当所有钻孔试件检测的压实度持续稳定并符合要求时，钻孔频度可减少至每千米不少于1个孔。施工过程中钻孔的试件宜编号，贴上标签并予以保存，以备工程交工验收时使用。

(5) 对于压实层厚度小于等于3cm的超薄表面层或磨耗层、厚度小于4cm的SMA表面层、易发生温缩裂缝的严寒地区表面层、桥面铺装沥青层以及使用改性沥青后钻孔试样表面形状改变，难以准确测定密度时，可免于钻孔取样，严格控制碾压工艺。

3.渗水性检测

压实成型的路面应按《公路路基路面现场测试规程》(JTG E60—2008) 规定的方法随机选点检测渗水情况，渗水系数的平均值宜符合表2-5的要求。对排水式沥青混合料，应要求水能够迅速排走。如需要测定构造深度，宜在测定渗水系数的同时在附近选点测定，记录实测结果。

4.平整度检测

施工过程中必须随时用3m直尺检测接缝及与构造物连接处的平整度，正常路段的平整度采用连续式平整度仪或颠簸累积仪测定。

5.外观检测

施工过程中应随时对路面进行外观（色泽、油膜厚度、表面空隙）评定，尤其特别注意防止粗、细集料的离析和混合料温度不均，其会造成路面局部渗水严重或压实不足，造成隐患。如果某路段严重离析、渗水，且经两次补充钻孔仍不能达到压实度要求，确属施工质量差的，应予以铣刨或局部挖补，返工重铺。

6.施工动态质量管理

高速公路和一级公路沥青路面的施工应利用计算机实行动态质量管理，并计算平均值、极差、标准差、变异系数以及各项指标的合格率。

公路施工的关键工序或重要部位宜拍摄照片或进行录像，作为实态记录及保存资料的一部分。

（二）沥青混凝土路面交工验收阶段质量检验

沥青混凝土路面工程完工后，施工单位、监理单位和建设单位应按相同的工程项目划分进行工程质量的监控和管理。施工单位应将全线以1～3km作为一个评定路段，每侧车行道按规定频度随机选取测点，对沥青面层进行全线自检。将单个测定值与规定的质量要求或允许偏差进行比较，计算合格，后计算一个评定路段的平均值、极差、标准差及变异系数。施工单位应在规定时间内提交全线检测结果及施工总结报告，申请交工验收。

沥青混凝土路面交工时应检查验收沥青面层的各项质量指标，包括路面的厚度、压实度、平整度、渗水系数、构造深度、摩擦系数等。具体的检测项目、检查频度、质量要求或允许偏差等见表2-6。

表2-6　公路热拌沥青混凝土路面交工检查与验收质量标准

检查项目		检查频度（每侧车行道）	质量要求或允许偏差		试验方法
			高速公路、一级公路	其他等级公路	
外观		随时	表面平整密实，不得有明显轮迹、裂缝、推挤、油汀、油包等缺陷，且无明显离析		目测
面层总厚度	代表值	每千米5点	设计值的-5%	设计值的-8%	T 0912
	极值	每千米5点	设计值的-10%	设计值的-15%	T 0912
上面层厚度	代表值	每千米5点	设计值的-10%	—	T 0912
	极值	每千米5点	设计值的-20%	—	T 0912

续表

检查项目		检查频度（每侧车行道）	质量要求或允许偏差		试验方法
			高速公路、一级公路	其他等级公路	
压实度	代表值	每千米5点	实验室标准密度的96%（98%），最大理论密度的92%（94%），试验段密度的98%（99%）		T 0924
	极值（最小值）	每千米5点	比代表值放宽1%（每千米）或2%（全部）		T 0924
路表平整度	标准差 σ	全线连续	1.2mm	2.5mm	T 0932
	IRI	全线连续	2.0m/km	4.2m/km	T 0933
	最大间隙	每千米10处，各连续10杆	—	5mm	T 0931
路表渗水系数不大于		每千米不少于5点，每点3处取平均值评定	300mL/min（普通沥青路面）200mL/min(SMA 路面)	—	T 0971
宽度	有侧石	每千米20个断面	20mm	±30mm	T 0911
	无侧石	每千米20个断面	不小于设计宽度	不小于设计宽度	T 0911
纵断面高程		每千米20个断面	±15mm	±20mm	T 0911
中线偏位		每千米20个断面	±20mm	±30mm	T 0911
横坡度		每千米20个断面	±0.3%	±0.5%	T 0911
弯沉	回弹弯沉	全线每20m取1点	符合设计对交工验收的要求	符合设计对交工验收的要求	T 0951
	总弯沉	全线每5m取1点	符合设计对交工验收的要求	—	T 0952
构造深度		每千米5点	符合设计对交工验收的要求	—	T 961/0962/0963
摩擦系数摆值		每千米5点	符合设计对交工验收的要求	—	T 0964
横向力系数		全线连续	符合设计对交工验收的要求	—	T 0965

第二节　水泥混凝土路面施工技术

水泥混凝土路面是由混凝土（包括素混凝土、碾压混凝土、钢筋混凝土和钢纤维混凝土等）面层板组成的路面。其中，应用最普遍的是就地浇筑的素混凝土路，称普通混凝土路面或混凝土路面。

一、概述

水泥混凝土路面主要有小型机具、三辊轴、轨道摊铺机、碾压混凝土和滑模摊铺机铺筑五种施工方法。针对不同公路等级，水泥混凝土路面的施工宜符合表 2–7 中的机械设备要求。

表2–7　与公路等级相适应的机械设备

摊铺机械设备	高速公路	一级公路	二级公路	三级公路	四级公路
滑模摊铺机	√	√	√	▲	○
轨道摊铺机	▲	√	√	√	○
三辊轴机组	○	▲	√	√	√
小型机具	×	○	▲	√	√
碾压混凝土机械	×	○	√	√	▲

注 √指应使；▲指有条件时使用；○指不宜使用；× 指不得使用。

无论采用何种施工方式，施工前都要做好准备工作。准备工作是保证施工顺利进行和施工质量的前提，具体工作有以下几个方面。

(1) 编制好施工组织，设立、健全全面质量管理体系。

(2) 做好现场清理和水电供应、施工道路、拌和站建设、办公生活用房等辅助设施建设。

(3) 进行原材料的准备和性能检验，以及混凝土配合比检验、调整。

(4) 对基层的平整度、压实度、高程、横坡等指标进行检查、处理和修整，并洒水湿润。

(5) 严格按要求安装模板。

（一）小型机具施工

由于我国经济水平的限制和施工的需求，小型机具施工慢，人为影响较严重，但由于其施工操作简易，维修方便，故目前仍然得到了广泛应用，在二级以下公路建设中仍占很大比例。

（二）三辊轴施工

三辊轴机组是介于小型机具和滑模摊铺机之间的一种中型施工设备，比滑模摊铺机成本低，适应性强，操作简单、方便，能达到较高的平整度。自 20 世纪 90 年代以来，其在我国得到了广泛应用。其施工工艺流程与小型机具施工接近，不同之处有两点：一是使用排式振捣机代替手持式振捣棒，二是将振捣梁与滚杠两步工序合为三辊轴整平机一步。三辊轴施工时，推荐使用真空脱水工艺。

（三）轨道摊铺机施工

轨道摊铺机施工是指在基层上铺设两条轨道板，作为路面侧向支撑和路型定位模板，顶部作为路面表面基准，施工机械在轨道上进行布料，之后振动密实、成型、修整、拉毛、养生的水泥混凝土路面施工方法。轨道摊铺机是由摊铺机、整面机、修光机等组成的摊铺列车。轨道既是列车的行驶轨道，又是水泥混凝土的模板。摊铺机上装有摊铺器（即布料器），用来将倾卸在路面基层上的水泥混凝土按一定厚度均匀摊铺在基层上，在此过程中轨道是固定不动的。

轨道摊铺机的优点是可以倒车反复做路面；缺点是轨模过重，轨模安装劳动强度大。从国内外水泥混凝土路面大型机械化施工技术的发展角度看，轨道摊铺机铺筑方式有被滑模摊铺机取代的明显趋势，凡是可使用轨道摊铺机的场合，均可使用滑模摊铺机。现行《公路水泥混凝土路面施工技术细则》（JTG/T F30—2014）中已取消了轨道摊铺机施工方法。

（四）碾压混凝土施工

碾压混凝土路面是指水泥和水的质量较普通混凝土显著减少的水泥混凝土拌和物经摊铺、碾压后成型的路面。碾压混凝土路面施工技术是利用沥青混凝土摊铺机铺筑碾压混凝土的施工方法。

（五）滑模摊铺机施工

为保证高等级公路水泥混凝土路面的施工质量，必须从拌和、运输、摊铺直至养生成型均采用机械化施工与现代化的质量检测手段。在高等级公路水泥混凝土路面的各种施工方法中，滑模摊铺机施工是最常用的施工方式，下面重点介绍该施工方法。

二、滑模摊铺技术

滑模摊铺技术具有施工质量最高，施工速度最快，装备现代化等特点，是我国高速公路、一级公路水泥混凝土路面施工的首选方法。滑模摊铺机施工不需要轨道板，依靠四个液压缸支承腿控制的履带行走机构行走。整个摊铺机支承在四个液压缸上，它可以控制机构上、下移动，调整摊铺层厚度。在摊铺机的两侧设置有随机移动的固定滑模板。这种摊铺机一次通过就可以完成摊铺、捣实、整平等多道工序。首先由螺旋摊铺器把堆积在基层上的水泥混凝土向左右铺开，刮平器进行初步刮平，然后振捣器进行捣实，刮平器进行振捣后整平，形成密实而平整的表面，再利用搓动式振捣板对混凝土层进行振实和整平，最后用光面带饰面。滑模摊铺机的整面工作与轨道摊铺机基本相同，只是工作时工作装置均由电子液压操作机械来控制。

（一）机械选型与配套设备

1.机械选型

高速公路、一级公路施工时宜选配能一次摊铺 2 ~ 3 个车道宽度（7.5 ~ 12.5m）的滑模摊铺机，二级及二级以下公路的最小摊铺宽度应小于单车道设计宽度。硬路肩的摊铺宜选配中、小型多功能滑模摊铺机，并宜连体一次摊铺路缘石。滑模摊铺机可按表 2–8 选择。

表2-8　滑模摊铺机的基本技术参数

项目	发动机功率 /kW	摊铺宽度 / m	摊铺厚度 / mm	摊铺速度 / （$m \cdot min^{-1}$）	空驶速度 / （$m \cdot min^{-1}$）	行走速度 / （$m \cdot min^{-1}$）	履带数 / 个	整机自重 /t
三车道滑模摊铺机	200 ~ 300	12.5 ~ 16.0	0 ~ 500	0 ~ 3	0 ~ 5	0 ~ 15	4	57 ~ 135
双车道滑模摊铺机	150 ~ 200	3.6 ~ 9.7	0 ~ 500	0 ~ 3	0 ~ 5	0 ~ 18	2 ~ 4	22 ~ 50
多功能单车道滑模摊铺机	70 ~ 150	2.5 ~ 6.0	0 ~ 400（护栏高度为 800 ~ 1900）	0 ~ 3	0 ~ 9	0 ~ 15	2 ~ 4	12 ~ 27
路缘石滑模摊铺机	≤ 80	< 2.5	< 450	0 ~ 5	0 ~ 9	0 ~ 10	2，3	≤ 10

2.布料设备选择

滑模摊铺路面时，可配备 1 台挖掘机或装载机辅助布料。采用前置钢筋支架法设置缩缝传力杆的路面、钢筋混凝土路面、桥面和桥头搭板时，应选择下列适宜的布料机械：侧向上料的布料机、侧向上料的供料机、带侧向上料机构的滑模摊铺机、挖掘机加料斗侧向供料、吊车加短便桥钢凳、车辆直接卸料、吊车加料斗起吊布料。

3.抗滑构造机械

为提高路面的抗滑性，路面必须具有一定的粗糙度，即具有抗滑构造。抗滑构造施工可采用拉毛养生机或人工软拉槽制作抗滑沟槽。工程规模大、日摊铺进度快时，宜采用拉毛养生机。高速公路、一级公路宜采用刻槽机进行硬刻槽。其刻槽作业宽度不宜小于500mm，所配备的硬刻槽机数量及刻槽能力应与滑模摊铺进度相匹配。

4.切缝机械

滑模摊铺混凝土路面的切缝，可使用软锯缝机、支架式硬锯缝机和普通锯缝机。配备的锯缝机数量及切缝能力应与滑模摊铺进度相匹配。

5.滑模摊铺系统机械配套

滑模摊铺系统机械配套宜符合表2–9的要求。

无论是哪种设备，首先，必须满足施工路面、路肩、路缘石和护栏等的基本施工要求；其次，摊铺机的工作配件要齐全，滑模摊铺机应配备螺旋或刮板布料器、松方高度控制板、振动排气仓、足够的振捣棒、夯实杆或振动搓平梁、自动抹平板、可提升边模板、侧向及中部打拉杆装置，必要时还可配备自动传力杆插入装置。

滑模摊铺现场配套设备分为重型设备和轻型设备。重型设备配置有布料机、摊铺机和拉毛养生机。其优点是对钢筋混凝土路面和桥面进行施工时很便捷；缺点是设备多，出故障的概率高。轻型设备配置有1台摊铺机。其缺点是人工辅助工作量大，且需要其他设备辅助施工钢筋混凝土桥面。但实际经验证明，轻型设备也能施工优质混凝土路面，国内滑模施工最快的日进度和最高的平整度均在轻型设备上实现。

施工单位应根据工程特点，选择配备布料机、滑模摊铺机和拉毛养生机3台设备联合施工方式，也可只配备1台滑模摊铺机，其他的由人工辅助施工完成。滑模连续摊铺规模较大的钢筋混凝土路面、桥面、桥头搭板时，宜配备侧向上料的布料机或自带侧向上料机构的滑模摊铺机。

表2–9　滑模摊铺机施工的主要机械和机具配套表

<table>
<tr><td rowspan="2">工作内容</td><td colspan="2">主要施工机械设备</td></tr>
<tr><td>名称</td><td>机型及规格</td></tr>
<tr><td>钢筋加工</td><td>钢筋锯断机、折弯机、电焊机</td><td>根据需要确定规格和数量</td></tr>
<tr><td rowspan="2">测量
基准线</td><td rowspan="2">水准仪、经纬仪、全站仪、基准线、线桩及紧线器</td><td>根据需要确定规格和数量</td></tr>
<tr><td>300个桩、5个紧线器、3000m基准线</td></tr>
</table>

续表

工作内容	主要施工机械设备	
	名称	机型及规格
搅拌	强制式搅拌楼	能力不小于 $50m^3/h$，数量由计算确定
	装载机	$2 \sim 3m^3$
	发电机	≥ 120kW
	供水泵和蓄水池	≥ $250m^3$
运输	运输车	$4 \sim 6m^3$，数量由匹配计算确定
	自卸车	$4 \sim 24m^3$，数量由匹配计算确定
摊铺	布料机、挖掘机、吊车等布料设备	根据需要确定规格和数量
	滑模摊铺机 1 台	技术参数见表 2-8
	手持振捣棒、整平梁、模板	根据人工施工接头需要确定
抗滑	拉毛养生机 *1 台	与滑模摊铺机同宽
	人工拉毛齿耙、工作桥	根据需要确定规格和数量
	硬刻槽机 *（刻槽宽度不小于 500mm，功率不小于 7.5kW）	数量与摊铺进度匹配
切缝	软锯缝机	根据需要确定规格和数量
	常规锯缝机或支架锯缝机	根据需要确定规格和数量
	移动发电机	12 ~ 60kW，数量由施工需要确定
磨平	水磨石磨机	需要处理欠平整部位时
灌缝	灌缝机或插胶条工具	根据需要确定规格和数量
养生	压力式喷洒机或喷雾器	根据需要确定规格和数量
	工地运输车	4 ~ 6t，根据需要确定数量
	洒水车	4.5 ~ 8t，根据需要确定数量

注 * 可按装备、投资、施工方式等不同要求选配。

（二）基准线设置

1.基准线形式

滑模摊铺混凝土路面施工应设置基准线。基准线的设置形式视施工需要可采用单向坡双线式、单向坡单线式和双向坡双线式三种。

（1）单向坡双线式。所摊铺的混凝土面板横向坡度为单向坡，而拉线位于摊铺机两侧（双线），这种拉线形式称为单向坡双线式。拉线间距反映路面横坡宽度，顺直段平面上的两条拉线长度相等并平行。

（2）单向坡单线式。所摊铺的混凝土面板横向坡度为单向坡，而拉线仅位于摊铺机其中一侧（单线），已铺筑好的一侧不拉线，这种拉线形式称为单向坡单线式。该种拉线形式在路面分两幅以上摊铺的情况下，于后幅摊铺时采用。此时，修筑好的路面、边沟或路缘石可作为摊铺机不拉线一侧的平面参考系。

（3）双向坡双线式。所摊铺的混凝土面板横向坡度为双向，拉线位于摊铺机两侧（双线），这种拉线形式称为双向坡双线式。顺直段上的两条拉线完全平行，且对应高程相等，拉线上设置有横坡。

2.基准线宽度

基准线宽度除应保证摊铺宽度外，还应满足两侧650~1000mm横向间距的要求。

直线段基准线桩的纵向间距不应大于10m，竖曲线、平曲线路段视曲线半径大小应加密布置，最小间距为2.5m。

3.线桩的固定

固定线桩时，基层顶面到夹线臂的高度宜为450~750mm。基准线桩夹线臂夹口到桩的水平距离宜为300mm，基准线桩必须钉设牢固。

4.基准线长度

单根基准线的长度不宜大于450m。

5.基准线拉力

基准线拉力不应小于1000N。

6.基准线精确度

基准线设置的精确度应符合表2-10的规定。

表2-10　基准线设置的精确度要求

项目	中线平面偏位 /mm	路面宽度偏差 /mm	面板厚度 /mm		纵断高程偏差 /mm	横坡偏差	连续纵缝高差 /mm
			代表值	极值			
规定值	≤ 10	≤ ±15	≥ −3	≥ −8	±5	±0.10%	±1.5

注　在基准线，车道一个横断面测3点，双车道测5点，以测定板平均值为该断面平均板厚。断面平均板厚不应小于其代表值，极小值不应小于极值。每200m测10个断面，其值为该路段平均板，段面平均板厚不应小于设计板厚。不满足上述要求时，不得摊铺面板。

7.基准线保护

准确安装、设置基准线极其重要，它是滑模施工水泥混凝土路面的“生命线”。基准线是为了给摊铺机上的4个水平传感器和2个方向传感器提供一个精确的与路面平行的水平（横坡）和纵向（转弯）几何参考系，路面摊铺的几何精度和平整度很大程度上取决于基准线的测设精度。水平参考系的精度一般是通过测桩水平面与基准线之间保持相同的距离来控制和保证的。基准线设置后，严禁扰动、碰撞和振动。一旦碰撞变位，立即重新测量并纠正。多风季节施工时，应缩小基准线桩间距。

（三）摊铺现场准备

1.机具设备

所有施工机具均应处于良好状态，试运转正常并全部就位。

2.表面清理

基层、封层表面及履带行走部位应清扫干净。摊铺面板位置应洒水湿润，但不得积水。热天高温条件下，在旧有沥青或老路面加铺时，可喷洒白色石灰膏降温。基层上的降温和保温措施是为了使面板硬化，提供设计所需要的弯拉强度。

3.纵缝处理

横向连接摊铺时，前次摊铺路面的纵缝溜肩胀宽部位应切割顺直。侧边拉杆应校直，缺少的拉杆应钻孔锚固植入。纵向施工缝的上半部缝壁应涂满沥青，以保证纵缝顺直及防止水进入。

4.板厚检查

板厚控制必须在摊铺前的拉线上进行，并要求场站监督，否则摊铺后不合格很难弥补。施工中要随时注意检查和控制板厚。当板厚偏小时，铣刨基层的效果并不好，原因为：一是基层表面损伤有缝且基层厚度不足；二是基层部位与平整基层对面板的摩阻力相差过大，会造成路面运行前两年内断板数量大大增加。因此，必须严格控制基层标高；同时，在面板标高误差范围内，可适当调整面板(拉线)高程，但应在30m以上长度内调整。

（四）滑模摊铺机施工参数设定

滑模摊铺机各工作机构施工位置的正确设定是滑模摊铺技术中最关键的技术环节之一，也是滑模摊铺机调试工作中的主要内容。摊铺开始，对摊铺机进行全面的性能检查和正确的施工部件位置参数设定。若工作参数设置不正确，无论如何也摊铺不出高质量的路面，所以必须透彻了解振动黏度理论，并严格遵循摊铺机工艺设计原理，使每项工作参数都设定在正确摊铺的位置。

1.振捣棒的位置

振捣棒下缘位置应在挤压底板最低点以上，振捣棒的横向间距大于450mm，均匀排列；两侧最边缘振捣棒与摊铺边缘的距离不宜大于250mm。

振捣棒的位置是保证面板不产生纵向收缩裂缝的关键。振捣棒随滑模摊铺机拖行，粗集料推开，会形成无粗集料的砂浆暗沟。由于砂浆的干缩量是混凝土的20倍，所以如果振捣棒掉下，摊铺后的路面将留有发亮的砂浆条带，路面必纵向开裂。在所有公路路面摊铺时，振捣棒的最低点位置必须设置在路表面以上。如广州白云国际机场面板厚度达42cm，除了将加密振捣棒的横向间距缩小一半外，还将一半振捣棒安装在表面，另一半隔条振则插入板中。若公路没有这么厚的面板，则振捣棒均必须设置在路表面以上，防止开裂。

2.前倾角

挤压底板前倾角宜设置为3°左右，提浆夯板位置宜在挤压底板前缘以下5～10mm。这是是否产生横向拉裂的关键要素。无须设置前倾角的滑模摊铺机可将挤压底板前后调水平。

3.超铺角及搓平梁

设超铺角的摊铺机两边缘超铺高程，根据混合料的稠度应在3～8mm间调整。带振动搓平梁的摊铺机应将搓平梁前缘调整到与挤压板后缘高程相同，搓平梁的后缘比挤压底板后缘低1～2mm，并与路面高程相同。

4.位置校准

首次摊铺前，应在直线路段采用钉桩或基准线法校准滑模摊铺机挤压底板4角点的高程和侧模前进方向，4个水平传感器控制挤压底板4角点的高程，2个方向传感器进行导向控制。按路面设计高程、横坡度或路拱测量设定2～3根基准线或4～6个桩，将6个传感器全部挂到两侧基准线上，并检查传感器的灵敏度和反应方向。开动滑模摊铺机进入设置好的桩位或线位，调整水平传感器立柱高度，使滑模摊铺机挤压底板恰好落在经精确测量并设置好的木桩或基准线上，同时调整好滑模摊铺机机架前、后、左、右的水平度。令滑模摊铺机挂线自动行，返回校核1～2遍，正确无误后方可开始摊铺。

5.复核测量

在开始摊铺的5m内，必须对摊铺出的路面标高、边缘厚度、中线、横坡度等技术参数进行复核测量。

(1) 操作机手应根据测量结果及时而缓慢地在滑模摊铺机行进中反向旋转机上水平传感器立柱手柄，校准挤压底板摊铺路面的高程和横坡度，误差应在规定范围之内。及时调整拉杆打入深度和压力，以及抹平板的压力及边缘位置。

(2) 检查摊铺中线，测量侧模前后的横向距离，消除误差。

(3) 禁止停机剧烈，以免严重影响平整度等质量指标。

(4) 滑模机起步→调整→正常摊铺，应在10m内完成，并应将滑模摊铺机工作参数设置固定并保护起来，不允许非操作机手更改或撞动。

(5) 第二天的连接摊铺应先检查滑模摊铺机挤压底板4个角点的位置，将滑模摊铺机后退到前一天做了侧向收口工作缝的路面内，将挤压底板前缘对齐工作缝端部，开始摊铺。

需着重指出的是：摊铺中线误差的调整、消除，应通过在行进中调整方向传感器横杆距离实现，禁止停机调整，以防路面出现剧烈调整的棱槽。若出现了严重影响平整度的棱槽，则部分路面必须重新摊铺。

(五) 摊铺作业技术要领

摊铺过程中，滑模摊铺机与其他工艺不同的是必须一遍铺成，以达到振动密实、排气充分、挤压平整、外观规则的目标。因此，不可倒车重铺。要实现此目标，既不能漏振、欠振，造成麻面或拉裂，又不得过振、提浆过厚，形成塌边或溜肩现象。因此，振捣频率必须与速度、混合料稠度达到最优匹配。

1.摊铺速度

滑模摊铺机操作应缓慢、匀速、连续不间断地进行。摊铺速度应根据拌和物稠度和设备性能控制为0.5～3.0m/min，一般宜为1m/min左右。当混合料的稠度发生变化时，应首先调整振捣频率，然后改变摊铺速度，不得在混合料多时提高摊铺速度，然后随意停机等待、间歇摊铺。

2.布料作业

(1) 布料高度。无论采用哪种布料方式，滑模摊铺机前的料线高度都应控制在螺旋布料片最高点以下，并不得缺料。卸料、布料应与摊铺速度相协调。混凝土运到路面铺筑处卸下时，可以采用直接卸在基层上和用卸料机械卸到摊铺机内两种方法。直接将混凝土卸到基层上时，为防止混凝土离析，便于刮板摊铺，应尽可能卸成2～3堆。

（2）松铺高度。滑模摊铺机摊铺过程中，操作机手应随时调整松方高度以控制板进料位置，开始应略设高些，以保证进料。正常状态下，应保持振捣仓内的砂浆料位高于振捣棒100mm左右，料位高低波动宜控制在 ±30mm以内。为防止因挤压力忽大忽小而影响平整度，挤压底板的料与振动仓内的混凝土之间应始终维持相互间压力的均衡。

3.振捣频率

滑模摊铺机以正常速度施工时，振捣频率可在6000～11000r/min间调整，宜采用9000r/mm左右。应注意防止混凝土过振、漏振、欠振。操作机手应根据混凝土稠度的大小随时调整摊铺速度和振捣频率。当混凝土稠度较小时，应适当降低振捣频率，提高摊铺速度，但最高不得超过3m/min，最小振捣频率不得小于6000r/min；当混凝土稠度较大时，应提高振捣频率，但最大不得大于11000r/min，并降低摊铺速度，最小速度宜控制为0.5～1.0m/min。滑模摊铺机起步时，应先开启振捣棒振捣2～3min，再行推进。摊铺机脱离混凝土后，应立即关闭振捣棒。

4.纵坡施工

滑模摊铺机满负荷时，铺筑的路面最大纵坡坡度：上坡为5%，下坡为6%。上坡时，挤压底板前倾角宜适当调小，并适当调小抹平板压力；下坡时，前倾角宜适当调大，并适当调大抹平板压力。

5.弯道和渐变段路面施工

滑模摊铺机施工的弯道半径不宜小于50m，最大超高横坡坡度不宜大于7%。滑模摊铺机摊铺弯道和渐变段路面时，在单向横坡处，滑模摊铺机应跟线摊铺，随时调整抹平板内外侧的抹面距离，防止压垮边缘。在双向路拱处，应向计算机中输入弯道和渐变段边缘及路拱的几何参数，计算机会自动形成路拱。进出渐变段时，应保证路拱的生成和消失，以及弯道渐变段路面几何尺寸的正确性。

6.拉杆安装

单车道摊铺时，应视路面设计要求配置一侧或双侧打纵缝拉杆的机械装置。侧向拉杆打入装置的正确插入位置应在挤压底板的中下部或偏后部。拉杆打入方式分手推、液压、气压等几种方式，应力应满足一次打（推）到位的要求，不允许多次打入或人工后打。滑模摊铺没有固定模板的快速施工方式，在毫无支撑的软混凝土路面边侧或中间打拉杆时容易造成塌边或破坏，要采取措施进行补救。

同时摊铺两个以上车道时，除侧向打拉杆的装置外，还应在假纵缝位置中间配置 1 个以上中间拉杆自动插入装置。该装置有前插和后插两种配置。前插时，应保证拉杆的设置位置；后插时，要消除插入上部混凝土的破损缺陷。有振动搓平梁和振动修复板的滑模摊铺机应选择机后插入方式，其他滑模摊铺机可采用机前插入方式。打入的拉杆必须处于路面板厚中间。中间和侧向拉杆打入的高低均不得大于 ±20mm，前后误差不得大于 ±30mm。

7.砂浆表面厚度

操作机手应随时密切观察所摊铺路面的情况，注意调整和控制摊铺速度、振捣频率以及夯实杆、振动搓平梁和抹平板的位置、速度和频率。软拉抗滑构造表面砂浆层厚度宜控制为 4mm，硬刻槽路面的砂浆表层厚度宜控制在 2mm 左右。

8.连接摊铺

连接摊铺时，摊铺机一侧履带驶上前次路面的时间应控制在路面养护 7 天以后，最短不得少于 5 天。同时，钢履带底部应铺橡胶垫或使用有挂胶履带的滑模摊铺机。纵向连接摊铺路面时，连接纵缝部位应进行人工整修，连接纵缝的横向平整度应符合相应规定的要求。用钢丝刷刷干净黏附在前幅路面上的砂浆，并刷出粗、细抗滑构造。高速公路、一级公路路面抗滑沟深平均值不应大于 3mm，极值不应大于 5mm；二级、三级公路路面抗滑沟深平均值不应大于 5mm，极值不应大于 7mm。

（六）摊铺过程中的问题处理

(1) 摊铺中应经常检查振捣棒的工作情况和位置。路面出现麻面或拉裂现象时，必须停机检查或更换振捣棒。摊铺后的路面上出现发亮的砂浆条带时，必须调高振捣棒的位置，使其底缘在挤压底板的后缘高度以上。

(2) 摊铺宽度大于 7.5m 时，若左、右两侧泥浆稠度不一致，摊铺速度应按偏干一侧设置，并应将偏稀一侧的振捣棒频率迅速调小。

(3) 应通过调整泥浆稠度、停机待料时间、挤压底板前倾角、起步及摊铺速度等措施控制和消除横向拉裂现象。

(4) 摊铺中的滑模摊铺机停机等料最长时间超过当时气温条件下混凝土初凝时间的4/5时，应将滑模摊铺机迅速开出摊铺工作面，并做施工缝。

(七) 路面修整

滑模摊铺过程中，应采用自动抹平板装置对路面进行抹面。对少量局部麻面和明显缺料部位，应在挤压板后或搓平梁前补充适量拌和物，由搓平梁或抹平板机械修整。滑模摊铺的混凝土面板在下列情况下，可用人工进行局部修整。

(1) 人工操作抹面抄平器，精整摊铺后表面的小缺陷，但不得在整个表面加薄层修补路面标高。

(2) 对纵缝边缘出现的倒边、塌边、漏肩现象，应顶侧模或在上部支方铝管进行边缘补料修整。

(3) 对起步和纵向施工接头处，应采用水准仪找平并采用大于3m的靠尺边测边修整。

(八) 混凝土的养生

混凝土路面在铺筑完成或抗滑构造制作完毕后应立即开始养生。机械摊铺的各种混凝土路面、桥面及搭板宜采用喷洒养生，用保湿覆盖的方式养生。在雨天或养生用水充足的情况下，也可采用覆盖保湿膜、土工毡、土工布、麻袋、草袋、草帘等洒水湿养生方式，不宜使用围水养生方式。

养生时间应根据混凝土弯拉强度的增长情况而定，不宜小于设计弯拉强度的80%。应特别注重前7天的保湿（温）养生，一般养生天数宜为14～21天，高温天不宜少于14天，低温天不宜少于21天。混凝土板养生初期，严禁人、畜、车辆通行，在达到设计强度40%后，行人可通行。在路面养生期间，平交道口应搭建临时便桥。面板达到设计弯拉强度后，方可开放交通。

(九) 接缝施工

水泥混凝土路面接缝分为纵缝和横缝两大类。其中，横缝又分为缩缝、胀缝和施工缝，纵缝一般分为缩缝和施工缝。接缝是水泥混凝土路面的薄弱环节。接缝质量的好坏，直接影响行车的舒适性和路面的使用寿命。因此，对接缝应加以重视并认真做好接缝施工。

1.纵缝施工

(1) 纵向施工缝：当一次铺筑宽度小于路面宽度时，需要分幅施工，并应设置纵向施工缝。纵向施工缝的位置应避开轮迹，并与车道线重合或靠近，构造上可采用设拉杆平缝形式。当所摊铺的面板厚度大于等于260mm时，也可采用插拉杆的众口型纵向施工缝。采用滑模摊铺机施工时，纵向施工缝的拉杆可用摊铺机的侧向拉杆装置插入；采用固定模板施工时，应在振实过程中从侧模预留孔中手工插入拉杆；采用钢纤维混凝土施工时，由于纵缝中没有钢纤维提供拉力，所以应与普通水泥混凝土路面一样设置拉杆。

(2) 纵向缩缝：当一次摊铺宽度大于4.5m时，应设置纵向缩缝。纵向缩缝应采用设置拉杆的假缝形式。纵向缩缝处应设置拉杆，可用人工或机械自动插入拉杆，并用切缝法施工假纵缝。纵缝位置应按车道宽度设置，并在摊铺过程中用专用的拉杆插入装置插入拉杆。

钢筋混凝土路面、桥面和搭板的纵缝拉杆可用横向钢筋延伸穿过接缝代替。钢纤维混凝土路面切开的假纵缝可不设置拉杆，纵向施工缝应设置拉杆。插入的侧向拉杆应牢固，不得松动、碰撞或拔出。若发现拉杆松脱或漏插，应在横向相邻路面摊铺前重新植入钻孔。当发现拉杆可能会被拔出时，宜进行拉杆拔出力(握裹力)检验。

2.横缝施工

(1) 横向施工缝：每日施工结束或因临时原因中断施工时，必须设置横向施工缝，其位置宜选在缩缝或胀缝处。设在缩缝处的横向施工缝应采用加传力杆的平缝形式；设在胀缝处的横向施工缝，具构造应与胀缝相同。

(2) 横向缩缝：横向缩缝可等间距或变间距布置，应采用假缝形式。极重、特重和重交通荷载公路的横向缩缝，中等和轻交通荷载公路邻近胀缝或自由端部的三条横向缩缝，收费广场的横向缩缝，应采用设传力杆假缝形式，钢筋表面应作防锈处理。

3.胀缝施工

胀缝应与混凝土路面的中心线垂直，缝壁垂直于板面，宽度均匀一致，缝中不得有黏浆或坚硬杂物，相邻板的胀缝应设置在同一横断面上。普通混凝土路面、钢筋混凝土路面和钢纤维混凝土路面的胀缝间距视集料的温度膨胀性大小、当地年温差和施工季节综合确定。高温条件下施工时，可不设胀缝。常温条件下施工，集料温缩系数和年温差较小，可不设胀缝；若集料温缩系数或年温差较大，且路面两端构造物间距大于等于500m，宜设一道中间胀缝。低温条件下施工时，若路面两端构造物间距大于等于350m，宜设一道胀缝。胀缝宽宜为20 ~ 25mm，缝内应设置填缝板和可滑动的传力杆。传力杆应采用光圆钢筋。传力杆的准确定位是胀缝施工成功的关键，传力杆固定端可设在缝的一侧或交错布置。胀缝传力杆的尺寸、间距和要求应与横向缩缝相同，最外侧传力杆与纵向接缝或自由边的距离宜为150 ~ 250mm。

胀缝施工时应注意两点：一是保证钢筋支架和胀缝板准确定位，使机械或人工摊铺时不推移，支架不弯，缝板不倾斜，支架和胀缝板固定有力；二是胀缝板上部软嵌入临时木条，应保证该处缝宽均匀和边角完好直至填缝，防止胀缝板顶部提前开裂(即来不及硬切缝，已经弯曲断开，缝宽不一致)。

4.切缝施工

贫混凝土基层，各种混凝土面层，加铺层，桥面和搭板的纵、横向缩缝均应采用切缝法施工。切缝作业应符合下列规定。

（1）横向缩缝：横向缩缝的切缝方式有全部硬切缝、软硬结合切缝和全部软切缝三种。切缝方式的选用，应根据施工期间该地区路面摊铺完毕到切缝时的昼夜温差确定，宜参照表2-11选用。对于分幅摊铺的路面，应在先摊铺的混凝土板横缩缝已断开的部位作标记，在后摊铺的路面上应对齐已断开的横缩缝提前软切缝。有传力杆缩缝的切缝深度应为1/4 ~ 1/3板厚，最小不得小于70mm；无传力杆缩缝的切缝深度应为1/5 ~ 1/4板厚，最小不得小于60mm。

表2-11　根据施工气温而推荐的切缝方式

昼夜温差*/℃	切缝方式	缩缝切深
< 10	最长时间不得超过24h	硬切缝的切深为1/5 ~ 1/4板厚
10 ~ 15	软硬结合切缝，每隔1 ~ 2条提前软切缝，其余用硬切缝补切	软切缝深度不应小于60mm，不足者应硬切补深到1/3板厚，已断开的缝不补切
> 15	宜全部软切缝，抗压强度为1 ~ 1.5MPa，人可行走。软切缝不宜超过6h	软切缝深度大于等于60mm，未断开的接缝，应硬切补深到不小于1/4板厚

注　*降雨后刮风引起路面温度骤降，而板温差在表中规定范围内时，应按表中方法提早切缝。

（2）纵向施工缝：高速公路、一级公路及路基高度大于等于10m的高边坡、软基及填挖交界路段、桥头搭板、桥面板的纵向施工，在上半部涂满沥青，然后硬切缝并填缝。二级及以下公路一般路段的纵向施工缝在上半部涂满沥青后，可不切缝。

(3) 纵向缩缝：对已插入拉杆的纵向假缩缝，切缝深度不应小于 1/4～1/3 板厚，最小切缝深度不应小于 70mm，纵、横缩缝宜同时切缝。

(4) 缩缝宽度和填缝槽：缩缝的切缝宽度宜控制为 4～6mm，切缝时锯片晃度不应大于 2mm。可先用薄锅片锯切到要求深度，再使用 6～8mm 厚锯片或叠合锯片扩宽填缝槽，填缝槽深度宜为 25～30mm，宽度宜为 7～10mm。

(5) 变宽度路面：在变宽度路面上，宜先切缝划分板宽。匝道上的纵缝宜避开轮迹位，缝应垂直于每块面板的中心线。变宽度路面上的缩缝允许切割成小转角的折，邻板的横向缩缝切口必须对齐，允许偏差不得大于 5mm。

5. 灌缝施工

混凝土板养生期满后，应及时灌缝。灌缝施工的各个工序应满足以下技术要求。

(1) 清缝：灌缝前应先采用切缝机清除接缝中夹杂的砂石、凝结的泥浆等，再使用压力大于等于 0.5MPa 的压力水和压缩空气彻底清除接缝中的尘土及其他污染物，确保缝壁及内部清洁、干燥。缝壁检验以擦不出灰尘为灌缝标准。

(2) 灌缝：采用常温聚氨酯和硅树脂等填缝料时，应按规定比例将两组分材料按 1h 灌缝量混拌均匀，随拌随用。当采用加热填缝料时，应将填缝料加热至规定温度。加热过程中应将填缝料熔化，搅拌均匀，并保温使用。

(3) 灌缝质量控制：灌缝的形状系数（形状系数是指填缝料灌缝时的深度与宽度之比）宜控制在 2 左右，灌缝深度宜为 15～20mm，不得小于 15mm。先挤压嵌入直径为 9～12mm 的多孔泡沫塑料背衬条，再灌缝。灌缝顶面热天时应与板面齐平；冷天时应填为凹液面，中心低于板面 1～2mm。填缝必须饱满、均匀、厚度一致并连续贯通，填缝料不得缺失、开裂和渗水。

(4) 灌缝料养护：常温施工时填缝料的养生期，低温天宜为 24h，高温天宜为 12h。加热施工时填缝料的养生期，低温天宜为 2h，高温天宜为 6h。在灌缝料养生期间应封闭交通。

对于路面胀缝和桥台隔离缝等，应在填缝前凿去接缝板顶部嵌入的木条，涂黏结剂后嵌入胀缝专用多孔橡胶条或灌进适宜的填缝料。当胀缝的宽度不一致或有啃边、掉角等现象时，必须灌缝。

（十）滑模摊铺结束后的工作要点

滑模摊铺结束后，应及时将摊铺机驶离工作面，先将所有传感器从基准线上脱开，并解除摊铺机上基准线自动跟踪控制，再升起机架，用水冲洗干净黏附的混凝土；已硬结在机架上的混凝土，应轻敲打掉。混凝土清理干净后，应对与混凝土接触的机件喷涂废机油或吹（揩）干防锈。同时，应对摊铺机进行当日保养，如加油加水、打润滑油等。

三、质量控制与验收

水泥混凝土路面的施工质量控制与验收是保证路面施工达到高质量的关键环节，必须引起高度重视。水泥混凝土路面的施工应根据全面质量管理的要求，建立、健全有效的质量保证体系，实行严格的质量、工期和投资控制、工序管理与岗位责任制度，对施工各阶段的质量进行检查、控制、评定，使之达到所规定的质量标准，从而确保施工质量的稳定性。水泥混凝土路面的施工应实行监理制度，除施工企业按规定项目、批量或频率进行自检外，工程监理还应按有关规定进行质量检查与认定，各级质监站及工程建设单位（业主）应对工程质量进行监督。

（一）施工前的材料检查

1.准备和调研工作

在施工准备阶段，应依据施工经验和规模，对工程附近的水泥厂、钢材厂、电厂粉煤灰、外加剂厂、砂石料场、施工沿线水源、电力供应状况等进行踏勘和实地调研。对原材料质量、品种和规格是否符合建设混凝土路面的要求，原材料的供应量、供应强度和供给方式、运距等情况，施工沿线何处适合建设大型混凝土搅拌站，可否取得商品混凝土等做到心中有数。通过调研优选，或符合要求的厂商原材料投标，确定原材料优先供应厂商和替补厂商，并要求这些厂商向试验室提供试验和检验的原材料。

2.检验和优选原材料

配备充足的质量检验设备和人员。路面开工前，试验室应对混凝土路面工程计划使用的原材料进行质量检验和混凝土配制试验。通过对原材料进行实测和混凝土配制试验，进一步优选原材料并优化配合比，检验报告通过监理正式审批，报请业主审查通过后，通知材料供应厂商和施工单位签订原材料供应合同。待确定和处置好搅拌站场地后，开始供应和储备原材料。

3.原材料进场后的储存要求

将相同料源、规格、品种的原材料作为一批，分批量分别检验并储存。大型路面工程一般需要两个以上的水泥厂供应原材料。不同厂家的水泥，即使品种标号完全相同，也应分别存放，不得混装在一个水泥罐仓内。当发现原材料变化，随时进行加测。

4.设备采购和检查验收

大型滑模摊铺机和搅拌楼等应公开招标采购。新设备到场后，应逐项检查验收，在厂家售后服务技术人员的现场指导下安装调试。搅拌楼应通过法定计量单位的计量标定，对搅拌站及水泥混凝土路面滑模摊铺机械和设备的配套情况、性能、计量精度等进行全面检查。搅拌楼和滑模摊铺机经摊铺试验路段检验，达到生产能力和全部质量指标，可验收通过，进行支付。

（二）铺筑试验路段

所有公路滑模摊铺水泥混凝土路面工程，在正式摊铺水泥混凝土路面前均须铺筑试验路段。试验路段长度不应小于200m，高速公路、一级公路宜在主线路面以外进行试验路段的摊铺。路面厚度、摊铺宽度、基准线设置、接缝设置、钢筋设置等均应与实际工程相同。

试验路段分为试拌及试铺两个阶段。通过试验路段应达到下述目的。

(1) 试拌可检验搅拌楼的性能及确定合理的搅拌制度；试铺可检验滑模摊铺系统中主要机械的性能和生产能力，检验机械种类、数量，实际生产能力配套及组合的合理性，提供主要机械性能和生产能力的检验结果及改进措施。

(2) 通过试拌确定搅拌楼的上料速度，拌和容量，搅拌均匀所需时间，拌混凝土坍落度、振动黏度系数、含气量、泌水量、离析性和生产使用的混凝土配合比。

(3) 通过试铺确定基准线设置方式和滑模摊铺机的适宜工作参数，包括摊铺速度、振捣频率调整范围、夯实杆深度和频率、挤压底板前倾角度设置、超铺角度设置、侧模板可调整方式和位置、中间和侧向拉杆打入情况、振动搓平梁的设置位置、自动抹平板的位置和压力等。

(4) 使全体工程技术人员、施工人员及设备操作人员熟悉并掌握各主要机械正确操作要领和所有工序、工种正确的施工方法，检验全套施工工艺流程。

(5) 检验并确定人工辅助施工的修整机具、工具、模具种类和数量，发电机、电焊机、钢筋工、混凝土工、拉毛方式及劳动力数量和定员位置等。按施工工艺要求确定施工组织形式和人员编制。

(6) 通过试铺应使混凝土原材料，新拌混凝土的坍落度、含气量、泌水量，路面弯拉强度、平整度、构造深度、板厚、接缝顺直度等全套技术性能检验手段健全，熟悉以上技术性能的检验方法。建立滑模施工系统的全面质量管理体系。

(7) 确定施工产量和进度，制订施工进度计划。

(8) 检验无线通信和快速生产调度指挥系，定施工管理体系。

在试铺中，施工单位应认真做好记录，监理工程师或质监站应监督并检查试验路段的施工质量，及时与施工单位商定有关结果。试验路段铺筑结束后，应由业主、施工单位和监理单位三方会议讨论试验结果，提出改进意见和注意事项，施工单位应就各项试验结果、改进措施和注意事项提出试验路段总结报告，上报监理单位和业主批复，取得开工资格。

（三）施工过程中的质量管理与检查

1.开工

水泥混凝土路面必须在得到主管部门的开工令后方可开工。

2.施工单位自检

施工单位在施工过程中应随时对施工质量进行自检。水泥混凝土路面的检验项目、方法和频率按项目要求规定进行。监理工程师或质量监督人员也应进行抽检或旁站检验，对施工单位的检验结果进行检查认定。当施工人员、监理人员、监督人员发现异常情况时，应立即报告并追加试验检查。

3.混凝土拌和及混合料检验

生产中，除按规定频率对混凝土的和易性、含气量、凝结时间等指标进行检验外，搅拌站还应通过观察和测量坍落度、稳定性对每台搅拌楼所拌混合料的匀质性进行检验。各台搅拌楼之间及各台间歇搅拌机盘之间的混凝土坍落度差均不得大于10mm。高温和负温条件下施工时，应加测混凝土温度。现场混凝土路面铺筑的关键设备如摊铺机、压路机、布料机、三辊轴整平机、刻槽机、切缝机等的操作应规范、稳定。

4.平整度、弯拉强度、板厚和其他指标的检查

（1）平整度：在施工过程中可用3m直尺检测，而用动态平整仪检测的动态平整度结果，可以作为交工和竣工验收时工程质量的评定依据。施工中如果发现局部路段的3m直尺平整度不符合标准，应在10天内使用最粗磨头的水磨石机边测量边磨平，直到符合要求。磨平后应凿出微观抗滑构造，并用硬刻槽机刻出宏观抗滑槽。磨平路面裸露料的耐磨性不佳，因此不推荐大面积磨平处理，其只能用于小面积少量处理。

（2）弯拉强度：混凝土路面的弯拉强度评价，应以搅拌楼生产中随机取得的混凝土在振动台上制作的小梁在标准养护条件下的弯拉强度为准，试件的成型方式应为振动台。

（3）板厚：混凝土路面在施工中应严格控制板厚。对于滑模摊铺机摊铺的板厚的测量，应在每天施工拉线设置好后，人工摊铺时在立好模板后，在旁站监理的监督下，按规定频率测量待摊铺路面的板厚，经监理工程师同意后方可开始摊铺。对于板厚不足的部位，可采用铣刨机刨掉上基层偏高部位，再摊铺混凝土路面。对于大面积基层偏高部分，允许在50m以外调整路面标高。

（4）其他指标：除上述三大指标外，还应检查接缝顺直度、切缝和灌缝深度、抗滑构造深度、摊铺中线、高程和横坡度。

在水泥混凝土路面铺筑过程中，路面铺筑质量要求应符合表2–12中的规定。

表2–12　各级公路水泥混凝土路面铺筑质量要求

<table>
<tr><th rowspan="2">项次</th><th rowspan="2">检查项目</th><th colspan="3">允许值</th></tr>
<tr><th colspan="2">高速公路、一级公路</th><th>其他公路</th></tr>
<tr><td>1</td><td>弯拉强度 /MPa</td><td colspan="3">100% 符合现行施工规范的规定</td></tr>
<tr><td>2</td><td>板厚 /mm</td><td colspan="3">代表值大于等于 –5，极值大于等于 –10，CV 值符合设计规定</td></tr>
<tr><td rowspan="3">3</td><td rowspan="3">平整度</td><td>σ /mm</td><td>≤ 1.2</td><td>≤ 2.0</td></tr>
<tr><td>IRI · m · km^{-1}</td><td>≤ 2.0</td><td>≤ 3.2</td></tr>
<tr><td>3m 直尺最大间隙△h/mm</td><td>≤ 3（合格率应大于等于 90%）</td><td>≤ 5（合格率应大于等于 90%）</td></tr>
<tr><td rowspan="2">4</td><td rowspan="2">抗滑构造深度 /mm</td><td>一般路段</td><td>0.70 ~ 1.10</td><td>0.50 ~ 0.90</td></tr>
<tr><td>特殊路段</td><td>0.80 ~ 1.20</td><td>0.60 ~ 1.00</td></tr>
<tr><td>5</td><td colspan="2">相邻板高差 /mm</td><td>≤ 2</td><td>≤ 3</td></tr>
</table>

续表

项次	检查项目	允许值	
		高速公路、一级公路	其他公路
6	连接摊铺纵缝高差 /mm	平均值小于等于 3，极值小于等于 5	平均值小于等于 5，极值小于等于 7
7	接缝顺直度 /mm	≤ 10	
8	中线平面偏位 /mm	≤ 20	
9	路面宽度 /mm	≥ −20 及≤ 20	
10	纵断高程 /mm	± 10	± 15
11	横坡度 /%	± 0.15	± 0.25
12	断板率 /%	≤ 2	≤ 4
13	脱皮、印痕、裂纹、露石、缺边、掉角 /%	≤ 2	≤ 3
14	路缘石顺直度和高度 /mm	≤ 20	≤ 20
15	灌缝饱满度 /mm	≤ 2	≤ 3
16	切缝深度 /mm	≥ 50	≥ 50
17	胀缝表面缺陷	不应有	不宜有
18	胀缝板连浆 /mm	≤ 20	≤ 30
	胀缝板倾斜 /mm	≤ 20	≤ 25
	胀缝板弯曲和位移 /mm	≤ 10	≤ 15
19	传力杆偏斜 /mm	≤ 10	≤ 13

注 （1）路面钻芯劈裂强度应换算为实际面板弯拉强度进行质量评定。

（2）特殊路段是指高速公路、一级公路的立交、平交、变速车道等处，其他公路是指急弯、陡坡、交叉口或集镇附近。

施工单位的质检结果应按规范的规定，以 1km 为单位进行整理。对于滑模、轨道、碾压和三辊轴机组机械铺筑水泥混凝土路面的关键工序，宜拍摄照片或进行录像，作为现场记录保存。

（四）交工质量检查验收

1. 申请交工验收

水泥混凝土路面完工后，施工单位应提交全线检测结果、施工总结报告及全部原始记录等齐全资料，申请交工验收。

2. 质量问题处理

（1）弯拉强度不足。路面混凝土弯拉强度应按小梁标准试件和路面钻芯取样圆柱体劈裂强度折算的弯拉强度综合评定。当弯拉强度不足时，每千米每车道应取 3 个以上芯样。二级及二级以下路面混凝土的弯拉强度可按式（2–5）或式（2–6计算，满足则可通过；不满足时，应通过试验得到各自工程的统计公式，试验组数不宜小于 10 组。

对于石灰岩、花岗岩碎石混凝土：

$$f_c = 1.868 f_{sp}^{0.871} \quad (2\text{–}5)$$

式中：f_c 为混凝土标准小梁弯拉强度，MPa；f_{sp} 为直径为 150mm 混凝土圆柱体的劈裂强度，MPa。

对于玄武岩碎石混凝土：

$$f_c = 3.035 f_{sp}^{0.423} \quad (2\text{–}6)$$

高速公路、一级公路应通过试验得到各自工程的统计公式，试验组数不宜小于 15 组。弯拉强度确实不足时，应重新铺筑。

（2）平整度不合格和板厚不足。平整度不合格的部位应进行处理，并硬刻槽恢复抗滑构造；板厚不足时，应判明区段，返工重铺。

（五）工程施工总结

1. 建立施工资料档案

施工单位应根据国家竣工文件编制的规定，提出施工总结报告，质量测试报告或采用新材料、新技术的研究报告，连同竣工图，形成完整的施工资料档案。

2. 施工总结报告

施工总结报告的内容应包括工程概况、设计图纸及变更、基层、原材料、施工组织、机械及人员配备、施工工艺、进度、工程质量评价、工程预决算等。

3. 施工质量管理与测试报告

施工质量管理与测试报告的内容应包括施工组织设计、质量保证体系、试验路段铺筑报告、施工质量达到或超过现行规范规定的情况、原材料和混凝土检测结果、施工中路面质量自检结果、交工复测结果、工程质量评价、原始记录相册和录像资料等。

4.试验总结报告

首次采用滑模、轨道、碾压、三辊轴机组施工或首次铺筑钢筋混凝土路面、钢纤维混凝土路面等路面结构时，应同时提交试验总结报告。

第三章　桥梁工程施工技术

第一节 桥梁工程基本知识

桥梁是一种跨越结构，随着经济技术的不断发展，桥梁的跨越能力从最初简易的圆木桥梁跨越山涧、河流，到如今，各类不同结构桥梁跨越江河、峡谷、公路、铁路甚至海峡，成为人类生存发展不可或缺的结构构造物。

学习桥梁工程施工技术首先要了解以下内容。

一、常用术语

（一）跨度（L_1）

跨度也称为跨径，用来表示桥梁的跨越能力。对多跨桥梁，最大跨度称为主跨。一般而言，跨度是表征桥梁技术水平的重要指标。

（二）计算跨径（L_0）

对于设支座的桥梁，指桥跨结构相邻两支座间的距离；不设支座的桥梁（如拱桥、刚构桥）为上下部结构相交面中心间的水平距离。桥梁结构的分析计算以计算跨径为准。

（三）净跨径（l_1）

对梁式桥是指设计洪水位线上相邻两桥墩（或桥台）间的水平净距。各孔净跨径之和，称为总跨径，它反映出桥位处泄洪能力的大小。

（四）标准跨径

对公路梁桥是指两桥墩中线间距离或桥墩中线与台背前缘的间距，也称为单孔跨径。采用标准跨径设计，有利于桥梁制造和施工的机械化，也有利于桥梁养护维修和战备需要。

（五）桥梁全长（L）

对梁桥是指两桥台侧墙或八字墙尾端之间的距离。它标志着桥梁工程的长度规模。两桥台台背前缘之间的距离，可称为多孔跨径总长。它仅作为划分特大桥、大桥、中桥、小桥和涵洞的一个指标。

（六）桥下净空高度（H）

桥下净空高度是指设计洪水位或设计通航水位与桥跨结构最下缘之间的高差。桥下净空高度应大于通航及排洪要求的高度。

（七）桥梁建筑高度（h）

桥梁建筑高度是指桥面至桥跨结构最下缘的垂直高度。

（八）容许建筑高度

容许建筑高度是指桥梁线路设计中所确定的桥面高程与通航及排洪要求所规定的净空高度之差。

（九）低水位

低水位是指河流在枯水季节的最低水位。

（十）高水位

高水位是指河流在洪峰季节的最高水位。

（十一）设计洪水位

设计洪水位是指桥梁设计中设计洪水频率计算所得的高水位。

（十二）净矢高

净矢高是指从拱顶截面下缘至相邻两拱脚截面下缘最低点之间连线的垂直距离。

（十三）计算矢高

计算矢高是指从拱顶截面形心至相邻两拱脚截面形心最低点之间连线的垂直距离。

（十四）矢跨比

矢跨比是指计算矢高与计算跨径之比。

二、桥梁的分类

桥梁有各种不同的分类方式，每一种分类方式均反映出桥梁某一方面的特征，主要的分类方式有以下几种。

（一）按工程规模划分

按工程规模可分为特大桥、大桥、中桥和小桥等，见表 3–1。

表3-1 桥梁分类

桥梁分类	多孔跨径总长 L/m	单孔跨径 L_k/m
特大桥	$L > 1000$	$L_k > 150$
大桥	$100 \leqslant L \leqslant 1000$	$40 \leqslant L_k \leqslant 150$
中桥	$30 < L < 100$	$20 < L_k < 40$
小桥	$8 \leqslant L \leqslant 30$	$5 \leqslant L_k \leqslant 20$

（二）按桥梁用途划分

按桥梁用途可分为铁路桥、公路桥、公铁两用桥和人行桥等。

（三）按桥跨结构所用的材料划分

按桥跨结构所用的材料可分为钢筋混凝土桥，预应力混凝土桥，钢桥，钢混组合梁桥，用砖、石、素混凝土块等砌体材料建造的圬工结构桥梁和木桥等。

（四）按结构体系（结构受力特征及立面形状）划分

按结构体系可分为梁桥、拱桥、悬索桥三种基本体系及由基本体系组合形成的组合体系，如斜拉桥。

（五）按桥跨结构与桥面的相对位置划分

按桥跨结构与桥面的相对位置不同可分为上承式、下承式和中承式桥。

（六）按桥梁所跨越的对象划分

按桥梁所跨越的对象不同可分为跨河桥、跨谷桥、跨线桥、立交桥、地道桥、旱桥和跨海桥等。

（七）按桥梁的平面形状划分

按桥梁的平面形状可分为直桥、斜桥和弯桥。

（八）按预计使用时间的长短划分

按预计使用时间的长短可分为永久性桥梁和临时性桥梁。

三、桥梁的结构体系

按结构体系及其受力特点，桥梁可划分为梁、拱、刚架、索四种基本体系和组合体系。不同的结构体系具有不同的结构形式和受力特点，简述如下。

（一）梁桥

梁桥是古老的结构体系之一。梁作为承重结构，主要是以其抗弯能力来承受荷载的。在竖向荷载作用下，其支承反力也是竖直的；简支梁的梁部结构只受弯、剪作用力，不承受轴向力。常用的简支梁的跨越能力有限，跨度通常不超过40m。

悬臂梁和连续梁都是通过增加中间支承来减少跨中正弯矩，能更合理地利用材料和分配内力，加大跨越能力。悬臂梁采用铰接或一简支跨（称为挂孔）来连接其两个端头，其为静定结构，受力明确，计算简便，但因其结构变形在连接处不连续而对行车和桥面养护产生不利影响，近年来已很少采用。连续梁因桥跨结构连续，克服了悬臂梁的不足，是目前采用得较多的梁式桥型。

（二）拱桥

拱桥的主要承重结构是具有曲线外形的拱圈。在竖向荷载作用下，拱圈主要承受轴向压力，但也承受弯矩剪力。拱脚处的支承反力除了竖向反力外，还有较大的水平推力。

根据拱的受力特点，多采用抗压能力较强且经济合理的砌体材料（石材等）和钢筋混凝土来修建拱桥；也因拱是具有抗推力的结构，对地基的要求较高，故一般宜建于地基良好之处。

按照静力学划分，拱分成单铰拱、双铰拱、三铰拱和无铰拱。

根据行车道的位置，拱桥可以分成上承式、中承式和下承式三种类型。上承式拱桥根据拱上结构的形式可以分为实腹式拱桥与空腹式拱桥。

上承式拱桥根据拱上结构的形式可以分为实腹式拱桥与空腹式拱桥。

随着施工技术的进步，除了传统的满堂支架或拱架施工方法外，现可采用悬臂施工、转体施工、劲性骨架施工等无支架施工新技术，这使拱桥在更大跨度范围内的应用，起到了重要的促进作用。

（三）刚架桥

刚架桥是梁与立柱（或称为墩柱）的组合体系。刚架桥中的梁与立柱为刚性连接，形成刚架。

其主要特点是：立柱具有一定的抗弯刚度，故可有效分担梁部跨中正弯矩，达到降低梁高、增大桥下净空的目的。在竖向荷载作用下，主梁与立柱的连接处会产生负弯矩；主梁、立柱承受弯矩，也承受轴力和剪力；柱底约束处既有竖直反力，也有水平力。

刚架桥多采用立柱直立的、单跨或多跨的门形框架、柱底约束可以是铰接或固结。钢筋混凝土刚架桥适用于中小跨度、建筑高度要求较严的城市或公路跨线桥。

立柱斜向布置的刚架桥称为斜腿刚架桥，其受力特点与刚架桥大致相同。在竖向荷载作用下，斜腿以承压为主，两斜腿之间的梁部受到一定的轴向力。斜腿底部可采用铰接或固结形式，并受到较大的水平推力。

在跨越深沟峡谷、两侧地形不宜处建造直立式墩柱，斜腿刚架桥表现出其独特之处。

另外，墩柱在立面上呈 V 形并与梁部固结的桥梁，称为 V 形刚架桥，其在受力上具有连续梁和斜腿刚架的特点。由于 V 形支撑的作用，支点负弯矩及梁高可适当减小，跨度可适当加大，外形也较美观。

（四）悬索桥

悬索桥主要由缆（又称索）、塔、锚锭、加劲梁等组成。

对跨度较小（通常不大于 300m）、活载较大且加劲梁较刚劲的悬索桥，可以视其为缆与梁的组合体系。但大跨度悬索桥的主要承重结构为缆，组合体系的效应可以忽略。

在竖向荷载作用下，其悬索受拉，锚锭处会承受较大的竖向力（向上）和水平力。悬索通常用高强度钢丝制成圆形大缆，加劲梁多采用钢桁架梁或扁平箱梁，桥塔可采用钢筋混凝土或钢。因缆的抗拉性能得以充分发挥且其尺寸基本上不受限制，故悬索桥的跨越能力一直在各种桥型中名列前茅。不过，由于其结构较柔，悬索桥较难满足当代铁路桥的要求。

在修建跨度相对较小（通常不大于 300m）的悬索桥时，当两岸用地受到限制而无法布置锚锭或出于景观需要时，可采用自锚式悬索桥。其特点是：将大缆的两端固定在加劲梁的两端，省去了大尺寸的锚锭，但增加了梁的材料用量，也增加了施工难度。

（五）组合体系

组合体系桥指承重结构采用两种基本体系，或采用一种基本体系与某些构件（梁、塔、柱、斜索等）组合在一起的桥。当采用两种结构体系时，梁经常是其中一种，与梁组合的则可以是柱、拱、缆或塔、斜索。代表性的组合体系有以下几种。

1.T形刚构桥和连续刚构桥

随着预应力技术和悬臂施工方法的发展，具有刚架形式和特点的桥梁可用于跨径更大的情况。

预应力混凝土T形刚构桥是由悬臂施工方法发展而衍生出来的一种桥型。其桥墩的尺寸及刚度较大，墩顶与梁部固结，墩底与基础固结；在跨中设铰或挂孔来连接邻近两T形刚构桥。

T形刚构桥融合了悬臂梁桥和刚架桥的部分特点：因其是静定结构，能减少次内力，简化主梁配筋；有利于悬臂对称施工，但粗大的桥墩因承受较大弯矩而费料；桥面线形不连续而影响行车。目前，已很少采用这种桥型。

在连续梁桥的基础上，把主跨内较柔细的桥墩与梁部固结起来，就形成所谓的连续刚构桥。其特点是：桥墩（为单墩或双薄壁墩）较为纤细，以承受轴向压力（而不是弯矩）为主，表现出柔性墩的特性，这就使得梁部受力仍然体现出连续梁的受力特点（主跨梁部仅受到较小轴向力作用）。

这种桥型除保持了连续梁的受力优点外，还节省了大型支座的费用，减少了桥墩及基础的工程量，改善了结构在水平荷载下的受力性能，有利于简化施工工序，适用于需要布置大跨、高墩的桥位。近年来，预应力混凝土连续刚构体系在桥梁工程中的应用越来越普遍，公路桥的跨度已超过300m。

为突出结构造型上的不同，将T形刚构桥和连续刚构桥划归为组合体系。但是，从主要受力特点上看，T形刚构桥和连续刚构桥仍然主要表现出梁的受力特点。

2.斜拉桥

斜拉桥是梁与塔、斜索组成的组合体系，其结构形式多样化，造型优美、壮观。

在竖向荷载作用下，梁以受弯为主，塔以受压为主，斜索则承受拉力。梁体被斜索多点扣住，表现出弹性支承连续梁的特点；这样，梁所承受的恒载弯矩减小，梁高可以降低，结构自重可以减轻，跨度可以增加；另外，塔和斜索的材料性能也能得到较充分的发挥。

因此，斜拉桥的跨越能力仅次于悬索桥，是近几十年来发展很快的一种桥式。由于刚度问题，斜拉桥在铁路桥梁上的应用极为有限。

第二节 桥梁下部结构施工

一、桥梁墩台、基础及支座的类型与构造

桥梁墩台和基础是桥梁结构的重要组成部分，称为桥梁结构的下部结构，主要由墩台帽、墩台身和基础三部分组成。

（一）桥墩主要类型及构造

桥墩是指多跨（大于或等于三跨）桥梁的中间支承结构，是支承桥跨结构和传递桥梁荷载的结构物。它承受上部结构自重以及作用于其上的车辆、人群荷载作用，并将荷载传到地基上，且还承受流水压力、水面以上风力以及可能出现的冰荷载、船只等漂浮物的撞击力等。

桥墩按其构造可分为实体桥墩、空心桥墩、柱式桥墩等；按其受力特点可分为刚性墩和柔性墩；按其截面形状可分为矩形、圆形、圆端形、尖端形及各种组合形桥墩；按施工工艺可分为就地浇筑墩或砌筑墩、预制安装墩等。

按构造和施工方法不同，桥梁基础类型可分为明挖基础、桩基础、沉井基础、沉箱基础和管柱基础。

1.实体桥墩

实体桥墩是指由一个实体结构组成的桥墩。按其截面尺寸或刚度及重力的不同又可分为重力式桥墩和实体轻型桥墩。

（1）重力式桥墩：重力式桥墩主要依靠自身重力来平衡外力，从而保证桥墩的稳定。它通常由圬工材料修筑而成，具有刚度大、防撞能力强等优点，但同时具有阻水面积大、自重大、对地基承载力要求高等缺点。适用于荷载较大的大中型桥梁或流冰、漂浮物较多的河流以及砂石料丰富的地区和基岩埋深较浅的地基。

①墩帽：墩帽是桥墩的顶端，它通过支座承托上部结构，并将相邻两跨桥上

的荷载传到墩身。由于其受到支座传来的较大集中应力的作用，因此要求它有足够的厚度和强度。其最小厚度一般不小于0.4m，中小跨径梁桥一般也不应小于0.1m。墩帽一般要求用强度等级为C20以上的混凝土浇筑并加配构造钢筋，小跨径非严寒地区可不设构造钢筋。

②墩身：墩身是桥墩的主体部分，用片石混凝土浇筑或采用浆砌块石、浆砌料石，也可用混凝土预制块砌筑。混凝土墩身多用强度等级不低于C15的混凝土浇筑，并可掺入不多于25%的片石。石砌桥墩墩身应采用标号不低于25的料石，大中桥用强度等级为M5以上砂浆砌，桥涵用强度等级不低于M2.5的砂浆砌筑，混凝土预制块强度等级不低于C20。

梁式桥的墩身顶宽，小跨径桥不宜小于80cm，中跨径桥不宜小于100cm，大跨径桥根据上部结构类型确定。实体桥墩的截面形式较多，其中圆形、圆端形、尖端形、菱形的导流性好。圆形截面对各方向的水流阻力和导流情况相同，适用于潮汐河流或流向不定的桥位；矩形桥墩主要用于无水的岸墩或高架桥墩。

③基础：基础是桥墩与地基直接接触的部分，其类型与尺寸主要取决于地基条件。最常见的是刚性扩大基础，一般采用C15以上片石混凝土或浆砌块石。基础的平面尺寸较墩身底面尺寸略大，四周各放大20cm左右。基础可做成单层，也可做成2～3层台阶式，台阶的宽度由基础用材的刚性角确定。

(2) 实体轻型桥墩：实体轻型桥墩可用浆砌块石、混凝土或钢筋混凝土等材料制成。其中实体钢筋混凝土薄壁墩最典型，该桥墩与重力式桥墩相比圬工体积明显减少，自重较小，抗冲击能力较弱，不宜用于流速较大并夹有大量河沙的河流或可能有船只、冰等漂浮物撞击的河流中，多用于中小跨径的桥梁。

①墩帽：轻型桥墩墩帽多采用强度等级不低于C15的混凝土并配有 ϕ8mm 的构造钢筋制成。墩帽的平面尺寸由墩身顶部尺寸确定，墩帽高度不小于30cm，墩帽四周挑檐5cm，周边做成5cm倒角。

当桥面的横向排水坡不用三角垫层调整时，可在墩帽顶面从中心向两端倾斜地加筑三角垫层。

上部结构与墩身之间用砂浆胶结，并用栓钉锚固，因此在墩帽上要预留栓钉孔，以备埋置栓钉。

②墩身：墩身用强度等级不低于C15的混凝土浇筑，也可用浆砌块石或砖，石料标号不低于25号，砂浆强度等级不低于M5，砖的标号不低于7.5号。

墩身的宽度要求需满足上部结构的支承需要，一般不小于60cm，墩身的长度应满足上部结构宽度的要求。

③基础：基础一般采用强度等级为C15的混凝土。其平面尺寸较墩身底面尺寸略大，四周各放大20cm左右。基础多做成单层，其高度一般为50cm。

相邻墩台基础之间的支撑梁一般采用强度等级为C20的混凝土，截面尺寸为20cm×30cm，并配四根ϕ12钢筋和ϕ6箍筋，也可用截面为40cm×40cm的素混凝土梁。

2.空心桥墩

空心桥墩有两种形式，一种为中心镂空式桥墩，另一种为薄壁空心桥墩。

(1)中心镂空桥墩是在重力式桥墩基础上镂空中心一定数量的圬工体积，能减少圬工数量，减轻桥墩自重，降低对地基承载力的要求，但镂空有一个前提，即必须保证桥墩强度和刚度足以承担和平衡外力，从而保证桥墩的稳定性。

(2)薄壁空心桥墩是用强度高、墩身壁较薄的钢筋混凝土构筑而成的空格形桥墩。其最大特点是大幅度减小了墩身圬工体积和墩身自重，减小了地基负荷，因此适用于软弱地基。

空心墩按壁厚分为厚壁和薄壁两种，一般用壁厚与墩身中间的直径比来区分，比值小于1/10的为薄壁。

空心墩在构造尺寸上应符合下列规定：墩身最小壁厚，对于钢筋混凝土不小于30cm，素混凝土不小于50cm；墩身内应设横隔板或纵、横隔板以加强墩壁的局部稳定，一般40m以上的墩每6~10m设一横隔板；墩顶应设实体段，实体段高度不小于1~2m；墩身周围应设置适当的通风孔与泄水孔，孔的直径不宜小于20cm，墩顶实体段以下应设置带门的进入洞或相应的检查设备；按计算配筋，一般配筋率在0.5%左右，有时，只按构造或承受局部应力或附加应力配筋即可。

3.柱式桥墩

柱式桥墩是目前公路桥梁中广泛采用的桥墩形式，特别是对于桥宽较大的城市桥或立交桥。该种桥墩节约圬工材料，自重较小，且轻巧美观。

柱式桥墩一般由盖梁、柱式墩身和基础上的承台组成。常用的有单柱式、双柱式、哑铃式和混合双柱式等形式。

盖梁是柱式桥墩的墩帽，一般用C20~C30的钢筋混凝土就地浇筑，也有采用预制安装的。盖梁的横截面形状一般为矩形或T形。盖梁宽度根据上部结构的构造形式、支座间距和尺寸等确定；盖梁高度一般为梁宽的80%～120%；盖梁的长度应大于上部构造两边梁间的距离，并应满足上部构造安装时的要求；设置橡胶支座的桥墩应预留更换支座所需位置，即支座垫石的高度应保证端横隔板底与墩顶面之间能安置千斤顶的要求；盖梁悬臂高度不小于30cm。各截面尺寸与配筋需通过计算确定。墩柱一般采用直径为0.6～1.5m的圆柱或方形、六角形柱。墩柱配筋由计算确定并应符合柱体结构构造要求。

（二）桥台的主要类型及构造

桥台是设置在桥的两端，支承桥跨结构并与两岸接线路堤衔接的构造物。其既要承受桥梁边跨结构和桥台本身结构自重以及作用在其上的车辆荷载的作用，并将荷载传到地基上，又要挡土护岸，而且还要承受台背填土及填土上车辆荷载所产生的附加土侧压力。桥台类型按其形式划分主要有以下几种：重力式桥台、轻型桥台、框架式桥台、组合式桥台和承拉桥台。

1.重力式桥台

重力式桥台一般采用砌石、片石混凝土或混凝土等圬工材料就地砌筑或浇筑而成，主要依靠自重来平衡台后土压力，从而保证自身的稳定。重力式桥台依据桥梁跨径、桥台高度及地形条件的不同有多种形式，常用的类型有U形桥台、埋置式桥台等。

(1) U形桥台，由台身(前墙、两侧翼墙)、台帽与基础组成，在平面上呈U形。台身支承桥跨结构并承受台后土压力。翼墙与台身连成整体承受土压力并起到与路堤衔接的作用。U形桥台构造简单，基础底承压面大，应力较小，但圬工体积大，桥台内的填土容易积水，应注意防水，防止冻胀，以免桥台结构开裂。U形桥台适用于8m以上跨径的桥梁。

(2) 埋置式桥台，台身为圬工实体，台帽及耳墙采用钢筋混凝土。台身埋置于台前溜坡内，利用台前溜坡填土抵消部分台后填土压力，不需另设翼墙，仅由台帽两端的耳墙与路堤衔接。埋置式桥台圬工较省，但溜坡对河道有影响，因此仅适用于桥头为浅滩，溜坡受冲刷较小，填土高度在10m以下的中等跨径的多跨桥中。

2.轻型桥台

轻型桥台通常用圬工材料或钢筋混凝土砌筑。圬工轻型桥台只限于桥台高度较小的情况，而钢筋混凝土轻型桥台应用更为广泛。从结构形式上分，轻型桥台有薄壁轻型桥台和支撑梁型轻型桥台。薄壁轻型桥台常用的形式有悬臂式、扶壁式、撑墙式和箱式。其主要特点是利用钢筋混凝土结构的抗弯能力来减少圬工体积从而使桥台轻型化。相对而言，悬臂式桥台的柔性较大，钢筋用量较大，而撑墙式和箱式桥台刚度大，但施工时模板用量多。

对于单跨或少跨的小跨径桥，在条件许可的情况下，可在轻型桥台基础间设置 3 ~ 5 根支撑梁，成为支撑型桥台，其主要特点是：利用上部结构及下部的支撑梁作为桥台的支撑，防止桥台向跨中移动或倾覆；整个构造物成为四铰刚构系统；除台身按上下铰接支承的简支竖梁承受水平土压力外，桥台还应作为弹性地基梁加以验算。

（三）支座的主要类型及构造

桥梁支座的作用是将桥跨结构上的恒载与活载反力传递到桥梁的墩台上去，同时保证桥跨结构所要求的位移与移动，以便使结构的实际受力情况与计算的理论图式相吻合。下面是几种常用的支座形式。

1.油毛毡或平板支座（石棉板或铅板支座）

标准跨径 10m 以内的钢筋混凝土梁（板）桥一般采用油毛毡或平板支座。油毛毡一般在墩台帽支承面上铺垫 2 ~ 4 层，厚约 1cm，层间涂热沥青，使梁或板的端部支承在油毛毡垫层上。安设这类支座时，应先检查墩台支承面的平整度和横向坡度是否符合设计要求，否则应凿平整并用水泥砂浆抹平，再铺垫油毛毡、石棉垫板或铅板支座。梁（板）安装后支承面间不得有空隙。

2.橡胶支座

（1）板式橡胶支座：板式橡胶支座是由数层薄橡胶片与刚性加劲材料黏结而成。桥梁上常用的橡胶支座每层橡胶片厚 5mm，橡胶片间嵌入 2mm 厚的薄钢板。由于钢板的加劲，阻止橡胶片的侧向膨胀，从而提高了橡胶片的抗压能力。板式橡胶支座可用于支承反力为 2940kN 左右的中等跨径桥梁。

矩形板式橡胶支座的平面尺寸，目前常用的有 0.12m × 0.14m、0.14m × 0.18m、0.15m × 0.20m、0.15m × 0.30m、0.16m × 0.18m、0.18m × 0.20m、0.20m × 0.25m 等。

橡胶硬度为55～60度(邵式硬度)，适用于温度不低于–25℃的地区。支座高度根据橡胶支座的剪切位移而采用不同层数组合而成。目前生产的板式橡胶支座厚度有1.4cm(二层钢板)、2.1cm(三层钢板)、2.8cm(四层钢板)和4.2cm(六层钢板)等。

(2)盆式橡胶支座：盆式橡胶支座的橡胶板置于扁平的钢盆内，盆顶用钢盖盖住。在高压力作用下，其作用如液压千斤顶中的黏性液体，盆盖相当于千斤顶的活塞。由于活塞边缘与盆壁很好地密合，橡胶在盆内是不可能被压缩的，也不可能横向伸长，因此支座能承受相当大的压力。支座在均匀承压应力的情况下，可做微量转动，这就是盆式橡胶支座的工作性质。

盆式橡胶支座分为固定支座与活动支座。活动盆式橡胶支座由上支座板、不锈钢板、聚四氟乙烯滑板、圆钢盆、橡胶板、紧箍圈、防水圈和下支座组成。

在大跨径钢筋混凝土梁式桥中已经广泛使用的盆式橡胶支座，承载力在1000～50000kN，纵桥向位移量为50～250mm，横桥向位移量为2～100mm。

对于大跨径、大吨位、大转角的箱梁桥常用球形支座。球形支座特别适用于曲线桥、宽桥和坡道上斜桥，能更好地适应支座大转角的需要，设计转角可达到0.05rad以上，且各向转角性能一致。

3.钢支座

(1)平板式支座：平板式支座适用于跨径在8～12m的桥梁。该种支座由上下两块平面钢板组成，钢板厚度略小于20mm，钢板间接触面应经过精制加工，活动端钢板间自由滑动，固定端在钢板间设有栓钉或镶有齿板。

(2)弧形钢板支座：弧形钢板支座适用于跨径20m和支承力不超过500～600kN的梁桥。该种支座由两大块厚为40～50mm的钢垫板构成，上面一块为平板形，下面一块的顶面为圆弧形。用于活动支座时，垫板沿接触面滑动；用于固定支座时，则用穿钉或齿板固定上下两块垫板位置。为使支座能自由转动，穿钉顶端应制成圆弧形。

二、基础工程施工技术

桥梁墩台和基础的施工是桥梁工程施工中的一个重要组成部分，其施工质量的优劣不仅直接影响到桥梁上部结构的制作与安装质量，而且对桥梁的使用功能效果影响重大。因此，在施工过程中，应对桥梁墩台准确定位，采用经过正规检验合格的建筑材料，并严格按施工规范执行，以确保工程质量。

（一）明挖扩大基础施工

扩大基础或明挖基础属直接基础，是将基础底板设在直接承载地基上，来自上部结构的荷载通过基础底板直接传递给地基。

扩大基础的施工方法通常是采用明挖的方式。在开挖基坑前，应做好复核基坑中心线、方向和高程，并应按地质水文资料，结合现场情况，决定开挖坡度、支护方案以及地面的防水、排水措施。如果地基土质较为坚实，开挖后能保持坑壁稳定，可不设置支撑，采取放坡开挖。实际工程由于土质关系、开挖深度、放坡受到用地或施工条件限制等因素影响，需采取各种加固坑壁措施，诸如挡板支撑、钢木结合支撑、混凝土护壁等。若在开挖过程中有渗水时，则需要在基坑四周挖边沟或集水井以利于排除积水。在水中开挖基坑时，通常需预先修筑临时性的挡水结构物（称为围堰），将基坑内水排干，再开挖基坑。

基坑开挖至设计高程后，必须抓紧进行坑底土质鉴定、清理与整平工作，及时砌筑基础结构物。因此，明挖扩大基础施工的主要内容包括基础的定位放样、基坑开挖、基坑排水、基底处理以及砌筑（浇筑）基础结构物等。

1.基础的定位放样

为建筑基础开挖的临时性坑井称为基坑。基坑属于临时性工程，其作用是提供一个空间，使基础的砌筑作业按照设计所指定的位置进行。

在基坑开挖前，先进行基础的定位放样工作，以便正确地将设计图上的基础位置准确地设置到桥址上。放样工作根据桥梁中心线与墩台的纵横轴线，推出基础边线的定位点，再放线画出基坑的开挖范围。基坑底部的尺寸较设计的平面尺寸每边各增加0.5 ~ 1.0m 的富余量，以便于支撑、排水与立模板。

2.陆地基坑开挖

基坑大小应满足基础施工要求，对有渗水土质的基坑坑底开挖尺寸，需按基坑排水设计基础模板设计而定，一般基底尺寸应比设计平面尺寸各边增宽0.5 ~ 1.0m。基坑可采用垂直开挖、放坡开挖、支撑加固或其他加固的开挖方法，具体应根据地质条件、基坑深度、施工期限与经验，以及有无地表水或地下水等现场因素来确定。

（1）坑壁不加支撑的基坑：在干涸无水河滩、河沟中，或在有水经过但通过改河或筑堤能排除地表水的河沟中；在地下水位低于基底，或渗透量少，不影响坑壁稳定，以及基础埋置不深，施工期较短，挖基坑时不影响邻近建筑物安全的施工场所，可考虑选用坑壁不加支撑的基坑。

黏性土在半干硬或硬塑状态下，基坑顶缘无活荷载，稍松土质基坑深度不超过0.5m，中等密实（锹挖）土质基坑深度不超过1.25m，密实（镐挖）土质基坑深度不超过2.0m时，均可采用垂直坑壁基坑。

基坑深度在5m以内，土的湿度正常时，基坑可按表3-2所示，采用斜坡坑壁开挖或按坡度比值挖成阶梯形坑壁，每梯高度为0.5～1.0m为宜，可作为人工运土出坑的台阶。基坑深度大于5m时，可参照表3-2坑壁坡度适当放缓，或加做平台。土的湿度影响坑壁的稳定性时，应采用该湿度下土的天然坡度或采取加固坑壁的措施。当基坑的上层土质适合敞口斜坡坑壁，下层土质为密实黏性土或岩石时，可用垂直坑壁开挖，在坑壁坡度变换处，应保留至少为0.5m的平台。

无水基坑的施工方法。对于一般小桥涵的基础，基坑工程量不大，可用人力施工方法；大、中桥基础工程，基坑深，基坑平面尺寸较大，挖方量多，可用机械或半机械施工方法。

表3-2　放坡开挖基坑坑壁坡度表

坑壁土类型	基坑顶缘无载重	基坑顶缘有静载	基坑顶缘有动载
砂土类	1∶1	1∶1.25	1∶1.5
碎石类土	1∶0.75	1∶1	1∶1.25
黏性土、粉土	1∶0.33	1∶0.5	1∶0.75
极软岩、软岩	1∶0.25	1∶0.33	1∶0.67
较软岩	1∶0	1∶0.1	1∶0.25
极硬岩、硬岩	1∶0	1∶0	1∶0

基坑施工过程中应注意以下几点。

①在基坑顶缘四周适当距离处设置截水沟，防止水沟渗水，以避免地表水冲刷坑壁，影响坑壁稳定性。

②坑壁边缘应留有护道，静荷载距坑边缘不小于0.5m，动荷载距坑边缘不小于1.0m；垂直坑壁边缘的护道还应适当增宽；水文地质条件欠佳时应有加固措施。

③应经常注意观察坑边缘顶面土有无裂缝，坑壁有无松散塌落现象发生，以确保安全施工。

④基坑施工从开挖至基础完成，不可延续时间过长，应抓紧时间连续施工。

⑤如用机械开挖基坑，挖至坑底时，应保留不小于 30cm 厚度的底层，在基础浇筑圬工前，用人工挖至基底高程。

⑥基坑应尽量在少雨季节施工。

⑦基坑宜用原土及时回填，对桥台及有河床铺砌的桥墩基坑，则应分层夯实。

(2) 坑壁有支撑的基坑：当基坑壁坡不易稳定并有地下水渗入，或放坡开挖场地受到限制，或基坑较深、放坡开挖工程数量较大，不符合技术经济要求时，可视具体情况，采取以下的加固坑壁措施，如挡板支撑、钢木结合支撑、混凝土护壁及锚杆支护等。

坑壁有支撑的施工，按土质情况不同，可一次挖成或分段开挖，每次开挖深度不宜超过 2m。

混凝土护壁适用于除流沙及呈流塑状态的黏土外的各类土的开挖防护，对直径较大、基坑较深的圆形或椭圆形土质基坑更宜采用。混凝土护壁的施工方法有两种。

①喷射混凝土护壁。根据经验，一般喷护厚度为 5 ~ 8cm，一次喷护需 1 ~ 2h。如一次喷护达不到设计厚度，应等第一次喷层终凝后再补喷，直至达到要求厚度为止。

喷护的基坑深度应按地质条件确定，一般不宜超过 10m。

②现浇混凝土护壁。基坑开挖视地质稳定情况，一般挖深 1.0 ~ 1.8m 时，即应立模浇筑混凝土。拆模时间应根据掺速凝剂数量、气温条件、混凝土达到支撑强度等要求来决定，通常达 24h 以上便可拆模。挖一节浇一节直至基底。必要时可采用钢筋混凝土护壁。对于圆形基坑，开挖面应均匀分布，对称施工，及时灌筑，无支承的总长度不得超过二分之一周长。

3.基坑排水

基坑坑底一般多位于地下水位以下，地下水会经常渗进坑内，因此，必须设法把坑内的水排除，以便施工。要排除坑内渗水，首先要估算渗水量，方能选用适合的排水设备。

(1) 渗水量的计算：施工前为了估计基坑抽水设备能力，应先计算基坑的渗水量。计算可参照现有的经验公式，其中土的渗透系数是计算渗水量准确与否的关键。

（2）基坑排水：桥梁基础施工中常用的基坑排水方法有集水坑排水法和井点排水法。

①集水坑排水法。除严重流沙外，一般情况下均可适用。集水坑（沟）的大小，主要根据渗水量的大小而定；排水沟底宽不小于0.3m，纵坡坡度为1%～5%，如排水时间较长或土质较差时，沟壁可用木板或荆笆支撑防护。集水坑一般设在下游位置，坑深应大于进水笼头高度，并用荆笆、竹篾、编筐或木笼围护，防止泥沙阻塞吸水笼头。

②井点排水法。当土质较差有严重流沙现象，地下水位较高，挖基较深，坑壁不易稳定，用普通排水方法难以解决时，可采用井点排水法，降水深度一般可达4～6m，二级井点可达6～9m，超过9m应选用喷射井点或深井点法。具体可视土层的渗透系数、要求降低地下水位的深度及工程特点等，选择适宜的井点排水法和所需设备。

用井点排水法降低土层中地下水位时，应尽可能将滤水管埋设在透水性较好的土层中，并应在水位降低的范围内，设置水位观测孔；整个井点系统应加强维修和检查，保证能不间断地进行抽水；还应考虑到水位降低区域构筑物受其影响而可能产生的沉降。为此要做好沉降观测，必要时应采取防护措施。

井点排水法因需要设备较多，施工布置较复杂，费用较大，应进行技术经济比较后方可考虑采用。在桥涵基础上多用于城市内挖基。

4.基底检验与处理

（1）基底检验：基础是隐蔽工程。基坑施工是否符合设计要求，在基础浇筑前应按规定进行检验。《公路桥涵施工技术规范》（JTG/T F50—2011）规定：基坑开挖并处理完毕，应首先由施工人员自检并报请检验，确认合格后填写地基检验表；经检验签证的地基检验表由施工单位保存作为竣工交验资料；未经签证，不得砌筑基础。检验的目的在于：确定地基容许承载力的大小、基坑位置与高程是否与设计文件相符，以确保基础的强度和稳定性，不致发生滑移等病害。

基底检验的主要内容应包括：检查基底平面位置、尺寸大小，基底高程；检查基底土质的均匀性、地基稳定性及承载力等；检查基底处理和排水情况；检查施工日志及有关试验资料等。按《公路桥涵施工技术规范》（JTG/T F50—2011）的要求，基底平面周线位置允许偏差不得大于20cm，基底高程不得超过土的高程5cm（土质）、+5，−20cm（石质）。

基底检验根据桥涵大小、地基土质复杂情况（如溶洞、断层、软弱夹层、易溶岩等）及结构对地基有无特殊要求等，按以下方法进行。

①小桥涵的地基：一般采用直观或触探方法，必要时进行土质试验。特殊设计的小桥涵对地基沉降有严格要求，且土质不良时，宜进行荷载试验。对经加固处理后的特殊地基，一般采用触探或进行密实度检验等。

②大、中桥和填土 12m 以上涵洞的地基：一般由检验人员用直观、触探、挖试坑或钻探（钻深至少 4m）试验等方法，确定土质容许承载力是否符合设计要求。对地质特别复杂，或在设计文件中有特殊要求，或虽经加固处理又经触探、密实度检验后尚有疑问的，需进行荷载试验，确认符合设计要求后，方可进行基础结构物施工。

（2）基底处理：天然地基上的基础是直接靠基底土壤来承担荷载的，故基底土壤状态的好坏，对基础及墩台、上部结构的影响极大，不能仅检查土壤名称与容许承载力大小，还应为土壤更有效地承担荷载创造条件，即要进行基底处理工作。

软土及软弱地基为沉积的软弱饱和黏土层，承压力小、沉降量大，进行处理时，可根据软土层的厚度及其力学性质、承载力大小、施工期限、施工机具和材料供应等因素，因地制宜、就地取材，采取换填土、砂砾垫层、袋装砂井、排水塑料板桩、生石灰桩、真空预压及粉体喷射搅拌法等处理方法。

5. 基础圬工浇（砌）筑

明挖基坑中的基础施工，有的基坑渗漏很小，易于排水施工；有的渗漏严重，不易将水排干。为了方便施工和保证施工质量，应尽可能地使基底在干燥的情况下再浇砌基础。通常的基础施工可分为无水砌筑、排水浇砌及水下灌筑三种情况。基础结构物的用料应在挖基完成前准备好，保证及时浇砌基础，避免基底土质变差。

排水砌筑的施工要点是：确保在无水状态下砌筑圬工；禁止带水作业及用混凝土将水赶出模板外的灌注方法；基础边缘部分应严密隔水；水下部分圬工必须待水泥砂浆或混凝土终凝后才允许浸水。

水下灌注混凝土一般只有在排水困难时采用。基础圬工的水下灌注分为水下封底和水下直接灌注基础两种。前者封底后仍要排水再砌筑基础，封底只是起封闭渗水的作用，其混凝土只作为地基而不作为基础本身。

浇筑基础时，应做好与台身、墩身的接缝连接，一般要求如下。

(1) 混凝土基础与混凝土墩台身的接缝，周边应预埋直径不小于16mm的钢筋或其他铁件，埋入与露出的长度不应小于钢筋直径的30倍，间距不大于钢筋直径的20倍。

(2) 混凝土或浆砌片石基础与浆砌片石墩台身的接缝，应预埋片石作榫，片石厚度不应小于15cm，片石的强度要求不低于基础或墩台身混凝土或砌体的强度。

施工后的基础平面尺寸，其前后、左右边缘与设计尺寸的容许误差在±50mm之内。

（二）桩基础施工

当地基浅层土质较差，持力层土埋藏较深，需要采用深基础才能满足结构物对地基强度、变形和稳定性要求时，可用桩基础。桩基础是常用的桥梁基础类型之一。

基桩按材料分类有木桩、钢筋混凝土桩、预应力混凝土桩与钢桩，桥梁基础中应用较多的是中间两种；按制作方法分为预制桩和钻（挖）孔灌注桩；按施工方法分为锤击沉桩、振动沉桩、射水沉桩、静力压桩、就地灌注桩与钻孔埋置桩等，前四种又统称为沉入桩。应该依据地质条件、设计荷载、施工设备、工期限制及对附近建筑物产生的影响等来选择桩基的施工方法。

1.沉入桩基础

沉入桩所用的基桩主要为预制的钢筋混凝土桩和预应力混凝土桩。断面形式常用的有实心方柱和空心管桩两种，方柱尺寸为30cm×30cm、30cm×35cm、35cm×35cm、35cm×40cm、40cm×40cm，桩长为10～24m管桩（包括非预应力的和预应力的），一般由工厂以离心成型法制成，目前成品规格管桩外径有40cm和55cm两种，分为上、中、下三节，管壁厚度为8～10cm。

制作钢筋混凝土桩和预应力混凝土桩所用技术应按《公路桥涵施工技术规范》(JTG/T F50—2011) 办理。此外，还应注意以下事项。

(1) 钢筋混凝土桩内的纵向主钢筋如需接头时，应采用对焊接头。

(2) 螺旋筋或箍筋必须箍紧主筋，与主筋交接处应用点焊焊接或用铁丝扎结牢固。

(3) 预应力混凝土的纵向主筋采用冷拉钢筋且需焊接时，应在冷拉前采用闪光接触对焊焊接。

(4) 桩长用法兰盘连接时，法兰盘应对准位置焊接在钢筋或预应力钢筋上；对先张法预应力混凝土桩，法兰盘应先焊接在力筋上，然后进行张拉。

(5) 混凝土应由桩顶向桩尖方向连续灌注，不得中断。

(6) 桩的钢筋骨架（包括预应力钢筋骨架）允许偏差应符合规范。

钢筋混凝土桩的预制要点为：制桩场地的整平与夯实；制模与立模；钢筋骨架的制作与吊放；混凝土的浇筑与养护。

预制桩在起吊与堆放时，较多采用两个支点。较长的桩也可用 3～4 个支点。支点位置一般应按各支点处最大负弯矩与支点间桩身最大正弯矩相等的条件来确定。堆放场地应靠近沉桩现场，场地平整坚实，并备有防水措施，以免场地出现湿陷或不均匀沉陷的现象。当预制桩长度不足时，需要接桩。常用的接桩方法有：法兰盘连接、钢板连接及硫黄胶泥（砂浆）连接等。

沉桩前应处理空中和地面上下的障碍物，平整场地或搭设支架、平台，做好准备工作。沉入桩的施工方法主要有：锤击沉桩、射水沉桩、振动沉桩以及静力压桩等。

(1) 锤击沉桩：锤击沉桩一般适用于中密砂类土、黏性土。由于锤击沉桩依靠桩锤的冲击能量将桩打入土中，因此，一般桩径不能太大（不大于 0.6m），入土深度在 40m 左右，否则对沉桩设备要求较高。沉桩设备是桩基施工成败的关键，应根据土质、工程量、桩的种类、规格、尺寸、施工期限、现场水电供应等条件选择。

①沉桩设备：锤击沉桩的主要设备有桩锤、桩架及动力装置三部分。冲击锤的选择，原则上是重锤低击。具体选择时可考虑下述因素：锤重与桩重的比值、桩锤的冲击能（根据单桩的设计荷载估算桩锤需要的冲击能）。

桩架在沉桩施工中，承担吊锤、吊桩、插桩、吊插射水管及桩在下沉过程中的导向作用等。桩架可用木料和钢料做成，工程中常用的是钢桩架。桩架的正面是导向杆，用于控制桩锤和桩身的方向；顶上装有滑轮，底盘上装有卷扬机，用于提升桩锤与桩等。其特点是可以在轨道上运行，并可在水平面内转动 360°；导向杆能够伸缩、倾斜（用于打斜桩）等。以上作业均由自备的动力设备和机械装置驱动与操纵。这类桩架最大高度可达 35m，最大倾斜度可达 1∶3。其缺点是：比较笨重，成本较高。

其他设备主要为桩帽与送桩。桩帽主要承受冲击，保护桩顶，在沉桩时能保证锤击力作用于桩轴线而不致偏心，故要求构造坚固，垫木易于拆换或整修。送桩用于当桩顶被锤击低于龙门梃而仍需继续沉入时，即需把桩顶送到地面下所需深度。

②施工要点：沉桩前，应对桩架、桩锤、动力机械等主要设备部件进行检查；开锤前应再次检查桩锤、桩帽或送桩与桩的中轴线是否一致；锤击沉桩开始时，应严格控制各种桩锤的动能。

用坠锤和单动气锤时，提锤高度不宜超过0.50m；用双动气锤时，可少开气阀降低气压和进气量，以减少每分钟的锤击数；用柴油机锤时，可控制供油量以减少锤击能量；如桩尖已沉入到设计高程，但沉入度仍达不到要求时，应继续下沉至达到要求的沉入度为止。沉桩时，如遇到以下情况：沉入度突然发生急剧变化；桩身突然发生倾斜、移位；桩不下沉，桩锤有严重的回弹现象；桩顶破碎或桩身开裂、变形，桩侧地面有严重隆起现象等，此时，应立即停止锤击，查明原因，采取措施后方可继续施工。

沉桩过程中应注意：桩帽与桩周围应有5～10mm间隙，以便锤击时桩在桩帽内可做微小的自由转动，避免桩身产生超过许可的扭转应力，打桩机的导向杆应予固定，以便施打时稳定桩身；导向杆设置应保证桩锤上、下活动自由；预制桩顶面应附有适合桩帽大小的桩垫，其厚度视桩垫材料、桩长及桩尖所受抗力大小决定；桩垫破碎后应及时更换；选用的柱帽，应将锤的冲击力均匀分布于桩顶面。

③锤击沉桩的停锤控制标准：设计桩尖高程处为硬塑黏性土、碎石土、中密以上的砂土或风化岩等土层时，根据贯入度变化并对照地质资料，确认桩尖已沉入该土层，贯入度达到控制贯入度。

当贯入度已达到控制贯入度，而桩尖高程未到达设计高程时，应继续锤入10cm左右（或锤击30～50次），如无异常变化即可停锤；若桩尖高程比设计高程高得较多时，应报有关部门研究确定。

设计桩尖高程处为一般黏性土或其他松软土层时，应以高程作为控制标准，并以贯入度作为校核。当桩尖已达设计高程，而贯入度仍不满足要求时，应继续锤击，使其接近控制贯入度。

在同一桩基中，各桩的最终贯入度应大致接近，而沉入深度不宜相差过大，避免基础产生不均匀沉降。如因土质变化太大，致使各桩贯入度或沉桩深度相差过大时，应报有关部门研究，另行制定停锤标准。对于特殊设计的桩，桩尖设计高程高低不同时（如拱桥的桥台桩等），应按设计要求处理。

从沉桩开始时起，应严格控制桩位及竖桩的竖直度或斜桩的倾斜度。在沉桩过程中，不得采用顶、拉桩头或桩身的办法来纠偏，以防桩身开裂并增加桩身附加弯矩。

（2）射水沉桩：射水施工方法的选择应视土质情况而异，在砂夹卵石层或坚硬土层中，一般以射水为主，锤击或振动为辅；在亚黏土或黏土中，为减小承载力的降低值，一般以锤击或振动为主，以射水为辅，并应适当控制射水时间和水量；下沉空心桩，一般用单管内射水。当下沉较深或土层较密实，可用锤击或振动，配合射水，下沉实心桩，将射水管对称地装在桩的两侧，并能沿着桩身上下自由移动，以便在任何高度上射水冲土。必须注意，不论采取何种射水施工方法，在沉入最后阶段至设计高程 1 ~ 1.5m 时，应停止射水，单用锤击或振动沉入至设计深度。对湿陷性黄土地层，除设计有特殊规定外，不宜采用射水沉桩。预制的钢筋混凝土桩或预应力混凝土桩以射水配合沉桩时，宜用较低落距锤击，避免因射水后，桩尖支承力不足，桩身产生超过允许的拉应力。

射水沉桩的设备包括：水泵、水源、输水管路（应减小弯曲，力求顺直）和射水管等。射水管内射水的长度应为桩长（L_1）、射水嘴伸出桩尖外的长度（L_2）和射水管高出桩顶以上高度（L_3）之和，即 $L=L_1+L_2+L_3$。实际施工需要的水压与流量根据具体情况而定。水压与流量由地质条件、选用的桩锤或振动机具、沉桩深度和射水管直径、数目等因素决定，较完善的方法是在沉桩施工前经过试桩后予以选定。

射水沉桩的施工要点是：吊插基桩时要注意及时引送输水胶管，防止拉断与脱落；基桩插正立稳后，压上桩帽桩锤，开始用较小水压，使桩靠自重下沉。初期应控制桩身不使下沉过快，以免阻塞射水管嘴，并注意随时控制和校正桩的方向；下沉渐趋缓慢时，可开锤轻击，直至沉入深度（8 ~ 10m）可保持桩身稳定后方可停止，并逐步加大水压和锤的冲击动能；沉桩距设计高程一定距离（2.0m 以上）停止射水，拔出射水管，进行锤击或振动使桩下沉至设计要求高程。

若采用中心射水法沉桩，要在桩垫和桩帽上留有排水通道，防止射水从桩尖孔返入桩内，产生水压，造成桩身胀裂。管桩下沉到位后，如设计要求以混凝土填芯时，应用吸泥等法清除沉渣以后，用水下混凝土填芯。

（3）振动沉桩：振动沉桩适用于砂质土、硬塑及软塑的黏性土和中密及较松散的碎、卵石类土。对于软塑类黏土及饱和砂质土，当基桩入土深度小于15m时，可只用振动沉桩机。除此情况外，宜采用射水配合沉桩。在选择沉桩机（锤）时，应验算振动上拔力对桩身结构的影响。同时应注意确保振动沉桩机、机座、桩帽连接可靠，沉桩和桩中心轴线尽量保持在同一直线上。每一根桩的沉桩作业应一次完成，不可中途停顿，以免土层的摩阻力恢复，增加下沉困难。振动沉桩停振控制标准，应以通过试桩验证的桩尖高程控制为主，以最终贯入度（mm/min）或可靠的振动承载力公式计算的承载力作为校核。

（4）静力压桩：静力压桩是采用静压力将桩压入土中，即以压桩机的自重克服沉桩过程中的阻力，适用于高压缩性黏土或砂性较轻的亚黏土层。沉桩速度视土质状况而异。同一地区、相同截面尺寸与沉入深度的桩，其极限承载能力与锤击沉桩大体相同。

静力压桩的准备工作包括：根据地质钻探、静力触探或试桩资料估算压桩阻力；选用压桩设备，但应注意使设计承载力大于压桩阻力的40%；压桩施工用辅助设备及测量仪器的检查校定等。压桩作业开始后，应尽可能连续施工，减少停顿次数和时间，以免产生过大的启动阻力。桩尖接近设计高程时，应严格控制压桩进程。当遇到插桩初压，即桩尖有较大走位和倾斜，或沉桩过程中桩身倾斜或下沉速度加快，以及压桩阻力突然剧增或压桩设备倾斜等情况时，应暂停施压，分析原因，及时处理。

2.就地灌注混凝土桩基础

就地灌注桩指采用不同的钻（挖）孔方法，在土中形成一定直径的井孔，达到设计高程后，将钢筋骨架（笼）吊入井孔中，灌注混凝土形成桩基础。这种成桩工艺在欧洲约于20世纪40年代初期已开始使用。我国公路桥梁上使用钻孔灌注桩基础始于20世纪50年代末期，从河南省用人力转动锥头钻孔开始，逐渐在全国发展到冲抓锥、冲击锥、正反循环回转钻、潜水电钻及液压动力钻井机等多种钻孔工艺。钻孔直径由初期的0.25m，到20世纪70年代的2.0m左右，目前桩径已达4～6m，如安徽铜陵长江大桥、江西南昌新八一大桥相继采用了桩径为4.0m的钻孔桩基础，桩长也从十余米发展到百米以上。武汉白沙洲长江大桥，其主墩基础为40根桩径为1.55m的钻孔灌注桩，实际成孔深度达102m。随着钻井技术的成熟、钻机性能的不断完善，钻孔灌注桩的应用将进入一个新阶段。

（1）钻孔灌注桩的特点：钻孔灌注桩的桩长可以根据持力土层的起伏面变化，并按使用期间可能出现的最不利内力组合配置钢筋，钢筋用量较少，便利施工，故应用较为普遍。

（2）钻孔方法和机具设备：钻孔灌注桩的关键是钻孔。钻孔的方法可归纳为三种类型，即冲击法、冲抓法与旋转法。冲击法是用冲击钻机或卷扬机带动冲锥，借助锥头自重下落产生的冲击力反复冲击破碎土石或把土石挤入孔壁中，用泥浆浮起钻渣，或用抽渣筒或空气吸泥机排出钻渣而形成钻孔。冲抓法是用冲抓锥靠自重产生冲击力切入土层或破碎土层，叶瓣抓土、弃土以形成钻孔。旋转法是用人力或钻机，通过钻杆带动锥或钻头旋转切削土壤，用泥浆浮起排出钻渣形成钻孔。每种方法又因动力与设备功能的不同，而分为多种。

（3）钻孔灌注桩的施工工艺流程：钻孔灌注桩施工因成孔方法的不同和现场情况各异，施工工艺流程不会完全相同。在施工前，要安排好施工计划，编制具体的工艺流程图，作为安排各工序施工操作和进度的依据。

当有几个桩位同时施工时，要注意相互的配合，避免干扰与冲突，并尽可能地做到均衡使用机具与劳动力，既要抓紧新钻孔的施工，也要做好已成桩的养护和质量检验工作。

钻孔灌注桩施工必须由有经验的施工人员主持，并掌握场地的地质与水文地质情况，保证钻孔设备完好，施工记录完善。钻孔灌注桩施工的主要工序是：埋设护筒、制备泥浆、钻孔、清底、钢筋笼制作与吊装以及灌注水下混凝土等。下面就其要点简略介绍。

①埋设护筒：钻孔成功的关键是防止孔壁坍塌。当钻孔较深时，在地下水位以下的孔壁土在静水压力下会向孔内坍塌，甚至发生流沙现象。钻孔内若能保持比地下水位高的水头，增加孔内静水压力，便能稳定孔壁、防止坍孔。护筒除起到这个作用外，同时还有隔离地表水、保护孔壁的作用。

制作护筒的材料有木、钢、钢筋混凝土三种。护筒要求坚固耐用，不漏水，其内径应比钻孔直径大（旋转钻约大20cm，潜水钻、冲击或冲抓锥约大40cm），每节长度2～3m。一般常用钢护筒，在陆上与深水中均能使用，钻孔完成，可取出重复使用。护筒底部及其周围一定范围内应夯填黏土；借助黏土压力及隔水作用，保持护筒稳定，保护孔口地面。

在深水中埋设护筒时先打入导向架，再用锤击或振动加压沉入护筒。护筒入土深度视土质与流速而定。护筒平面位置的偏差不得大于5cm，倾斜度不得大于1%。护筒在施工中的工艺流程：埋入钢护筒→在覆盖层中钻进→在岩层中钻进→安装钢筋及水下混凝土导管→清孔→灌注水下混凝土→拔出钢护筒。

②泥浆制备：钻孔泥浆由水、黏土（膨润土）和添加剂组成，具有浮悬钻渣、冷却钻头、润滑钻具，增大静水压力，并在孔壁形成泥皮，隔断孔内外渗流，防止坍孔现象产生的作用。调制的钻孔泥浆及经过循环净化的泥浆，应根据钻孔方法和地层情况采用不同的性能指标，泥浆稠度应视地层变化或操作要求机动掌握，泥浆太稀，排渣能力小，护壁效果差；泥浆太稠会削弱钻头冲击功能，降低钻进速度。

通常采用塑性指数大于25、粒径小于0.005mm的黏土颗粒含量大于50%的黏土，通过泥浆搅拌机或人工调和，储存在泥浆池内，再用泥浆泵输入钻孔内。泥浆泵应有足够的流量，以免影响钻进速度。大直径深孔采用正循环回转法施工时，泥浆泵应经过流量和泵压计算来选择。

泥浆泵的泵压应能克服泥浆在钻杆中流动的摩阻力、输浆胶管中的摩阻力、钻杆接头处的阻力、泥浆在钻孔内上升时与孔壁接触的摩阻力以及钻头出浆口处的阻力等，将这些阻力损失的总和增大20%作为所需的泥浆泵泵压值。

③成孔方法：灌注桩的成孔方法很多，各自适应于不同地层与环境条件。在桥梁工程中应用较多的有钻孔（冲孔）灌注桩或挖孔灌注桩、沉管灌注桩等。

a. 钻孔（冲孔）灌注桩：一般采用螺旋钻头或冲击锥等成孔，或用旋转机具辅以高压水冲成孔。常用的方法是正循环回转法和反循环回转法，此外还有潜水电钻法、冲抓锥法和冲击锥法。

正循环回转法：利用钻具旋转切削土体钻进，泥浆泵将泥浆压进泥浆笼头，通过钻杆中心从钻头喷入钻孔内，泥浆挟带钻渣沿钻孔上升，从护筒顶部排浆孔排出至沉淀池，钻渣在此沉淀而泥浆流入泥浆池循环使用。其特点是钻进与排渣同时连续进行，在适用的土层中钻进速度较快，但需设置泥浆槽、沉淀池等，施工占地较多，且机具设备较复杂。

反循环回转法：与正循环法不同的是泥浆输入钻孔内后，从钻头的钻杆下口吸进，通过钻杆中心排出至沉淀池内。其钻进与排渣效率较高，但接长钻杆时装卸麻烦，钻渣容易堵塞管路。另外，因泥浆是从上向下流动，孔壁坍塌的可能性较正循环法的大，为此需用较高质量的泥浆。

潜水电钻法：将旋转电动机及变速装置经密封后安装在钻头与钻杆之间，潜入水下作业。其特点是钻具简单轻便、易于搬运、噪声小，钻孔效率较高，但钻孔在水中工作，较易发生故障。

冲抓锥法：冲抓锥不需钻杆，钻进与提锥卸土均较推钻快。由于锥瓣下落时对土层有一股冲击力，故适用的土质较广，但不能钻斜孔；钻孔深度超过 20m 后，其钻孔进度大为降低；当孔内遇到漂石或探头石冲抓较困难时，需改用冲击锥钻进。

冲击锥法：本法适用于各类土层。实心锥适用于漂、卵石和软岩层；空心锥（管锥）适用于其他土层。在冲击锥下冲时有些钻渣被挤入孔壁，起到加强孔壁并增加土层与桩间侧摩阻力的作用。本法不能钻斜孔。钻普通土层时，其进度比其他方法都慢；钻大直径孔时，需采取先钻小孔逐步扩孔的办法（分级扩孔法）。

钻孔必须在孔位、孔径、孔形、孔深等方面都能满足设计要求，因此，在钻孔中必须采取有效措施，尽量减少事故发生。尤其要注意保证钻进的垂直度。

b. 挖孔灌注桩：用人工和适当的小型爆破，配合简单机具挖掘成孔，灌注混凝土（或钢筋混凝土）成桩，适用于无地下水或少量地下水的土层和岩层。桩分圆形和方形两种，用人力挖掘的方桩边长或圆桩孔径不宜小于 1.4m，孔深一般不宜超过 20m；用机械挖掘并用钢护筒护壁的孔，其孔径不宜小于 0.8m。挖孔时必须采取孔壁支撑，支撑形式视土质、渗水情况、工期与工地条件而定，一般可用就地灌注混凝土或用便于拆装的钢、木支撑。支护应高出地面，支护结构应经验算。挖孔过程中，必须有可靠的安全措施，并应经常检查孔洞内的二氧化碳含量，二氧化碳浓度如超过 3%，应增设通风设施，以保证人身安全。挖孔达到设计深度后，应进行孔底处理，孔底不应有松渣、淤泥、沉淀等扰动过的软层。如孔底地质条件与设计要求不符时，应会同相关单位研究处理措施。

挖孔灌注桩的优点是需要机具设备少，成孔后可直观检查孔内土质状况，基桩质量有可靠保证。对于挖掘过深（15 ~ 20m）或渗水量稍大等情况，应慎重地选择施工工艺，增加防范措施和通风，加强施工监测，以确保施工质量和人身安全。

④孔径检查与清孔：钻孔的直径、深度和孔形直接关系到成桩质量，是钻孔

桩成败的关键。为此，除了钻孔过程中严谨操作、密切观测监督外，在钻孔达到设计要求深度后，应采用适当器具对孔深、孔径、孔形等认真检查，符合设计要求后，填写终孔检验证。

清孔的目的首先是抽、换孔内泥浆，清除钻渣和沉淀层，尽量减少孔底沉淀厚度，防止桩底存留过厚沉淀土层而降低桩的承载能力；其次，清孔还为灌注水下混凝土创造良好条件，使测深正确，灌注顺利。清孔应紧接在终孔检查后进行，避免隔时过长引起泥浆沉淀过厚，导致孔壁坍塌。清孔的方法有抽浆法、换浆法、掏渣法、喷射清孔法以及用砂浆置换钻渣清孔法等，由设计要求、钻孔方法、机具设备和土质条件决定。其中抽浆法清孔较为彻底，适用于各种钻孔方法的灌注桩。对孔壁易坍塌的钻孔，清孔时操作要细心，防止坍孔。换浆法适用于正、反循环旋转钻机，优点是不易坍孔，不需增加机具，只需将钻机稍提离孔底0.1～0.2m空转，把钻孔内悬浮钻渣较多的泥浆换出；缺点是因要使排出泥浆的含砂率与换入泥浆的含砂率接近，故清孔时间较长，且清孔不彻底。

清孔的质量要求：对摩擦桩，孔底沉淀土的厚度，中、小桥为(0.4～0.6) d (d为桩的直径)，大桥按设计文件规定。清孔后的泥浆性能指标：含砂率为4%～8%，相对密度为1.10～1.25，黏度为18～20Pa·s，对支承桩(柱桩、嵌岩桩)，宜用抽浆法清孔，并宜清理至吸泥管出清水为止。灌注混凝土前，孔底沉淀土厚度不得大于50mm。若孔壁易坍塌，必须在泥浆中灌注混凝土时，建议采用砂浆置换钻渣清孔法，清孔后的泥浆含砂率不大于4%。其他泥浆性能指标同摩擦桩要求。对于沉淀土厚度的测量，用冲击、冲抓锤时，沉淀土厚度从锥头或抓锥底部所到达的孔底平面算起。沉淀土厚度测量方法可在清孔后用取样盒(开口铁盒)吊到孔底，待灌注混凝土前取出，直接量测沉淀在盒内的沉渣厚度。

⑤钻孔事故处理：常见的钻孔事故有坍孔、钻孔偏斜、扩孔与缩孔、钻孔漏浆、掉钻落物、糊钻以及形成梅花孔、卡钻、钻杆折断等。其处理方法如下。

a. 遇有坍孔，应认真分析原因和查明位置，然后进行处理。坍孔不严重时，可回填至坍孔位置以上，并采取改善泥浆性能，加高水头、埋深护筒等措施，继续钻进。坍孔严重时，应立即将钻孔全部用砂或小砾石夹黏土回填，暂停一段时间后，查明坍孔原因，采取相应措施重钻。坍孔部位不深时，可采取深埋护筒法，将护筒周围土夯填实，重新钻孔；

b. 遇有孔身偏斜、弯曲时，一般可在偏斜处吊住钻锥反复扫孔，使钻孔正

直。偏斜严重时，应回填黏性土到偏斜处，待沉积密实后重新钻进；

c. 遇有扩孔、缩孔时，应采取防止坍孔和钻锥摆动过大的措施。缩孔是钻锥磨损过大、焊补不及时或因地层中有遇水膨胀的软土、黏土泥岩造成的。对前者应及时补焊钻锥，对后者应用失水率小的优质泥浆护壁。对已发生的缩孔，宜在该处用钻锥上下反复扫孔以扩大孔径；

d. 钻孔漏浆时，如护筒内水头不能保持，宜采取将护筒周围回填土筑实、增加护筒埋置深度、适当减小水头高度或加稠泥浆、倒入黏土慢速转动等措施；用冲击法钻孔时，还可填入片石、碎卵石土，反复冲击以增强护壁；

e. 由于钻锥的转向装置失灵、泥浆太稠、钻锥旋转阻力过大或冲程太小，钻锥来不及旋转，易发生梅花孔（或十字槽孔，多见于冲击钻孔），可采用片石或卵石与黏土的混合物回填钻孔，重新冲击钻进；

f. 糊钻、埋钻常出现于正、反循环（含潜水钻机）回转钻进和冲击钻进中，此时，应对泥浆稠度、钻渣进出口、钻杆内径大小、排渣设备进行检查计算，并控制适当的进尺。若已严重糊钻，则应停钻，提出钻锥，清除钻渣。冲击钻锥糊钻时，应减小冲程、降低泥浆稠度，并在黏土层上回填部分砂、砾石。遇到坍方或其他原因造成埋钻时，应使用空气吸泥机吸出埋钻的泥沙，提出钻锥；

g. 卡钻常发生在冲击钻孔，卡钻后不宜强提，只宜轻提，轻提不动时，可用小冲击钻锥冲击或用冲、吸的方法将钻锥周围的钻渣松动后再提出；

h. 掉钻落物时，宜迅速用打捞叉、钩、绳套等工具打捞；若落物已被泥沙埋住，应按前述各条，先清除泥沙，使打捞工具接触落体后再行打捞。

处理钻孔事故时，在任何情况下，严禁施工人员进入没有护筒或其他防护设施的钻孔中处理故障。

⑥水下混凝土的灌注：基础施工中广泛采用的是垂直移动导管法，混凝土经导管输送至坑底，并迅速将导管下端埋没，随后混凝土不断地输送到被埋没的导管下端，从而迫使先前输送到但尚未凝结的混凝土向上和向四周推移。随着基底混凝土的上升，导管亦缓慢地向上提升，直至达到要求的封底厚度时，则停止灌注混凝土，并拔出导管。当封底面积较大时，宜用多根导管同时或逐根灌注，按先低处后高处、先周围后中部次序并保持大致相同的高程进行，以保证混凝土充满基底全部范围。

导管的根数及在平面上的布置，可根据封底面积、障碍物情况、导管作用半径等因素确定。导管的有效作用半径则因混凝土的坍落度大小和导管下口超压力大小而异。

对于大体积的封底混凝土，可分层分段逐次灌注。对于强度要求不高的围堰封底水下混凝土，也可以一次由一端逐渐灌注到另一端。

在正常情况下，所灌注的水下混凝土仅其表面与水接触，其他部分的灌注状态与空气中灌注状态相同，从而保证水下混凝土的质量。与水接触的表层混凝土，可在排干水外露时予以凿除。

采用导管法灌注水下混凝土要注意以下几个问题。

a. 导管应试拼装，球塞应试验通过，施工时严格按试拼的位置安装。导管试拼后，应封闭两端，充水加压，检查导管有无漏水现象。导管各节的长度不宜过大，连接应可靠而又便于装拆，以保证拆卸时中断灌注时间最短。

b. 为使混凝土有良好的流动性，粗集料粒径以 20 ~ 40mm 为宜。坍落度不应小于 18cm，一般倾向于用大一些的。水泥用量比空气中同等级的混凝土增加 20%。

c. 必须保证灌注工作的连续性，在任何情况下都不得中断灌注。在灌注过程中，应经常测量混凝土表面的高程，正确掌握导管的提升量。导管下端务必埋入混凝土内，埋入深度一般不应小于 1.0m。

d. 水下混凝土的流动半径，要综合考虑到对混凝土质量的要求、水头的大小、灌注面积的大小、基底有无障碍物以及混凝土拌和机的生产能力等因素来决定。通常流动半径在 3 ~ 4m 范围内，便能够保证封底混凝土的表面不会有较大的高差，并具有可靠的防水性，只要处理得当，就可以保证封底混凝土的防水性能。

⑦质量检验与质量标准：钻孔在终孔和清孔后，应使用仪器对成孔的孔位、孔深、孔形、孔径、竖直度（斜度），泥浆相对密度、孔底沉淀厚度等进行检验。挖孔桩可采用直观检验丈量法。每根灌注桩应留取不少于两组的混凝土抗压强度试件。同时应以钻取芯样法或超声波法、机械阻抗法、水电效应法等无破损检测法对桩的匀质性进行检测。检测应符合下列规定：其一，宜对各墩台有代表性的桩用无破损法进行检测，重要工程或重要部位的桩宜逐根检测；无条件用无破损法检测时，以及钻孔桩为柱桩时，应采用钻取芯样法对 3% ~ 5% 根（同时不少于两根）桩进行检测，柱桩还应钻到桩底 0.5m 以下；其二，对质量有怀疑的桩及因

灌注故障处理过的桩，均应进行检测。

钻孔桩水下混凝土的质量应符合以下要求：

a. 强度不应低于设计强度。除检查灌注过程中预留试块的抗压强度外，还应凿子桩头，凿取桩头混凝土试块做抗压试验，一般按基桩总数的 5% ~ 10% 抽查；大桥的钻孔桩，应以地质钻机钻取桩身混凝土芯样做抗压试验，同时检查桩尖沉淀土实际厚度和桩底土层情况，钻取的芯样直径不应小于 70mm。

b. 桩身混凝土无断层或夹层，钻孔桩桩底不高于设计高程，桩底沉淀厚度不大于设计规定，应仔细检查分析所有桩径的混凝土灌注记录，并用无破损方法检验桩身，若对其中某些桩的质量产生可疑时，应以地质钻机钻通全桩取芯样，检查该桩有无夹泥、断桩、混凝土质量松软，并做芯样的抗压强度试验。

c. 桩头凿除预留部分无残余松散层和薄弱混凝土层时，嵌入承台内的桩头及锚固钢筋长度应符合规范要求。

在质量检查中，如发现断桩或其他重大质量事故，应会同有关部门共同研究提出处理方案。在处理过程中，应做详细记录。处理完毕后，再做一次检查，认为合格后方可进行下一道工序的施工。钻孔灌注桩经检验后，应按各项原始记录填写施工记录汇总表，并存档备查。

三、墩台工程施工技术

（一）砌筑墩台施工

石砌墩台具有可就地取材和经久耐用的优点，在石料丰富的地区且施工期限允许情况下可优先考虑砌墩台以节约水泥。

1.石料、砂浆与脚手架

石砌墩台是由片石、块石及粗料石以水泥砂浆砌筑的。石料与砂浆的规格要符合有关规定。浆砌片石一般适用于高度小于 6m 的墩台身、基础、镶面以及各式墩台填腹；浆砌粗料石则用于磨耗及冲击严重的分水体及破冰体的镶面工程以及有整齐美观要求的桥墩、台身等。

将石料吊运并安砌到正确位置是砌石工程中比较困难的工序。当质量小或距地面不高时，可用简单的马凳跳板直接运送；当质量较大或距地面较高时，可采用固定式动臂吊机或桅杆式吊机或井式吊机，将材料运到墩台上，然后再分运到安砌地点。用于砌石的脚手架应环绕墩台搭设用以堆放材料，并方便支撑施工人员砌筑镶面定位行列及勾缝。脚手架一般常用固定式轻型脚手架（适用于6m以下的墩台）、简易活动脚手架（适用于25m以下的墩台）以及悬吊式脚手架（用于较高墩台）。

2.墩台砌筑施工要点

（1）墩台放样：在砌筑前应按设计图放出实样，挂线砌筑。砌筑基础的第一层砌块时，如基底为土质，只在已砌石块的侧面铺上砂浆即可，不需坐浆；如基底为石质，应将其表面清洗、润湿后砌石。砌筑斜面墩台时，斜面应逐层放坡，保证规定的坡度。砌块间用砂浆黏结并保持一定的缝厚，所有砌缝要求砂浆饱满。形状比较复杂的工程，应先做出配料设计图，注明块石尺寸；形状比较简单的，也要根据砌体高度、尺寸、错缝等，先行放样配好料石再砌。

（2）砌筑方法：同一层石料及水平灰缝的厚度要均匀一致，每层按水平砌筑，丁顺相间，砌石灰缝互相垂直。灰缝宽度和错缝按表3–3规定办理，砌石顺序为先角石，再镶面，后填腹。填腹石的分层厚度应与镶面相同；圆端、尖端及转角形砌体的砌石顺序，应自顶点开，丁顺排列接砌镶石面。圆端形桥墩的圆端顶点不得有垂直灰缝，砌石应从顶端开始先砌石块，然后应丁顺相间排列，安砌四周镶面石；尖端桥墩的尖端及转角处不得有垂直灰缝，砌石应从两端开始，先砌石块，再砌侧面转角，然后丁顺相间排列，安砌四周的镶面石。

表3-3　浆砌铺面石灰缝规定

种类	灰缝宽度 /cm	错缝（层间或行列间）/cm	三块料石相接处空隙 /cm	砌筑行列高度 /cm
粗料石	1.5 ~ 2	≥ 10	1.5 ~ 2	每层石料厚度一致
半细料石	1 ~ 1.5	≥ 10	1 ~ 1.5	每层石料厚度一致
细料石	0.8 ~ 1	≥ 10	0.8 ~ 1	每层石料厚度一致

（3）砌体质量要求。

①砌体所有各项材料类别、规格及质量符合要求。

②砌缝砂浆或小石子混凝土铺填饱满，强度符合要求。

③砌缝宽度、错缝距离符合规定，勾缝坚固、整齐，深度和形式符合要求。

④砌筑方法正确。

⑤砌体位置、尺寸不允许偏差。

墩台砌体位置及外形允许偏差见表3–4。

表3-4　墩台砌体位置及外形允许偏差

项次	项目检查	砌体类别	允许偏差 /mm
1	跨径	L_0	± 20
		L_0	± L_0/3000
2	墩台宽度及长度	片石镶面砌体	+40，-10
		块石镶面砌体	+30，-10
		粗料石镶面砌体	+20，-10
3	大面平整度（2m 直尺检查）	片石镶面	50
		块石镶面	20
		粗料石镶面	10
4	竖直度或坡度	片石镶面	0.5%H
		块石、粗料石镶面	0.5%H
5	墩台顶面高程		± 10
6	轴线偏位		10

（二）现浇墩台施工

现浇的混凝土施工有两个主要工序：制作与安装墩台模板、墩台混凝土浇筑。

1.制作与安装墩台模板

（1）模板的基本要求。模板是使钢筋混凝土墩台按设计所要求的尺寸成型的模型板，一般用木材或钢材制成。木模板质量轻，便于加工成墩台所需的尺寸和形状，但较易损坏，使用次数少。对于大量或定型的混凝土结构物多采用钢模板。钢模板造价较高，但装拆方便，且可重复使用多次。

模板的设计与施工应符合《公路桥涵施工技术规范》（JTG/T F50—2011）的规定。钢筋混凝土对模板的基本要求与预制混凝土受压构件相同，其轮廓尺寸的准确性由制模和立模来保证。墩台模板型式复杂、数量多、消耗大，对桥梁工程的质量、进度、经济技术的可靠性均有直接影响。因此，模板应能保证墩台的设计尺寸；有足够的可靠度承受各种荷载并保证受力后不变形，结构应简单、制造方便、拆装容易。

（2）常用模板类型。

①拼装式模板：各种尺寸的标准模板利用销钉连接，并与拉杆、加劲构件等组成墩台所需形状的模板。拼装式模板在厂内加工制造，板面平整、尺寸准确、

体积小、质量轻、拆装快速、运输方便，应用广泛。

②整体式吊装模板：将墩台模板水平分成若干段，每段模板组成一个整体，在地面拼装后吊装就位，分段高度可视起吊能力而定。优点是：安装时间短，无需施工接缝，施工进度快、质量高、拆装方便，对建造较高的桥墩较为经济。

③组合型钢模板：以各种长度、宽度及转角标准构件，用定型的连接件将钢模拼成模板，有体积小、质量轻、拆装简单、运输方便、接缝紧密的优点，适用于地面拼装，整体吊装的结构上。

④滑动钢模板。适用于各种类型的桥墩。各种模板在工程上的应用，可根据墩高、墩台形式、设备、期限等条件合理选用。

(3) 模板制作与安装的技术标准：模板安装前应对模板尺寸进行检查；安装时要坚实牢固，以免振捣混凝土时引起跑模漏浆；安装位置要符合结构设计要求。模板制作与安装的允许偏差见表 3-5~ 表 3-7。

表3-5　木模板制作的允许偏差

项次	偏差名称	容许偏差 /mm
1	拼合板的长度和宽度与设计尺寸的偏差	5
2	不刨光模板的拼合板，相邻两块板表面的高低差别	3
	刨光模板的拼合板，相邻两块板表面的高低差别	1
3	拼合板中木板间的缝隙宽度	2

表3-6　钢模板制作的允许偏差

项次	偏差名称	容许偏差 /mm
1	外形尺寸长和宽	0 ~ 1
2	外形尺寸肋高	5
3	面板端偏斜	0.5
4	连接配件的孔眼位置孔中心与板端间距	0.3
5	连接配件的孔眼位置板端孔中心与面板间距	0 ~ 0.5
6	连接配件的孔眼位置孔沿板长宽方向的孔	0.6
7	板眼局部不平，板面和板侧挠度	1

表3-7　模板构件安装允许偏差

项次	偏差名称		容许偏差 /mm
1	模板的立柱及撑杆间距与设计规定的偏差		75
2	模板竖向偏差	每 1m 高度	3
3		在结构全高度内	30

续表

项次	偏差名称		容许偏差 /mm
4	模板轴线与设计位置的偏差		20
5	模板横截面与设计位置的偏差		20
6	平板表面的最大局部不平	刨光模板	5
7		不刨光模板	8

2.墩台混凝土浇筑

（1）质量控制要点：墩台混凝土施工前应将基础顶面冲洗干净，凿除表面浮浆，整修连接钢筋。浇筑混凝土过程中，应经常检查模板、钢筋、预埋件的位置和保护层的尺寸以确保不发生变形。施工过程中应确保混凝土的各项技术性能指标满足规范要求，材料选用低流动度的或半硬性的混凝土拌和料，分层分段对称灌注，并应同时灌完一层。灌注过程要连续，以保证施工质量。

（2）施工注意事项。

①在混凝土运送过程中，如混凝土数量大、浇筑捣固速度快时，可采用混凝土皮带运输机或混凝土运送泵，运输带速度不应大于 1.2m/s；当混凝土坍落度小于 40mm 时，向上传送最大倾斜角为 18°，向下传送最大倾斜角为 12°；当坍落度为 40 ~ 80mm 时，向上最大倾斜角和向下传送倾斜角则分别为 15° 与 10°。

②墩台是大体积圬工，为避免大体积混凝土浇筑中水化热过高，引起裂缝，可采取如下措施：

a. 用改善集料级配、降低水灰比、掺混合材料与外加剂、掺入片石等方法减少水泥用量。

b. 采用 C3A、C3S 含量小、水化热低的水泥，如大坝水泥、矿渣水泥、粉煤灰水泥、低强度等级水泥等。

c. 较小浇筑层厚度，加快混凝土散热速度。

d. 在混凝土内埋设冷却管通水冷却。

③在混凝土浇筑过程中为防止墩台基础第一层混凝土中的水分被基底吸收或基底水分渗入混凝土，对墩台基底处理除应符合天然地基的有关规定外，尚应满足以下要求：基底为非黏性土或干土时应将其湿润；如为过湿土时，应在基底设计高程下夯填一层 10 ~ 15cm 厚片石或碎（卵）石层；基底地面为岩石时，应加以润湿，铺一层厚 2 ~ 3cm 水泥砂浆，然后在水泥砂浆凝结前浇筑一层混凝土。

墩、台中钢筋的绑扎应和混凝土的浇筑配合进行。在配置第一层垂直钢筋时应有不同的长度，同一断面的钢筋接头应符合规范，水平钢筋的接头也应内外、上下互相错开。

（三）墩、台帽施工

墩、台帽是用来支撑桥跨结构的，其位置、高程及垫石表面平整度等，均应符合设计要求，以免桥跨结构安装困难，使顶帽、垫石等出现破裂或裂缝，影响墩台的正常使用功能和耐久性。墩、台顶帽的主要施工顺序如下。

1.墩、台帽放样

墩、台混凝土（或砌石）灌注至墩、台帽底下 30 ~ 50cm 高度时，即需测出墩台纵横中心线，并开始竖立墩、台帽模板，安装锚栓孔或安装顶埋支座垫板、绑扎钢筋等。台帽放样时，应注意不要以基础中心线作为台帽背墙线，浇筑前应反复核实，以确保墩、台帽中心、支座墊石等位置方向与水平高程等不出差错。

2.墩、台帽模板安装

墩、台帽是支撑上部结构的重要部分，其尺寸位置和水平高程的准确度要求较严，浇筑混凝土应从墩、台帽下 30 ~ 50cm 处至墩、台帽顶面一次浇筑，以保证墩、台帽底有足够厚度的紧密混凝土。混凝土桥墩墩帽模板的下面的一根拉杆可以利用墩帽下层的分布钢筋，以节省铁件。台帽背墙模板应特别注意纵向支撑或拉条的刚度，防止浇筑混凝土时发生鼓肚，侵占梁端空隙。

3.钢筋和支座垫板的安设

墩、台帽钢筋绑扎应遵照《公路桥涵施工技术规范》（JTG/T F50—2011）有关钢筋工程的规定。墩、台帽上支座垫板的安设一般采用预埋支座垫板和预留锚栓孔的方法。前者需在绑扎墩台帽和支座垫石钢筋时将焊有锚固钢筋的钢垫板安设在支座的准确位置上，即将锚固钢筋和墩、台帽骨架钢筋焊接固定，同时用木架将钢垫板固定在墩、台帽模板上。此法在施工时垫板位置不易准确，应经常校正。后者需在安装墩、台帽模板时，安装好预留孔模板，在绑扎钢筋时注意将锚栓孔位置留出。此法安装支座施工方便，支座垫板位置准确。

四、支座安装

油毛毡或平板支座（石棉板或铅板支座）安设时，应先检查墩台支承面的平整度和横向坡度是否符合设计要求，否则应修凿平整并以水泥砂浆抹平，再铺垫油毛毡、石棉垫板或铅板支座。梁（板）就位后与支承面间不得有空隙和翘动现象，否则易发生局部应力集中的现象，使梁（板）受损，也不利于梁（板）的伸缩与滑动。

（一）板式橡胶支座的安设

板式橡胶支座在安装前应进行全面的检查和力学性能检验，包括支座长、宽、厚、硬度、容许荷载、容许最大温差以及外观检查等，如果不符合设计要求，则不得使用。

支座安装时，支座中心应尽可能对准梁的计算支点，必须使整个橡胶支座的承压面上受力均匀，为此应注意以下几点：

（1）安装前应将墩台支座支垫处和梁底面清洗干净，除去油垢，用水灰比1∶3的水泥砂浆仔细抹平，使其顶面高程符合设计要求。

（2）支座安装尽可能安排在接近年平均气温的季节里进行，以减小由于温度变化过大而引起的剪切变形。

（3）梁（板）安放时必须细致稳妥，使梁（板）就位准确且与支座密贴，勿使支座产生剪切变形，就位不准时必须吊起重新安放，不得用撬杠移动梁（板）。

（4）当墩台两端高程不同，顺桥向或横桥向有坡度时，支座安装必须严格按设计规定办理。

（5）支座周围应设排水坡，防止积水，并注意及时清除支座附近的尘土、油脂和污垢等。

（二）盆式橡胶支座的安设

盆式橡胶支座的顶面、底面面积大，支座下埋设在桥墩顶的钢垫板面积也很大，浇筑墩顶混凝土时必须有特殊设施，使垫板下混凝土能浇筑密实。盆式橡胶支座主要部分是聚四氟乙烯滑板与不锈钢板的滑动面和密封在钢盆内的橡胶垫块，两者都不能有污物和损伤，否则易增大摩擦，降低使用寿命。

1.组装要求

盆式橡胶支座各部件的组装应满足的要求是：

(1) 支座底面和顶面的钢垫板必须埋置牢固，垫板与支座间必须平整密贴，支座四周探测不得有0.3mm以上的缝隙。

(2) 支座中线水平位置偏差不得大于2mm。

(3) 活动支座的聚四氟乙烯板不得有撞伤、刮伤。

(4) 橡胶板块密封在钢盆内，安装时应排除空气，保持密封。

(5) 支座组拼要保持清洁。

2.安装施工注意事项

安装施工时应注意下列事项：

(1) 安装前应将支座的各相对滑移面和其他部分用丙酮或酒精擦拭干净。

(2) 支座的顶板和底板可用焊接或锚固螺栓拴接在梁体底面和墩台顶面的预埋钢板上，采用焊接时，应防止烧坏混凝土，安装锚固螺栓时，其外露螺杆不得大于螺母的厚度，上下支座安装顺序宜先将上座板固定在大梁上，然后根据其位置确定底盆在墩台上的位置，最后进行固定。

(3) 安装支座的高程应符合设计要求，平面纵横两个方向水平，支座承压不超过5000kN时，其四角高差不得大于1mm，支座承压超过5000kN时，高差不得大于2mm。

(4) 安装固定支座时，上、下各个部件纵轴线必须对正，安装纵向活动支座时，上、下各部件纵轴线必须对正，横轴线应根据安装时的温度与年平均的最高、最低温差由计算确定其错位的距离，支座上下导向挡块必须平行。

(5) 桥梁施工期间，混凝土将由于预应力和温差引起弹性压缩、徐变和伸缩而产生位移量，因此，要在安装活动支座时对上下板预留偏移量，使桥梁建成后的支座位置符合设计要求。

第三节　梁桥就地浇筑施工技术

梁桥是一种在竖向荷载作用下无水平反力的结构，其就地浇筑施工，是一种古老的施工方法，具有简便可靠、适应性强的优点，适用于中、小跨度的简支梁或连续梁桥。梁桥的就地浇筑（常称现浇）的施工方法主要体现在其支承形式的结构变化上，同时，对于简支梁桥和先简支后连续的梁桥，施工方法也有所不同。

一、支承系统施工

（一）满堂支架施工

满堂支架是传统的一种梁桥就地浇筑施工方法。脚手架从最早的“土牛”架，发展为后来的木支架，现在最常用的是钢管脚手架。根据脚手架的连接方式分为扣件式脚手架和碗扣式脚手架两种。

1.适用条件

(1) 陆地基础较好或经过处理后基础较好，基础受力较均匀。

(2) 单跨地形起伏变化较小。

(3) 支架高度宜为 15 ~ 20m，否则失稳风险会增大。

(4) 支架下无通行要求的桥梁跨线部分。

(5) 小半径弯桥和立交匝道。

2.满堂支架施工步骤

(1) 基础处理：满堂支架的基础状况是决定着支架受力条件和安全性。地基处理目的一是为支架搭设提供良好的施工场地环境；二是确保地基的承载力；三是减小基础的沉降量。

在承台施工完成后，及时回填承台基坑。回填前，用水泵抽干坑内集水，挖掘机用干燥的好土或钻渣分层进行回填，每层回填完成后，进行压实处理。在箱梁投影外侧开挖畅通的排水沟，避免场地内集水且降低地下水位，使地基土层自由沉降稳定。

对于松散土层基础，首先对表层松土进行清理，去除淤泥及松土，在清理中应注意对原土层减少破坏；然后用干燥后的碎石对低洼处进行回填，用装载机对地面初步铺平碾压，再用振动碾压机对地面来回碾压 3 ~ 4 次，使地基土密实；然后在其上铺填 30cm 厚碎石层，碾压密实，后用人工对其细平、碾压；最后在基础位置和箱梁外侧分布排水沟，安放立杆底托垫木（20cm × 25cm 枕木），底托垫木必须与碎石层紧密接触。

在岩石等坚实基础上搭设满堂支架，则只需将基础找平即可。若原基础地面存在高差，严禁处理后基础地面单向坡度过大，以防失稳，可考虑分台阶处理，以减少基础处理工作量。

(2) 支架搭设：满堂支架一般用 HB 型碗扣脚手架或扣件式脚手架。其中碗扣脚手架为定型定尺便拆工具杆件，安装搭设方便快捷。

基础处理完毕后，测量先放出箱梁投影边线，然后按照杆件分布位置及间距拉线逐根布置立杆。立杆布置时，纵横方向必须拉线进行，保证立杆位置及分布间距均匀一致。因主梁纵桥向坡度和横桥向坡度的存在，杆件 (特别是顶杆) 要根据净空高度变化而变化。搭设支架时，按照相关规范的安全和构造要求设置扫地杆、剪刀撑、横向斜撑、斜向走道和脚手板。杆件采用人工运输或绳索上拉，不允许随便乱丢，施工人员必须系安全带。支架搭设中，要时刻检查杆件的距离和立杆的垂直度。

钢管支架搭设完成后，安放顶托，最后安装分配梁。分配梁一般为小型钢，沿纵桥向布置。顶托先调节至中间位置，以便于以后模板高程的调整和卸载要求。顶托 U 形槽口向同一个方向，分配梁放在顶托 U 形槽口内，每个顶托必须与分配梁完全接触，保证受力要求。分配梁在纵向接长时，其接头位置应落在顶托上。分配梁全部安装完成后，根据设计高程要求，先固定最外两侧的高程，然后拉线调平高程，最后才安装底模。

满堂支架搭设完成后，定期检查支架垂直度和连接件的牢固程度，尤其是在大雨、大风天气下或受到其他特殊情况 (如碰撞等) 影响后，更应加强检查，及时调整、加固。

(3) 满堂支架拆除：在混凝土浇筑并且预应力张拉、灌浆完成后，松开顶托，按照安装顺序的相反步骤拆除满堂支架。借用梁体泄水孔作为吊孔或单独设置吊孔，利用卷扬机辅以手拉葫芦依次下放模板、分配梁、钢管等。支架拆除的施工重点是安全控制和对混凝土结构的成品保护。

（二）梁柱式支架施工

梁桥就地浇筑的梁柱式支架是区别于满堂支架的另一种支架形式，这种支架以大型钢管或型钢、贝雷梁、万能杆件等作为立柱，以型钢、贝雷梁、万能杆件等为梁，具有适应性强、施工速度快、稳定性好等优点。

1.适用条件

(1) 水上和陆地各种基础条件。

(2) 地形起伏变化大。

(3) 超过20m的高支架优势更明显。

(4) 需要跨越河沟或道路。

2.梁柱式支架施工步骤

支架系统采取由下而上的顺序进行施工：支架基础→立柱支撑安装→卸荷块安装→型钢受力横梁安装→贝雷或万能杆件纵向桁架分段安装→底模分配梁安装→底模及侧模安装。

(1) 支架基础施工。工程中应根据基础条件确定梁柱式支架基础的形式，梁柱式支架系统的基础主要有以下形式。

①挖孔桩基础。适用于陆地基础较好的情况。挖孔桩可按照端承桩或摩擦桩计算，可将立柱钢管直接插入桩孔内再灌注混凝土，也可先浇桩，再在桩顶预埋件上安装支架立柱。

②打入桩基础。适用于水上松散基础条件。直接将钢管桩或混凝土桩利用锤击或振动打入，一般是群桩一起受力。

③钢筋混凝土扩大基础。适用于陆地基础较好、支架立柱较多的情况。在开挖或直接整平的基础上浇筑钢筋混凝土扩大基础，在立柱位置设置预埋件。

④借用承台基础。在支架设计计算许可的情况下，支架直接搭设在永久承台上，以减少基础施工成本。

⑤其他形式的支架基础。如沉管桩基础、筏板基础等，根据现场条件和机具设备、材料的可用情况灵活运用。

根据支架基础的形式来选择施工方法，以满足受力要求、达到成本最低的原则。

(2) 支架搭设：梁柱式支架的搭设根据所使用材料的不同和现场条件进行组织。考虑到施工标准化、降低工程成本和提高临时措施材料的通用性，提倡采用装配式构件进行支架搭设，减少现场焊接工作量，加快安、拆进度。单个构件的大小要结合支架总体尺寸、通用性和起重设备性能等综合考虑。

①直柱施工：支架立柱主要有型钢(工字钢或H型钢)、钢管(直径为273~1200mm)、贝雷桁架、万能杆件等形式。

一般来讲，立柱与基础的连接方式有直接埋入、预埋件焊接、预埋件拴接三种形式，其中禁止在贝雷桁架、万能杆件上焊接作业。为保证结构稳定性、避免应力集中现象，立柱与基础结合处需采取必要的加强措施，如放大脚、加小斜撑等。

立柱的施工主要是控制其垂直度和连接质量。钢管立柱施工时，采用的法兰连接螺栓应具有连接稳固、不松动的特点，采用焊接接高时应注意严格控制焊缝质量，控制其垂直度，保证上下节的同心度，防止偏心受力。以贝雷桁架、万能杆件作为立柱时，立柱净距应符合模数，即贝雷桁架立柱净距应是3m的倍数、万能杆件立柱净距应是2m的倍数，同时要保证立柱轴线正好在纵梁桁架节点上。施工中靠每一根杆件（或桁架）和螺栓的连接质量来保证支架质量。

在立柱接长过程中，应逐层及时安装立柱纵横平联，平联最好用法兰螺栓连接，如确需焊接，应采用“哈佛”结构等接头形式，保证焊接质量。

②支架上部结构施工：梁柱式支架的上部结构主要有横梁、纵梁、分配梁以及卸落装置、脚手架、安全设施等。为加快现场安装质量和速度，上部结构构件（如贝雷桁架等）应在现场附近预先拼装成需要安装长度节段，同时单件质量不超过起重设备的能力范围。

支架上部各构件的安装主要是由精度控制的，为保证立柱轴向受力，确保各部分的整体性和稳定性，对不能焊接的桁架结构，可采用设置挡块、U形卡等形式固定。若在分配梁上搭设钢管脚手架，则应首先根据钢管立柱间距焊接短钢筋，再将钢管立柱套在钢筋上，开始搭设脚手架，并按照相关要求设置斜撑、扫地杆、栏杆、走道等。

(3) 梁柱式支架拆除：在混凝土浇筑并且预应力张拉、灌浆完成后，松开卸荷砂箱，按照安装顺序的相反步骤拆除梁柱式支架。借用梁体泄水孔作为吊孔或单独设置吊孔，利用卷扬机辅以手拉葫芦依次下放模板、分配梁、钢管等。如有可能，较矮处可用行走起重机配合拆除。

支架拆除的施工重点是安全控制和对混凝土结构的成品保护，同时也应注意对周转材料的保护，以便多次重复使用。

（三）悬空支架施工

上述的满堂支架和梁柱式支架施工均需支架基础落地受力。悬空支架是指利用永久墩柱作为承力基础、利用钢抱箍或牛腿等形式将梁体施工荷载传递给墩柱的现浇支架形式。悬空支架施工的关键就是与墩柱的连接，其连接方式除常见的抱箍和牛腿结构外，还有在立柱上预留孔穿钢棒或预埋抗剪预埋件作为承力承托加钢大梁系等，具有经济、便捷的特点。

1.适用条件

(1) 软基处理难度大、不适宜支架落地的情况。

(2) 墩柱较高，支架计算受力满足要求。

(3) 墩柱横梁、盖梁以及小跨度主梁。

(4) 跨线高架桥。

2.悬空支架施工步骤

(1) 悬空支架设计简介：采用钢棒系或抗剪预埋件存在以下缺陷：一是预埋孔或预埋件所用材料不能周转使用；二是预埋管(件)与钢筋位置发生冲突，对浇筑混凝土有影响；三是预留孔和预埋件影响立柱外观质量。因此，只有在抱箍施工困难(如矩形墩柱或薄壁墩等)情况下才采用钢棒系或抗剪预埋件承力，尤其是圆墩柱情况下，大多采用钢抱箍结构作为悬空支架的承力结构。

悬空支架的设计重点是进行钢抱箍的设计，其步骤为：确定钢抱箍的设计荷载→假定抱箍设计尺寸→确定抱箍对立柱的均布压力→确定环向及切向应力、验算抱箍尺寸→连接螺栓选型→支承承托设计→焊缝设计→连接法兰设计。

上部结构的设计、构造与梁柱式支架基本相同。

(2) 钢抱箍施工：悬空支架靠钢抱箍与立柱混凝土产生的摩擦力来承受其施工荷载，其安装的关键在于它有足够的抗下滑力，它通过抱箍两端的连接法兰间的预拉力来控制。钢抱箍预拉力的实现一般有两种方法：高强连接螺栓或预应力精轧螺纹钢筋。高强连接螺栓通常采用扭矩法控制其轴向拉力，预应力精轧螺纹钢筋则通过千斤顶施加预应力来获得拉力：高强连接螺栓或预应力精轧螺纹钢筋施加拉力时，应分两次施工：先初(拧)拉固定，后终拧(张拉)至设计应力，以保证每一连接螺栓或钢筋均匀受力。

在施工前按照设计荷载的1.4倍的重力来试验钢抱箍的抗滑力并确定钢抱箍的下滑量，据此在安装抱箍时适当抬高抱箍高程。

(3) 悬空支架上部结构施工：由于悬空支架仅在两墩柱位置抱箍支承受力，支架纵梁跨度大，一般跨中弯矩和变形为其控制要点，所以纵梁一般较大。采用多榀贝雷桁梁或万能杆件作纵梁时，应充分考虑起重设备的能力。

经过经济技术对比，可通过调整施工顺序来减少抱箍受力和减少纵梁数量。一种方法是调整纵向梁段施工顺序，在广东肇庆大桥的施工中，将主梁分段浇筑，先浇筑墩顶部分箱梁，再在已浇梁段上设置吊杆对纵梁加强，最后浇筑跨中部分的箱梁。另一种方法是调整竖向箱梁浇筑次数，如先浇箱梁底板和腹板，后浇顶板和翼缘部分。

(4) 悬空支架拆除：在混凝土浇筑并且预应力张拉、灌浆完成后，松开卸荷砂箱，按照安装顺序的相反步骤拆除悬空支架。借用梁体泄水孔作为吊孔或单独设置吊孔，利用卷扬机辅以手拉葫芦依次下放模板、分配梁、钢管等。如有可能，较矮处可用行走起重机配合拆除。

支架拆除的施工重点是安全控制和对混凝土结构的成品保护，同时也应注意对周转材料的保护，以便多次重复使用。

需要指出的是，若在抱箍承托处设置滚轮支座，在浇筑前进方向布置牵引系统，使纵梁桁架在脱空后能向前移动，则可改造成简易的移动模架。

（四）移动模架施工

移动模架又称架桥机，是将整个支架系统按照梁桥的浇筑顺序依次推进的一种施工工艺，是梁桥就地浇筑施工的一种先进的技术。移动模架系统主要由主梁、鼻梁、横梁、托架、推进工作车、内外模板及辅助支撑等部分组成。

1.适用条件

适用于箱梁底宽不同、各种竖曲线及墩位的布置，无须进行基础处理。

2.工程实例

以跨径为50m箱梁浇筑的MSS下行式造桥机（移动模架）为例，其技术参数见表3-8。

表3-8　50m MSS下行式造桥机技术参数表

系统最小曲率半径 /m	1000
施工状态下梁体最大挠度	≤跨径的1/500
纵向顶推能力	40t×2台
系统纵移速度 /（$m \cdot h^{-1}$）	20
系统适应桥梁最大纵坡 /%	≤4
系统横移速度 /（$m \cdot min^{-1}$）	0.5
系统适应桥梁最大横坡 /%	≤4
系统落模顶升能力	450t×450mm×14台
适合施工桥宽 /m	≤17
单孔施工跨径 /m	≤50+8（悬臂）

续表

最大承重施工荷载 /t	1500
施工时适合的桥墩高度 /m	6.5 ~ 50
外模分合	主梁带动外模升降和侧移
外模调节	通过横梁上的调节螺杆高程和平曲线
系统行走时抗倾覆稳定系数	≥ 1.25
移动系统自重 /t	约 763

系统两侧各设一根主梁，它是主要承力结构。本段现浇箱梁最长施工跨径为58m，因此两侧主梁拼装长为63m。主梁截面为箱形钢结构，梁高3.42m。主梁内设置斜撑及隔板等，以提高主梁局部承载能力及抗扭刚度。同时在主梁内、系统顶升支点及横梁连接处作局部加强构造。主梁采取分段加工运输，在现场以高强螺栓连接成整体的施工方法。

在主梁两侧腹板下方设有系统纵向滑移所必需的轨道，两端设置与鼻梁连接的铰支座。

鼻梁的前后梁，设置在主梁前后两端，在系统纵向滑移时，起导向及纵向平衡作用。为减少结构自身荷载，前鼻梁采用了三角形钢桁架结构，每根长41m，主要在系统过跨及转运托架时起作用；后鼻梁也为三角形钢桁架结构，每根长18m，在MSS过跨时起平衡作用。鼻梁分段运输、拼装，其与主梁或鼻梁之间均以铰接形式连接，以鼻梁与主梁的连接铰为圆心作平面转动。为适应桥梁的平面曲线变化，前端鼻梁可绕鼻梁间连接铰作上下转动且前端下弦杆头部上弯，以适应桥梁坡度的变化和托架安装时的高程偏差。

横梁设置在两根主梁之间，根据墩顶间距调节的需要，纵向分布间距分别设置为5.5m、5.85m和5.65m的间距。横梁构造为型钢梁桁架形式，在单跨中轴线位置一分为二，两端分别与主梁采用高强螺栓连接。主梁间的连接设计为可分合形式，采用高强螺栓连接。横梁中间分合接头的连接板一边设置锥形导向销、一边开孔，依靠销孔间的导向作用，能在接合过程中保证连接孔位对齐。每根横梁上设置4个调节螺栓杆，其与底模相连接，便于底模高程及预拱度的调整。

系统在浇筑混凝土及移动施工时产生的荷载由托架支撑，托架附着在桥墩上，将托架所受垂直荷载通过墩身传递至桥墩承台、桩基受力。托架是由一根水平钢梁及两根钢斜撑构成的三角形架。水平钢梁顶部设有供推进工作车横移的轨道，托架下支点直接锚入墩身预留孔内（墩身施工时，在两侧预留 0.5m × 0.5m × 0.8m 空洞），主要承受竖向作用力；一对托架在上下支点分别采用 12 根和 2 根精轧螺纹钢筋连接，主要起连接和承受水平作用力的作用。上部为 12 根 ϕ32mm 精轧螺纹钢筋，每根的预张拉力为 500kN，总计 12 × 500kN=6000kN，利用千斤顶循环张拉，确保每根精轧螺纹钢筋受力均匀。托架为一固定钢桁架结构，其具有强度高和刚度大的特点，一对托架质量约为 28t。

工作台车实现系统的纵横移动功能。主要由支撑轮组、顶升机构、牵引机构及车架组成。顶升机构由顶升千斤顶及相应支座构成。牵引机构由设在工作台车车架两边的两个前卡式千斤顶及底座组成。牛腿上共设置 4 台横向推进油缸和 2 台纵向推进油缸。

底模板为大块的组拼式定型钢模板，侧模和内模采用分节段拼装的大块定型钢模板。内模与移动小车组成整体，便于移动安装。因本桥处于弯曲半径为 7200m 的弧形段上，模板通过异形块段进行曲线调节，内外模板对应设置横带，使受力良好。

外模由底板、腹板、肋板及翼缘板组成。底板分块直接固定在横梁上，并与主梁一起通过液压缸顶推脱模和立模。外模采用两端悬臂式结构，分块处采用铰接。每对底板中间拼缝由普通螺栓连接。腹板、肋板及翼缘板分节与横梁相对应，并通过在横梁上设置的模板支架及可调支撑杆来安装。

内模系统移动支撑系统的内模系统包括内模板、拆模小车、内模底梁及道轨。模板的运输及安装通过拆模小车来完成。拆模小车配有液压系统，通过液压系统来完成内模的安装及拆除。

后横梁为全长 12m 的箱形梁，桥面采用横跨施工，后横梁作用是在浇筑每联的第一孔以后的各孔时，通过两个自锁液压油缸和吊杆把支撑系统的后部悬吊在连续箱梁的悬臂端，使浇出的箱形梁线形连续，同时，减小主梁受力跨度，避免施工段间的横接缝错台。后横梁在模架移动时，其与系统解除约束，分离开来，下放千斤顶，落在移动小车上，移至下一阶段进行施工。

3.移动模架施工步骤

（1）移动模架安装：先将起始跨位置进行平整、压实，作为安装场地。移动模架各构件安装顺序：牛腿的组装、主梁的组装及有关施工设备、机具的就位→主梁吊装就位→牛腿的安装→横梁安装→铺设底板、安装模板支架→安装外腹板及翼缘板、底板→内模安装。

根据最大杆件质量选择合适的超重机械进行安装，安装中应将高强螺栓施工、精轧螺纹钢筋施工作为重点控制，确保移动模架整体结构安全。

移动模架在试压和调试、验收后，方可投入使用。

(2) 移动模架施工程序。每一跨箱梁的施工均按照以下程序循环进行。

①在已浇梁段前方桥墩上安装一对托架及推进工作车。

②在混凝土浇筑、养护、张拉完成后，主梁由前后托架上的顶升千斤顶下，在推进工作车上。

③解除横梁中间连接，必要时拆除已成梁段内侧翼板模支撑，使翼板模折转。

④利用推进工作车，使系统分离并外移。

⑤拆除后端的托架顶升机构并移至前方托架推进工作车上，主梁纵向前移。

⑥主梁纵向滑移到位后，推进工作车向内侧移动，然后安装横梁，将主梁连接成整体。

⑦顶升千斤顶工作，顶升主梁至浇筑位置。

⑧用可调螺旋支撑调整模板，设置预拱度。

⑨安装内模，绑扎钢筋，浇筑混凝土。

(3) 移动模架拆除：当最后一跨预应力施工完成后，移动模架系统可根据情况先倒退到墩高相对矮的地方进行拆除，拆除的顺序与安装相反。箱梁外侧的主梁整体吊装至便桥或船上进行拆卸；两幅桥之间的主梁可通过在中央分隔带上设扁担梁，并用吊杆悬挂在空中拆卸或放置在船上进行拆卸。

（五）支承系统的预压

各种支架或移动模架在安装完成、铺设底模后，一般要求进行预压。在预压完成后再进行主梁的钢筋、模板混凝土施工。

1.预压目的

(1) 检查各支承系统在各种工况下的构件应力、应变实测值与理论值的差异。

(2) 检验支架及基础是否满足受力要求，挠度变形是否在容许范围内。

(3) 消除构件铰接部位和卸落设备的间隙和非弹性变形。

(4) 消除支架基础非弹性变形。

(5) 实测支架各处挠度变形量，为设置施工预拱度提供依据。

2.预压方法

常用的支架预压方法主要有以下几种。

(1) 堆载预压法。用砂袋、钢筋、型钢等材料模拟施工荷载的分布和质量，施加在支架上进行预压。本方法就地取材，但施工加载、卸载速度慢，易导致荷载分布不均。

(2) 水袋预压法。利用胶皮制作的水袋模拟施工荷载的分布和质量，施加在支架上进行预压。水袋的大小和布置根据荷载分布情况而定，先将空水袋在支架上摆放好，后根据荷载要求通水加载，卸载时只需放水即可。本方法加载、卸载速度快，支架受力均匀，但水袋层叠不宜超过三层，且应充分注意加水、泄水时对支架基础产生的不利影响，做好排水疏导。

(3) 吊架(箱)预压法。将均布梁体荷载模拟成支架结构受力最不利处的集中荷载，在该位置设置反力吊架(箱)，在吊架内堆载或在吊箱内注水达到支架预压的目的。本方法在支架高度较大时使用较简便，但模拟荷载与实际情况出入较大，需加大安全系数。

(4) 反力预压法。同上述方法，将均布梁体荷载模拟成支架结构受力最不利处的集中荷载，在该位置设置反力梁，用预应力筋(精轧螺纹钢筋或钢绞线)与地锚或墩台基础连接，千斤顶反拉预应力筋，使支架受力，达到预压目的。本方法需提早考虑，以便在基础施工时施工地锚设施或其预埋件，但模拟荷载与实际情况出入较大，需加大安全系数。

3.预压程序

(1) 荷载分级：一般按照理论荷载的50%、80%、100%、120%进行逐级加载。

(2) 观测：一般在主梁纵向布置多个观测点(跨中、1/4跨、1/8跨等处)进行观测，有的还视需要在关键构件的关键点上安装应力、应变计。

预压施工时采用分级加载，加载至50%、120%后停止加载，然后进行12h的支架沉降、变位连续观测，在各分级荷载施加、观测完成且无异常情况方可进行下一级荷载的施加。全部加载完成后以12h为一个观测单位进行连续观测，若连续2天观测支架沉降、变位均小于1mm则可认为地基沉降基本稳定，此时可以卸载。卸载以后，再次对测点进行观测。

预压结束以后，及时整理预压中的原始数据，计算出支架弹性变形量和非弹性变形量，绘制沉降量与时间（t—e）关系曲线图，为立模预拱度提供数据。根据预压结果及时对底模高程进行调整，进行箱梁钢筋及混凝土施工。在箱梁混凝土施工时，对预压观测点要继续进行观测。

二、模板施工

就地浇筑的模板主要由底模、侧模和内模三部分组成，模板安装顺序：底模→侧模→内模。模板的拆除顺序则相反，按照先安后拆、后安先拆的原则进行。

（一）模板结构

就地浇筑的模板主要有两大类：钢模板和竹（木）模板。

1.钢模板

钢模板的浇筑一般在墩身模板施工时一并考虑，可周转施工。钢模板的结构一般由面板、角钢或槽钢肋、槽钢背带等组成，按照施工受力情况并结合支架结构进行设计计算。主要是控制分块大小，既保证方便拆卸，又可最大限度减少加工材料的损耗。

2.竹（木）模板

竹（木）模板是指以竹胶板、木板为面板的模板，如国产竹胶板（δ 在 10～20mm）或进口芬兰 WISA 面板等。可用木工字梁进行背带，也可用钢支架定型木模板。

模板的结构形式可按综合经济、技术、质量要求进行选择，也可组合使用，如大面积用钢模板，边角异型处用小块竹（木）模板，通用性和特殊性均得到照顾，是比较合理的选择。

模板安装时各单元间用螺栓连成整体，并结合支承系统的安、拆或移动条件进行优化，以保证安全，加快施工进度。

（二）模板施工

引桥箱梁一般采用移动模架施工，将模板纵、横移动系统结合起来，翼缘底模和侧模连成整体，可横向移动脱空后与底模一起纵移，内模也设置纵移轨道和台车。

1.模板加工

模板的加工主要是对尺寸精度和面板平整度进行控制，确保各部分连接质量。

梁体模板一般在专业加工厂进行加工，加工时应制作专门胎架，对标准模板进行放样，确保加工模板外形尺寸。出厂前对模板进行组拼，检查外形尺寸及拼缝、平整度等是否满足要求，验收合格后才能运至现场应用。

2.模板现场施工要点

为了保证模板的正常使用，使模板的状态保持良好，在施工时必须注意以下事项。

①模板存放时，要清理好面板，并涂好油。模板下面要平整。堆放的场地地势要高、排水顺畅，防止雨天被雨水浸泡。堆放好以后，用彩条布遮盖好。

②吊装时要细心，不能使模板承受大的弯矩，更不能碰撞模板。模板的吊耳位置要设置合理，既不偏心，又要使模板的受力合理。

③拼装：拼装模板时，要将设计的所有部件连接并紧固好。例如，连接螺栓，有时工人为了安装拆卸省事，而省掉一部分，这样很容易导致模板变形，在施工中是绝对不允许的。

④调整：模板安装完毕，不能将所有紧固件紧固。应按照测量点调整好以后才能紧固。调整模板时，不能采用硬撬、葫芦拉、大锤击、气割电焊等方式。当模板偏位时，首先要分析原因，有针对性地采取措施，避免用生硬的办法调整。

⑤拆卸：根据混凝土强度控制拆模时间。拆卸模板时同样要注意避免生拉硬撬的办法，起吊时要注意不要让板面擦刮硬物。

⑥模板使用后表面的处理：使用过的模板要重新清理。清理时使用电动钢丝轮将面板上黏结的灰浆磨掉。然后，利用棉纱将面板清理干净。清理彻底后，涂脱模剂，涂完后，还要用棉纱将面板轻轻地擦拭一次，使涂层厚度薄而均匀。脱模剂现常用45号耐磨液压油或专用模板漆。

⑦模板拼缝漏浆问题的解决：当前，模板拼缝采用双面不干胶泡沫橡胶条，效果较好。

⑧浇筑混凝土时对模板的保护：浇筑混凝土时，注意振动棒不能接触面板。布料要均匀，防止模板受力不均。落在模板上的灰浆和混凝土要及时清理。

三、钢筋施工

主梁就地浇筑的钢筋施工与其他结构的钢筋施工相比，具有钢筋规格和数量较多、面积大、预应力管道多、预埋件多等特点。

（一）钢筋进场

钢筋来料后，必须出具出厂质量证明书和试验报告单，并及时进行钢筋抽检，钢筋力学性能合格后方可进场，进场后钢筋按类型堆放，钢筋下面垫枕木等与地面悬空，标明钢筋的名称、型号、产地、检验情况等。

（二）钢筋去污、调直

钢筋表面油渍、漆污、浮皮、铁锈用人工除净。对于锈蚀严重损伤的钢筋，应降级使用。

对于粗钢筋局部弯折可用自行加工的 F 形矫正工具矫正，对于细钢筋或弯曲的粗钢筋可用卷扬机进行调直。

（三）钢筋下料成型

根据箱梁钢筋设计图，箱梁钢筋在钢筋加工房用钢筋加工机械加工成型。加工钢筋的允许偏差应符合规范要求。

（四）钢筋接长

根据下料实际情况，可以将短节钢筋接长使用。对于钢筋直径大于 10mm、小于 25mm 的钢筋一般采用闪光对焊接长，也可采用搭接焊、坡口焊形式进行接长。钢筋直螺纹连接技术是近年发展较快的一种钢筋接长工艺，推广较快。钢筋接头按照要求进行抽检，检验合格后才能使用。

（五）成型钢筋堆放

钢筋加工完成后，按照设计图纸的尺寸和规格堆放钢筋，钢筋下面垫设枕木、上盖彩条布，设置标识牌，标明钢筋尺寸、用处及数量，避免出现钢筋错用。

（六）钢筋运输

加工好的钢筋用吊车分类吊放入运输车，运输到施工现场。在现场临时堆放要求同上。

（七）钢筋绑扎

主梁钢筋的绑扎应注意处理好与预应力、预埋件、模板对拉杆等的先后顺序和空间关系，防止返工或造成不必要的施工困难。若普通钢筋与预应力筋位置冲突，应适当调整普通钢筋位置，保证预应力筋位置准确。

箱梁钢筋绑扎的顺序为：底板钢筋绑扎、预应力管道安装→腹板及横隔梁钢筋绑扎、预应力管道安装→顶板（含翼板）钢筋绑扎、预应力管道安装。需要指出的是，如果在运输、吊装条件许可的情况下，可先在桥下将部分钢筋对接或拼成网片单元，以减少桥上工作量，加快施工进度。

钢筋骨架保护层垫块采用预制混凝土垫块或塑料垫块，其厚度及强度按设计要求确定。安装时，垫块按梅花形布置，间距约 1m，底板和顶板适当加密；垫块的固定要牢固。垫块表面应洁净，颜色应与结构混凝土外表一致。

钢筋绑扎完成，需按照规范和设计要求验收后方可进行下道工序施工。

（八）预埋件安装

主梁钢筋施工时必须注意护栏、伸缩缝、支座、泄水管、通信电缆、防雷接地等预埋件的预埋，并确保位置准确、固定稳妥。

四、混凝土施工

就地浇筑混凝土施工具有混凝土用量大、面积大、强度高、分层布料要求严、外观要求高的特点，一般采用泵送施工工艺。

（一）混凝土配合比的要求

主梁混凝土配合比设计时一般应考虑如下因素。

(1) 应优先考虑低水化热水泥，如矿渣水泥。采用与墩柱同厂家、同品牌水泥，使混凝土外观颜色一致。

(2) 粗集料：含泥量、粉屑、有机物质和其他有害物质不得超过设计规定的数值，集料应具有良好的级配，以达到水泥用量低、混凝土强度稳定、和易性好的目标。同时，粗集料的最大粒径还应满足规范对于钢筋净距、泵送要求的最小值。

(3) 细集料：细集料是混凝土中影响敏感性的原材料之一，直接影响着混凝土的和易性和强度。如细集料偏粗，则和易性差，泌水性大；如偏细，比表面积大，细集料的选用根据试配试验决定。

(4) 夏季、冬季施工时，分别采用砂石料降温、热水拌和等措施控制混凝土的出仓温度，同时对混凝土运输车和泵管分别采取降温和保温措施，减少混凝土水分和坍落度的损失。

(5) 双掺技术：在混凝土中加入外加剂和粉煤灰，一般采用缓凝早强外加剂满足混凝土的施工性能要求，以粉煤灰（有时也用矿粉）替代部分水泥，可降低水化热、增加混凝土的和易性。

(6) 主梁就地浇筑混凝土的一般要求如下。

①混凝土缓凝时间：按照混凝土运输、浇筑条件、工艺以及单次混凝土浇筑最大用量等确定。

②坍落度：依钢筋的疏密程度、泵送距离和设备性能等的差异来确定混凝土坍落度，在满足施工要求的情况下不宜过大，以减少模板系统的压力和减少混凝土的收缩和徐变。一般控制在 14 ~ 18cm。

③ 7 天强度：应达到设计强度 90% 以上，便于及时张拉、拆模、拆除支架，加快施工进度。

（二）混凝土就地浇筑

主梁混凝土由拌和站集中拌制，混凝土泵布料、浇筑。在路上距离较远时，需经混凝土罐车运输至浇筑现场，再泵送施工。水上主梁就地浇筑时，可直接将水上拌和站移位至需浇筑跨进行混凝土浇筑。

混凝土浇筑前，对支承系统、模板、钢筋、波纹管及其他预埋件进行认真检查。混凝土浇筑过程中，必须对支架系统全过程监控，发现问题及时处理，并为后续施工提供参考。

主梁混凝土可一次浇筑完成，浇筑顺序为：纵桥向由每跨跨中向两端浇筑，避免跨中挠度变形导致接缝处出现裂纹。横桥向混凝土浇筑顺序：底板→腹板、横梁→顶板（含翼板）；也可水平分两次浇筑：第一次浇筑底板和腹板（含横梁），凿毛，第二次浇筑顶板（含翼板）。

浇筑底板混凝土时，在顶板底模上沿纵桥向按一定的距离（约 5m）预留混凝土下料口，当底板浇筑完毕，及时补上下料口处的模板，并加固加撑。人从预留施工入孔穿到箱室内进行底板混凝土振捣收平，室内如有多余混凝土，要及时进行清除。

腹板混凝土采取分层浇筑，分层厚度为 30 ~ 50cm，并注意及时覆盖，以免造成混凝土浇筑冷缝。注意根部放大脚处的混凝土振捣，防止欠振或漏振，但也不能振捣过度而导致压模板上浮，或混凝土翻出压模板，在底板堆积。

当浇筑顶板混凝土时，要严格控制主梁顶面高程，一般主梁顶有较薄的防水混凝土层或其他调平层，高程严格控制在规范和设计范围以内，以满足桥面铺装层厚度要求。主梁顶表面的混凝土应压实抹平，并在其初凝前作拉毛处理，以便与上层调平层良好连接。

混凝土振捣一般采用插入式振捣器进行振捣。振捣时，应避免振捣器碰撞模板、钢筋、波纹管及其他预埋件。混凝土振捣应密实，不漏振、欠振或过振。

（三）混凝土养护

混凝土浇筑完初凝后，要及时进行养护。养护方法要适应施工季节的变化：一般情况下采用覆盖洒水养护，使混凝土表面5～7天之内保持潮湿状态。冬期施工气温较低时，混凝土表面进行覆盖保温保湿养护，必要时采取加热升温的方法。

（四）施工缝处理

主梁采用分段逐跨浇筑施工工艺，为了保证施工接缝处连接良好，在分段处端模拆除后，对端面混凝土进行人工凿毛，确保80%的粗集料露出表面，满足要求后用高压水冲洗干净，在下段混凝土浇筑时，可以在端头接缝混凝土表面刷一层水泥净浆。

进行水平分层浇筑时，在第一次混凝土达到规范规定强度后，及时进行水冲洗凿毛或人工、风动机凿毛，要求相同，并在下次混凝土浇筑时的施工缝位置铺一层10～20mm的1：2的水泥砂浆。

（五）混凝土施工中的其他注意事项

（1）在施工过程中，尽量优化方案，严格控制施工荷载，防止局部施工荷载超标造成支架安全性降低。

（2）主梁混凝土浇筑过程中，严格按照浇筑顺序进行，对称均匀施工，防止支架及模板局部受力过大而不安全。

（3）混凝土浇筑过程中，要派专人检查模板及支架安全情况，测量人员对支架及地基的沉降及变形进行监测。

（4）雨季施工时，做好支架基础处的排水设施，特别加强混凝土施工时的监测力度，确保支架的安全。

（5）预应力锚板位置处的钢筋密集，要加强混凝土振捣，使混凝土密实，确保预应力张拉安全。

五、预应力施工

（一）预应力施工程序

主梁预应力采用后张法施工工艺，预应力筋一般以钢绞线为主，布置在底板纵向和顶板纵向、横向。主梁预应力施工顺序为：波纹管及锚垫板安装、固定(与钢筋绑扎同时进行)→混凝土浇筑→锚具安装、千斤顶安装→预应力束张拉→孔道压浆→封锚。对于预应力筋管道曲率半径较小、浇筑混凝土后穿束困难或预应力束需接长的情况，可采取先穿法工艺，即在混凝土浇筑前穿好钢绞线束。

预应力张拉顺序按照设计要求确定，一般为先纵向后横向，对称施加预应力。

（二）波纹管的卷制安装

主梁预应力孔道采用金属波纹管或塑料波纹管成孔。金属波纹管采用专用卷制机将钢带卷制而成，用量大时可现场加工，随卷随用。塑料波纹管近年被逐步推广使用，具有强度大、刚度强、不易变形的优点，但价格较贵。波纹管卷制成型后，应取样进行径向刚度、抗渗漏试验，合格后方可使用。波纹管采取分段下料、现场安装接长，接长采用大一号的波纹管套接，各接头处使用防水胶布缠裹严密，以防漏浆。

波纹管按设计给定的曲线要素安设，位置要准确，采用“井”字形架立钢筋固定预应力钢束。用于纵向预应力钢绞线定位的“井”字形架立钢筋，在直线段一般按100cm间距设置，曲线段加密按50cm的间距设置；用于横向预应力钢绞线定位的架立钢筋，一般按100cm间距设置。波纹管安装过程中，当受到普通钢筋的影响时，应适当调整普通钢筋的位置。

若采取普通压浆工艺，每根波纹管按要求设置排气管，排气管采用 ϕ20mm的黑胶管或钢丝软管。安装好的排气管根据波纹管进行编号，并从主梁的顶板、底板及腹板引出。

安装好的波纹管要注意保护，在钢筋绑扎、混凝土浇筑过程中，不得踏压波纹管；不得在没有防护的情况下在波纹管的上方或附近进行电焊或气割作业。

混凝土浇筑前，应进行隐蔽工程验收。仔细检查波纹管的位置、数量、接头质量及固定情况；检查直管是否顺直，弯管是否顺畅；检查波纹管是否被破坏，发现问题应及时处理。

（三）锚垫板安装

锚垫板进场时，应按要求进行检查验收，抽检实验合格后才能使用。

锚垫板安装位置要准确，安装与孔道垂直，定位完成后，及时固定。安装好的锚垫板尾部与波纹管套接，波纹管套入锚垫板的深度不小于10cm。其接缝填塞严密，并用防水胶布缠裹。锚垫板口及预留孔内用棉纱或其他材料填塞，并用防水胶布封闭。

（四）钢绞线下料、安装及接长

钢绞线进场后，按规范要求进行验收，对其强度、延伸量、弹性模量及外形尺寸进行检查、测试，合格后才能使用。

钢绞线按设计要求的长度（根据施工实际要求来确定张拉工作长度）进行下料，砂轮切割机切割。下好料的钢绞线堆放整齐，并采取防雨、防潮措施，存放时间不宜过长。

在钢绞线端头套上“子弹头”，人工穿入管道内。用于接长的钢绞线一端要先挤压锁头器（P锚），在每联的第二跨开始用连接器接长。顶板横向预应力钢束一般为单端张拉，不张拉的一端须轧花（H锚）。

（五）锚具及千斤顶准备

锚板、夹片在使用前必须通过检查验收，合格后分类保存；千斤顶和油压表应配套使用，千斤顶与配套油表频率（6个月或200次）按照规范要求，及时进行标定。预应力束一般采用穿心式千斤顶张拉，张拉最大拉力不得超过千斤顶吨位的80%。

预应力锚具及千斤顶安装时，先清理锚垫板及钢绞线，然后分别安装锚板、夹片、限位板、千斤顶、工具锚板及工具夹片。

（六）预应力束张拉

张拉时，主梁混凝土的强度应符合设计要求，设计未规定时，不应低于设计强度等级值的75%。

较大工程的现浇连续主梁一般为双向预应力体系。主梁预应力束张拉顺序一般为：先张拉纵向预应力束，后张拉横向预应力束。纵向预应力束张拉顺序为：先张拉腹板预应力束，后张拉顶、底板预应力束，并以主梁中心线为准对称张拉，腹板预应力束由高处向低处顺序张拉，顶、底板顶应力束先中间后两边。

预应力筋的实际伸长值ΔL的计算公式如下：

$$\Delta L=\Delta L_1+\Delta L_2$$

式中：ΔL_1为从初应力至最大控制应力间的实测伸长值，mm；ΔL_2为初应力以下的推算伸长值，mm。

预应力束张拉采用张拉吨位与伸长量双控的方法，当张拉吨位达到控制吨位时，实际延伸量应在理论引伸量的 –6% ~ +6% 范围内。

预应力束在张拉控制应力达到稳定后锚固，其锚具用封端混凝土保护，锚固后的预应力束外露长度不得小于 30mm，多余的预应力钢绞线用砂轮切割机割除。

预应力钢束张拉时要尽量避免出现滑丝、断丝现象，确保在同一截面上的断丝率不大于 1%，而且限定一根钢绞线不得断丝两根。

张拉注意事项如下。

(1) 张拉设备设专人保管使用，并定期检验、标定、维护；锚具应保持干净并不得有油污。

(2) 张拉前检查锚具锥孔与夹片之间、锚垫板喇叭口内有无杂物。

(3) 每次夹具安装好后必须及时张拉，以防其在张拉前生锈而影响锚固性能。

(4) 在混凝土浇筑前要在主梁顶设测量观测点，以观测混凝土浇筑前后及预应力张拉前后的高程变化。

(5) 当两束或两束以上钢束的位置相互影响张拉时，必须征求设计、监理工程师的同意方可适当挪动钢绞线束位置或加大槽口的深度。

（七）孔道压浆

预应力束张拉完成，即进行孔道压浆，并保证压浆质量。

目前预应力管道压浆有传统工艺和真空辅助压浆两种工艺。真空辅助压浆工艺与传统压浆（压力压浆）工艺相比，多了一个真空泵对预应力管道抽空气的工序，其具体作用如下：传统压浆预应力管道内含有气泡和有害成分的雨水，容易造成孔隙或预应力筋腐蚀，影响混凝土内在质量；另外，可能存在压浆不密实、不饱和现象，容易产生孔隙，为工程留下隐患。真空辅助压浆工艺能够将预应力管道内的气泡或含有有害成分的雨水抽出，可以消除气泡、减少有害水分锈蚀预应力筋，使浆体充满整个孔道。由于真空辅助压浆对压浆泵、管道、锚具和操作要求均较高，一般仅在重点工程中推广使用。对于预应力管道长度较短（30m 以内）的一般工程，仍习惯采用传统压浆工艺，但在操作工艺上需严格控制。

1.浆液的主要技术要求

压浆采用普通硅酸盐水泥配制的水泥浆，其主要的技术要求如下。

（1）水泥浆的强度应达到设计强度。

（2）水灰比宜控制在 8：9，稠度宜控制在 14～18Pa·s。

（3）泌水率最大不得超过 3%，拌和后 3h 泌水率宜控制在 2%，泌水应在 24h 内重新全部被浆吸回。

（4）水泥浆里宜掺入适当的减水剂和膨胀剂。

2.传统压浆工艺压浆操作要点

（1）张拉工序完成后，用砂浆或水泥净浆封堵锚头外面钢绞线，使压浆时水泥浆不会从钢绞线与锚头缝隙中流出。封堵砂浆具有一定强度后，在压浆端安装压浆管清洗管道准备压浆。

（2）压浆前，用高压水将孔道冲洗干净，然后用空气机压缩空气将孔道内的积水排除。

（3）压浆先压注下层孔道，并从低处压浆孔压入。

（4）压浆应缓慢、均匀、连续地进行。

（5）压浆的最大压力宜为 1.0MPa，并确保孔道的另一端饱满出浆，出浆的稠度应满足规定要求。操作过程中，当出浆口排出的水泥浆很浓时，关闭出浆口，并稳压 2min 以上。当从压浆孔拔出喷嘴后，立即用木塞塞住。

（6）每次调制好的水泥浆应连续搅拌，并在 30～45min 内用完。

（7）夏天施工期间，如气温高于 35℃，压浆在夜间进行；冬季孔道压浆应在正常温度下进行，同时压浆过程中及压浆后 48h 内，结构混凝土温度不得低于 5℃。

（8）压浆结束后，立即用高压水对主梁被污染的表面进行冲洗，防止遗漏的浮浆黏结，影响混凝土黏结质量。

3.真空辅助压浆工艺

真空辅助压浆前，检查主要压浆设备包括拌浆机、压浆泵、真空泵等的完好情况。张拉完成后，将多余的钢绞线用砂轮机切除，钢绞线剩余长度 3～4cm。安装封锚盒（用钢板焊接而成），用高强度等级的水泥砂浆对需压浆的锚头进行封

堵，人工振捣，保证封锚密实。封锚密实是真空辅助压浆的一道关键工序，如封锚不密实，管道抽取真空时达不到真空度，影响压浆效果。

封锚强度达到5MPa（24h左右）后，就可以进行真空辅助压浆。将压浆阀、排气阀全部关闭，抽真空阀打开，启动真空阀抽真空，当真空压力表达到-0.08MPa时，停泵约1min，如果压力表读数不变，表示孔道达到且能维持真空。

采用高速搅拌机搅拌水泥浆，在开始压浆前对稠度进行检测，在压浆过程中，不定期对稠度进行抽测。

真空压浆具体操作步骤如下。

（1）水泥浆搅拌均匀后，经过一层过滤网，送入储浆罐，再由储浆罐引到压浆泵，在压浆泵高压橡胶管出口打出浆体，直到出来的浆体与压浆泵的浆体浓度一样时关掉压浆泵，然后将高压橡胶管接到孔道压浆管，绑扎牢固。

（2）关闭压浆阀，启动真空泵，当真空值达到并维持在-0.06～0.1MPa时，打开压浆阀，启动压浆泵，开始压浆。压浆过程中，真空泵应保持连续工作。压浆时要保证从低端压进，高端压出。

（3）待真空端的透明胶管有浆体经过时，关闭真空泵前端的真空阀，关闭真空泵，水泥浆会自动从“止回排气阀”中顺畅流出，当稠度与灌入的浆体相同时，关闭抽真空端的阀门。

（4）压浆泵继续工作，压力达到0.6MPa左右，持压1min，完成排气泌水，使管道内浆体密实饱满，完成压浆，关闭压浆泵及压浆阀门。

为了较准确测定实际压浆量，在压浆泵出口安装流量计，每根管道实际压浆量根据流量计读数确定，然后将每根波纹管理论压浆量，与实际压浆量进行比较，必须保证实际压浆量略大于理论压浆量。

压浆完成后，拆卸外接管路，清洗真空泵的空气滤清器及管路阀门，清洗压浆泵、搅拌机及所有沾有水泥浆的设备和附件。

（八）封锚

压浆完成后，对需封锚的部位及时进行混凝土浇筑。封锚施工时，先对锚具周围的主梁混凝土进行人工凿毛，冲洗干净后，设置钢筋网、支立模板并浇筑混凝土。封锚混凝土的强度应符合设计要求。

六、质量检验

（一）基本要求

(1) 所用的水泥、砂、石、水、外掺剂及混合材料的质量和规格必须符合有关规范要求，按规定的配合比施工。

(2) 支架和模板的强度、刚度、稳定性应满足施工技术规范的要求。

(3) 预计的支架变形及地基的下沉量应满足施工后梁体设计高程的要求，必要时应采取对支架预压的措施。

(4) 梁（板）体不得出现露筋和空洞现象。

(5) 预埋件的设置和固定应满足设计和施工技术规范的规定。

（二）实测项目

就地浇筑梁（板）实测项目见表3-9。

表3-9　就地浇筑梁（板）实测项目

<table>
<tr><th>项次</th><th colspan="2">检查项目</th><th>规定值或偏差</th><th>检查方法和频率</th><th>权值</th></tr>
<tr><td>1</td><td colspan="2">混凝土强度 /MPa</td><td>在合格标准内</td><td>按 JTG F80/1—2004 附录 D 检查</td><td>3</td></tr>
<tr><td>2</td><td colspan="2">轴线偏位 /mm</td><td>10</td><td>全站仪或经纬仪：测量 3 处</td><td>2</td></tr>
<tr><td>3</td><td colspan="2">梁（板）顶面高程 /mm</td><td>± 10</td><td>水准仪：检查 3 ~ 5 处</td><td>1</td></tr>
<tr><td rowspan="4">4</td><td rowspan="4">断面尺寸 /mm</td><td>高度</td><td>± 5，−10</td><td rowspan="4">尺量：每跨检查 1 ~ 3 个断面</td><td rowspan="4">2</td></tr>
<tr><td>顶宽</td><td>± 30</td></tr>
<tr><td>箱梁底宽</td><td>± 20</td></tr>
<tr><td>顶、底、腹板或梁肋厚</td><td>± 10，0</td></tr>
<tr><td>5</td><td colspan="2">长度 /mm</td><td>± 5，−10</td><td>尺量：每块梁（板）</td><td>1</td></tr>
<tr><td>6</td><td colspan="2">平整度 /mm</td><td>8</td><td>2m 直尺：各侧面每 10m 梁长测一处</td><td>1</td></tr>
</table>

（三）外观鉴定

(1) 混凝土表面平整，颜色一致，无明显施工接缝。不符合要求时，每处减 1 ~ 3 分。

(2) 混凝土不得出现蜂窝麻面，如出现必须修整，并减 1 ~ 2 分。

(3) 混凝土表面出现非受力裂缝，减 1 ~ 3 分，裂缝宽度超过设计规定，或当设计未规定时，超过 0.15mm 必须处理。

(4) 封锚混凝土应密实、平整，不符合要求时，减 2 ~ 4 分。

(5) 梁体内的建筑垃圾、杂物、临时预埋件等应清理干净，不符合要求时，减 1 ~ 3 分。

第四章　工程项目管理

第一节 工程项目施工准备工作

工程项目施工准备工作是生产经营管理的重要组成部分，是对拟建工程目标、资源供应和施工方案的选择，其空间布置和时间排列等诸方面进行的施工决策。

工程项目施工准备工作是为了保证工程顺利开工和施工活动正常进行而必须提前做好的一切工作。它是施工程序中的重要环节，不只存在于开工之前，而是贯穿在整个施工过程之中。

（一）施工准备工作的重要性

(1) 施工准备工作是生产经营管理的重要组成部分。现代企业管理的理论认为，企业管理的重点是生产经营，而生产经营的核心是决策。工程项目施工准备工作是生产经营管理的重要组成部分，是对拟建工程目标、资源供应和施工方案的选择，及其空间布置和时间排列等诸方面进行的施工决策。它是施工企业搞好目标管理和推行技术经济承包的重要依据。

(2) 施工准备工作是工程项目施工得以顺利进行的根本保证。施工准备工作的基本任务是为拟建工程的施工建立必要的技术和物质条件，统筹安排施工力量和施工现场。现代工程施工是十分复杂的生产活动，其技术规律和社会主义市场经济规律要求工程施工必须严格按建筑施工程序进行。只有认真做好施工准备工作，积极为拟建工程创造工程开工和顺利施工的条件，才能取得良好的建设效果。

(3) 做好施工准备工作，可以起到降低施工风险的作用。就工程项目施工的特点而言，其生产受外界干扰及自然因素的影响较大，因而施工中可能遇到的风险就多。只有充分做好施工准备工作，采取预防措施，加强应变能力，才能有效地降低风险损失。

(4) 做好施工准备工作，有利于提高企业经济效益。认真做好工程项目施工准备工作，能调动各方面的积极因素，对于发挥企业优势、合理供应资源、加快施工速度、提高工程质量、降低工程成本、增加企业经济效益、赢得企业社会信誉、实现企业管理现代化等具有重要的意义。

实践证明，凡是重视施工准备工作、积极为拟建工程创造一切施工条件的，其工程的施工就会顺利地进行；凡是不重视施工准备工作的，就会给工程的施工带来麻烦和损失，甚至给工程施工带来灾难，其后果不堪设想。

（二）施工准备工作的分类

1.按工程项目施工准备工作的范围分类

(1) 全场性施工准备。它是以一个建筑工地为对象而进行的各项施工准备。其特点是它的施工准备工作的目的、内容都是为全场性施工服务的，它不仅要为全场性的施工活动创造有利条件，而且要兼顾单位工程施工条件的准备。

(2) 单位工程施工条件准备。它是以一个建筑物或构筑物为对象而进行的施工条件准备工作。其特点是它的准备工作的目的、内容都是为单位工程施工服务的，它不仅为该单位工程在开工前做好一切准备，而且要为分部分项工程做好施工准备工作。

(3) 分部分项工程作业条件的准备。它是以一个分部分项工程或冬季、雨季施工为对象而进行的作业条件准备。

2.按拟建工程所处的施工阶段分类

(1) 开工前的施工准备。它是在拟建工程正式开工之前所进行的一切施工准备工作。其目的是为拟建工程正式开工创造必要的施工条件。它既可能是全场性的施工准备，又可能是单位工程施工条件的准备。

(2) 各施工阶段前的施工准备。它是在拟建工程开工之后，每个施工阶段正式开工之前所进行的一切施工准备工作。其目的是为施工阶段正式开工创造必要的施工条件。

如道路工程的施工，一般可分为路基工程、路面工程、排水工程、防护工程等施工阶段，每个施工阶段的施工内容不同，所需要的技术条件、物资条件、组织要求和现场布置等方面的准备也不同，因此，在每个施工阶段开工之前，都必须做好相应的施工准备工作。

施工准备工作既要有阶段性，又要有连贯性，因此，施工准备工作必须有计划、有步骤、分期地和分阶段地进行，要贯穿拟建工程整个生产过程。

（三）施工准备工作的内容

工程项目施工准备工作按其性质及内容分类，通常包括技术准备、物资准备、劳动组织准备、施工现场准备和施工场外准备。

1.技术准备

技术准备是施工准备的核心。由于任何技术的差错或隐患都可能引起人身安全和质量事故，造成生命、财产的巨大损失。因此，必须认真地做好技术准备工作。具体有如下内容。

(1) 熟悉、审查施工图纸和有关的设计资料。

①熟悉、审查施工图纸的依据。

a. 建设单位和设计单位提供的初步设计或扩大初步设计 (技术设计)、施工图设计、建筑总平面、土方竖向设计和城市规划等资料文件。

b. 调查、搜集的原始资料。

c. 设计、施工验收规范和有关技术规定。

②熟悉、审查设计图纸的目的。

a. 能够按照设计图纸的要求顺利地进行施工，生产出符合设计要求的最终建筑产品 (建筑物或构筑物)。

b. 能够在拟建工程开工之前，使从事建筑施工技术和经营管理的工程技术人员充分地了解和掌握设计图纸的设计意图、结构与构造特点和技术要求。

c. 通过审查发现设计图纸中存在的问题和错误，使其改正在施工开始之前，为拟建工程的施工提供一份准确、齐全的设计图纸。

③熟悉、审查设计图纸的内容。

a. 审查拟建工程的地点、建筑总平面图同国家、城市或地区规划是否一致，以及建筑物或构筑物的设计功能和使用要求是否符合卫生、防火及美化城市方面的要求。

b. 审查设计图纸是否完整、齐全，以及设计图纸和资料是否符合国家有关工程建设的设计、施工方面的方针和政策。

c. 审查设计图纸与说明书在内容上是否一致，以及设计图纸与其各组成部分之间有无矛盾和错误。

d. 审查建筑总平面图与其他结构图在几何尺寸、坐标、标高、说明等方面是否一致，技术要求是否正确。

e. 审查工业项目的生产工艺流程和技术要求，掌握配套投产的先后次序和相互关系，以及设备安装图纸与其相配合的土建施工图纸在坐标、标高上是否一致，掌握土建施工质量是否满足设备安装的要求。

f. 审查地基处理与基础设计同拟建工程地点的工程水文、地质等条件是否一致，以及建筑物或构筑物与地下建筑物或构筑物、管线之间的关系。

g. 明确拟建工程的结构形式和特点，复核主要承重结构的强度、刚度和稳定性是否满足要求，审查设计图纸中的工程复杂、施工难度大和技术要求高的分部分项工程或新结构、新材料、新工艺，检查现有施工技术水平和管理水平能否满足工期和质量要求，并采取可行的技术措施加以保证。

h. 明确建设期限、分期分批投产或交付使用的顺序和时间，以及工程所用的主要材料、设备的数量、规格、来源和供货日期。

i. 明确建设、设计和施工等单位之间的协作、配合关系，以及建设单位可以提供的施工条件。

④熟悉、审查设计图纸的程序：熟悉、审查设计图纸的程序通常分为自审阶段、会审阶段和现场签证等三个阶段。

a. 设计图纸的自审阶段。施工单位收到拟建工程的设计图纸和有关技术文件后。应尽快组织有关的工程技术人员熟悉和自审图纸，写出自审图纸的记录。自审图纸的记录应包括对设计图纸的疑问和对设计图纸的有关建议。

b. 设计图纸的会审阶段。一般由建设单位主持，由设计单位和施工单位参加，三方进行设计图纸的会审。图纸会审时，首先，由设计单位的工程主设人向与会者说明拟建工程的设计依据、意图和功能要求，并对特殊结构、新材料、新工艺和新技术提出设计要求；然后，施工单位根据自审记录以及对设计意图的了解，提出对设计图纸的疑问和建议；最后，在统一认识的基础上，对所探讨的问题逐一地做好记录，形成图纸会审纪要，由建设单位正式行文，参加单位共同会签、盖章，作为与设计文件同时使用的技术文件和指导施工的依据，以及建设单位与施工单位进行工程结算的依据。

c. 设计图纸的现场签证阶段。在拟建工程施工的过程中，如果发现施工的条件与设计图纸的条件不符，或者发现图纸中仍然有错误，或者因为材料的规格、质量不能满足设计要求，或者因为施工单位提出了合理化建议，需要对设计图纸进行及时修订时，应遵循技术核定和设计变更的签证制度，进行图纸的施工现场签证。如果设计变更的内容对拟建工程的规模、投资影响较大时，要报请项目的原批准单位批准。在施工现场的图纸修改、技术核定和设计变更资料，都要有正式的文字记录，归入拟建工程施工档案，作为指导施工、竣工验收和工程结算的依据。

（2）原始资料的调查分析：为了做好施工准备工作，除了要掌握有关拟建工程的书面资料外，还应该进行拟建工程的实地勘测和调查，获得有关数据的第一手资料，这对于拟定一个先进合理、切合实际的施工组织设计是非常必要的，因此应该做好以下几个方面的调查分析。

① 自然条件的调查分析：建设地区自然条件的调查分析的主要内容有以下几方面。

a. 地区水准点和绝对标高等情况。

b. 地质构造、土的性质和类别、地基土的承载力、地震级别和裂度等情况河流流量和水质、最高洪水和枯水期的水位等情况。

c. 地下水位的高低变化情况，含水层的厚度、流向、流量和水质等情况。

d. 气温、雨、雪、风和雷电等情况。

e. 土的冻结深度和冬雨季的期限等情况。

② 施工条件的调查分析：建设地区技术施工条件的调查分析的主要内容有：地方建筑施工企业的状况；施工现场的动迁状况；地方能源和交通运输状况；地方劳动力和技术水平状况；当地生活供应、教育和医疗卫生状况；当地消防、治安状况和参加施工单位的能力状况。

③ 材料、设备调查：材料费占工程项目建安费的50%左右，设备费尤其是高等级公路的设备费占比较大，因此，工程造价计算的准确程度与材料单价关系很大，必须认真、准确地调查。

对工程所在地的材料供应、管理部门和大型建材市场等进行多方面的调查，并多方搜集市场动态，掌握价格的发展趋势，并与公路（交通）工程定额（造价管理）站发布的材料价格信息进行比较，查验有无较大的差异，以便与工程建设主管部门或建设单位商定较为合理的价格。对于地方性的砂、石材料，重点是根据设计人员确定的料场，进行料场价格调查。

进行调查时要根据预算定额所规定的材料规格，结合工程项目实际情况，确定调查的内容，如供应地点、出厂价或市场价、运距、运输方式、运价、装卸费、路况及其他费用等。

通过调查，掌握地方可利用的地方材料、国拨材料、自采材料供应状况及设备情况。

④ 其他资料的调查。

a. 有关文件的收集：现行《公路工程基本建设项目投资估算编制办法》(JTG M20—2011)、《公路工程估算指标》(JTG/T 21—2011) 和《公路工程基本建设项目概算预算编制办法》(JTG B06—2007) 是编制公路工程造价文件的指标法规。由于公路工程的特殊性，各地区交通厅 (局) 又根据本地区的实际情况，编制了本地区的“补充规定”及有关的政策文件。故在调查资料收集中，首先在当地定额站收集这方面的文件。调查者应熟练掌握这些“补充规定”及有关的政策文件，以便在以后的调查中有针对性地对其进行补充，同时防止采用过时作废的文件。

b. 人工工资、施工机械养路费、车船使用税：人工费单价是由交通部、各省、自治区、直辖市交通主管部门发布的价格信息，一般是按施工企业不同的隶属关系规定的，并由公路 (交通) 工程定额 (造价管理) 站具体负责贯彻执行。因此，如何取定人工费单价应与建设工程的主管部门或建设单位共同商定。同时，要调查了解有无地区生活补贴等应予增加的人工费用内容。

机械养路费和车船使用税的外业调查要搜集国家、各省、自治区、直辖市对于机械养路费和车船使用税的有关文件和规定，了解清楚费用的征收标准。哪些机械应征收，哪些机械免征，以及计征办法，有关机械的年工作台班，计算吨位等，为计算机械台班养路费和车船使用税提供依据。一般应向当地交通局或有关征收单位了解。

c. 土地、青苗等补偿费和安置补助费：主要调查被征用的土地最近连续三年内各类农作物的产量、播种面积、农 (副) 产品的单价以及人均土地亩数。在调查单价时，不但要调查主要产品的价格，还要调查副产品的价格，如小麦，不但要调查麦子的价格，还要调查麦秆的价格等。一般应向当地统计局或土地局了解。

d. 拆迁调查：拆迁路线范围内，所有建筑物、树木等都要进行调查。建筑物不但包括地面以上的，还包括埋在地面以下的建筑物，如水管、电缆等，以便采取必要的工程措施。

e. 主、副食供应及运输调查：由于公路施工是线性工程，多为偏僻无路的地方，给施工队伍购买主副食带来不便，为减轻施工人员的生活负担，故将此部分运费计入工程费用内。因此要调查主、副食，煤，生活用水等的供应地点，距离，如有几个供应点，应调查各点供应数量的比重，以便计算综合里程。

f. 临时工程调查：临时工程包括设施和临时工程。临时设施系指各种生活、生产用房、工作便道、人行便桥、临时用水、用电的水管支线、电力支线和其他小型临时设施等。其所需费用，根据不同的工程项目、不同的地区类别，以费率形式进行计算。

临时工程包括电力、电讯、汽车便道、便桥等，要根据工程项目所确定的施工方案和路线所经现场的实际情况，确定预制厂、沥青混合料、水泥混凝土集中拌和的拌和场，现场管理机构、施工工点等的位置和范围，以此确定临时占地数量和各种临时工程数量。

g. 路线交叉调查：当公路与铁路、水利设施发生交通干扰时，就会同有关单位协调解决的方案，所发生的工程费用可由被干扰一方提出预算，或由建设单位根据协商方案计算费用，列入公路概、预算文件，并就签订协议书，关于公路与公路、公路与大车道等交叉，则只填写调查表，不必签订协议书。

h. 施工阶段调查时，还应了解当地民风民俗、村规民约等情况，以利组织施工管理和职工教育，从而确保与地方关系的和睦协调和文明施工。

(3) 编制施工图预算和施工预算。

①编制施工图预算：施工图预算是技术准备工作的主要组成部分之一，这是按照施工图确定的工程量、施工组织设计所拟定的施工方法、建筑工程预算定额及其取费标准，由施工单位编制的确定建筑安装工程造价的经济文件，它是施工企业签订工程承包合同、工程结算、建设银行拨付工程价款、进行成本核算、加强经营管理等方面工作的重要依据。

②编制施工预算：施工预算是根据施工图预算、施工图纸、施工组织设计或施工方案、施工定额等文件进行编制的，它直接受施工图预算的控制。它是施工企业内部控制各项成本支出、考核用工、“两算”对比、签发施工任务单、限额领料、基层进行经济核算的依据。

(4) 编制施工组织设计：施工组织设计是施工准备工作的重要组成部分，也是指导施工现场全部生产活动的技术经济文件。建筑施工生产活动的全过程是非常复杂的物质财富再创造的过程，为了正确处理人与物、主体与辅助、工艺与设备、专业与协作、供应与消耗、生产与储存、使用与维修以及它们在空间布置、时间排列之间的关系，必须根据拟建工程的规模、结构特点和建设单位的要求，在原始资料调查分析的基础上，编制出一份能切实指导该工程全部施工活动的科学方案（施工组织设计）。

2.物资准备

材料、构（配）件、制品、机具和设备是保证施工顺利进行的物资基础，这些物资的准备工作必须在工程开工之前完成。根据各种物资的需要量计划，分别落实货源，安排运输和储备，使其满足连续施工的要求。

(1) 物资准备工作的内容：物资准备工作主要包括建筑材料的准备，构（配）件和制品的加工准备，建筑安装机具的准备和生产工艺设备的准备。

①建筑材料的准备：建筑材料的准备主要是根据施工预算进行分析，按照施工进度计划要求，按材料名称、规格、使用时矿材料储备定额和消耗定额进行汇总，编制出材料需要量计划，为组织备料、确定仓库、场地堆放所需的面积和组织运输等提供依据。

②构（配）件、制品的加工准备：根据施工预算提供的构（配）件、制品的名称、规格、质量和消耗量，确定加工方案和供应渠道以及进场后的储存地点和方式，编制出其需要量计划，为组织运输、确定堆场面积等提供依据。

③建筑安装机具的准备：根据采用的施工方案，安排施工进度，确定施工机械的类型、数量和进场时间，确定施工机具的供应办法和进场后的存放地点和方式，编制建筑安装机具的需要量计划，为组织运输、确定堆场面积等提供依据。

④生产工艺设备的准备：按照拟建工程生产工艺流程及工艺设备的布置图提出工艺设备的名称、型号、生产能力和需要量，确定分期分批进场时间和保管方式，编制工艺设备需要量计划，为组织运输、确定堆场面积提供依据。

(2) 物资准备工作的程序。

①根据施工预算、分部（项）工程施工方法和施工进度的安排，拟定国拨材料、统配材料、地方材料、构（配）件及制品、施工机具和工艺设备等物资的需要量计划。

②根据各种物资需要量计划，组织货源，确定加工、供应地点和供应方式，签订物资供应合同。

③根据各种物资的需要量计划和合同，拟运输计划和运输方案。

④按照施工总平面图的要求，组织物资按计划时间进场，在指定地点，按规定方式进行储存或堆放。

3.劳动组织准备

劳动组织准备的范围既有整个建筑施工企业的劳动组织准备，又有大型综合的拟建建设项目的劳动组织准备，也有小型简单的拟建单位工程的劳动组织准备。这里仅以一个拟建工程项目为例，说明其劳动组织准备工作的内容如下。

(1) 建立拟建工程项目的领导机构：施工组织机构的建立应遵循以下原则：根据拟建工程项目的规模、结构特点和复杂程度，确定拟建工程项目施工的领导机构人选和名额；坚持合理分工与密切协作相结合；把有施工经验、有创新精神、有工作效率的人选入领导机构；认真执行因事设职、因职选人的原则。

(2) 建立精干的施工队组：施工队组的建立要认真考虑专业、工种的合理配合，技工、普工的比例要满足合理的劳动组织，要符合流水施工组织方式的要求，确定建立施工队组（是专业施工队组，或是混合施工队组），要坚持合理、精干的原则；同时制订出该工程的劳动力需要量计划。

(3) 集结施工力量、组织劳动力进场：工地的领导机构确定之后，按照开工日期和劳动力需要量计划，组织劳动力进场；同时要进行安全、防火和文明施工等方面的教育，并安排好职工的生活。

(4) 向施工队组、工人进行施工组织设计、计划和技术交底：施工组织设计、计划和技术交底的目的是把拟建工程的设计内容、施工计划和施工技术等要求，详尽地向施工队组和工人讲解交代。这是落实计划和技术责任制的好办法。

施工组织设计、计划和技术交底的时间应在单位工程或分部分项工程开工前及时进行，以保证工程严格地按照设计图纸，施工组织设计、安全操作规程和施工验收规范等要求进行施工。

施工组织设计、计划和技术交底的内容有工程的施工进度计划、月（旬）作业计划；施工组织设计，尤其是施工工艺；质量标准、安全技术措施、降低成本措施和施工验收规范的要求；新结构、新材料、新技术和新工艺的实施方案和保证措施；图纸会审中所确定的有关部位的设计变更和技术核定等事项。交底工作应该按照管理系统逐级进行，由上而下直到工人队组。交底的方式有书面形式、口头形式和现场示范形式等。队组、工人接受施工组织设计、计划和技术交底后，要组织其成员进行认真的分析研究，弄清关键部位、质量标准、安全措施和操作要领。必要时应该进行示范，并明确任务及做好分工协作，同时建立健全岗位责任制和保证措施。

(5) 建立健全各项管理制度：工地的各项管理制度是否建立、健全，直接影响其各项施工活动的顺利进行。有章不循其后果是严重的，而无章可循更是危险的。为此必须建立、健全工地的各项管理制度。通常内容如下：工程质量检查与验收制度，工程技术档案管理制度，建筑材料（构件、配件、制品）的检查验收制度，技术责任制度，施工图纸学习与会审制度，技术交底制度，职工考勤、考核制度，工地及班组经济核算制度，材料出入库制度，安全操作制度，机具使用保养制度。

4.施工现场准备

施工现场是施工的全体参加者为夺取优质、高速、低消耗的目标，而有节奏、均衡连续地进行战术决战的活动空间。施工现场的准备工作，主要是为了给拟建工程的施工创造有利的施工条件和物资保证。其具体内容如下。

(1) 做好施工场地的控制网测量：按照设计单位提供的建筑总平面图及给定的永久性经纬坐标控制网和水准控制基桩，进行厂区施工测量，设置厂区的永久性经纬坐标桩，水准基桩和建立厂区工程测量控制网。

(2) 搞好“三通一平”工作：“三通一平”是指路通、水通、电通和平整场地。

①路通：施工现场的道路是组织物资运输的动脉。拟建工程开工前，必须按照施工总平面图的要求，修好施工现场的永久性道路（包括厂区铁路、厂区公路）以及必要的临时性道路，形成完整畅通的运输网络，为建筑材料进场、堆放创造有利条件。

②水通：水是施工现场生产和生活不可缺少的。拟建工程开工之前，必须按照施工总平面图的要求，接通施工用水和生活用水的管线，使其尽可能与永久性的给水系统结合起来，做好地面排水系统，为施工创造良好的环境。

③电通：电是施工现场的主要动力来源。拟建工程开工前，要按照施工组织设计的要求，接通电力和电信设施，做好其他能源（如蒸汽、压缩空气）的供应，确保施工现场动力设备和通信设备的正常运行。

④平整场地：按照建筑施工总平面图的要求，首先拆除场地上妨碍施工的建筑物或构筑物，然后根据建筑总平面图规定的标高和土方竖向设计图纸，进行挖

(填)土方的工程量计算，确定平整场地的施工方案，进行平整场地的工作。

(3)做好施工现场的补充勘探：对施工现场做补充勘探是为了进一步寻找枯井、防空洞、古墓、地下管道、暗沟和枯树根等隐蔽物，以便及时拟定处理隐蔽物的方案并实施，为基础工程施工创造有利条件。

(4)建造临时设施：按照施工总平面图的布置，建造临时设施，为正式开工准备好生产、办公、生活、居住和储存等临时用房。

(5)安装、调试施工机具：按照施工机具需要量计划，组织施工机具进场，根据施工总平面图将施工机具安置在规定的地点或仓库。对于固定的机具要进行就位、搭棚、接电源、保养和调试等工作。对所有施工机具都必须在开工之前进行检查和试运转。

(6)做好建筑构(配)件、制品以及材料的储存和堆放：按照建筑材料、构(配)件和制品的需要量计划组织进场，根据施工总平面图规定的地点和指定的方式进行储存和堆放。

(7)及时提供建筑材料的试验申请计划：按照建筑材料的需要量，及时提供建筑材料的试验申请计划，如钢材的机械性能和化学成分等试验；混凝土或砂浆的配合比和强度等试验。

(8)做好冬季、雨季施工安排：按照施工组织设计的要求，落实冬季、雨季施工的临时设施和技术措施。

(9)进行新技术项目的试制和试验：按照设计图纸和施工组织设计的要求，认真进行新技术项目的试制和试验。

(10)设置消防、保安设施：按照施工组织设计的要求，根据施工总平面图的布置，建立消防、保安等组织机构和有关的规章制度，布置安排好消防、保安等措施。

5.施工场外准备

施工准备除了施工现场内部的准备工作外，还有施工现场外部的准备工作。其具体内容如下。

(1)材料的加工和订货：建筑材料、构(配)件和建筑制品大部分均必须外购，工艺设备更是如此。因此，如何与加工部、生产单位联系，签订供货合同，搞好及时供应，对于施工企业的正常生产是非常重要；对于协作项目也是这样，除了要签订议定书之外，还必须做大量有关方面的工作。

(2) 做好分包工作和签订分包合同：由于施工单位本身的力量所限，有些专业工程的施工、安装和运输等均需要向外单位委托。根据工程量、完成日期、工程质量和工程造价等内容，与其他单位签订分包合同，保证按时实施。

(3) 向上级提交开工申请报告：完成材料的加工、订货、分包工作、签订分包合同等施工场外的准备工作后，应该及时地填写开工申请报告，并报上级批准。

（四）编写施工准备工作计划

为了落实各项施工准备工作，加强对其检查和监督，必须根据各项施工准备工作的内容、时间和人员，编制出施工准备工作计划（表4–1），并将责任落实到人，分工负责，做好施工前的各项准备工作，为工程顺利开工打下良好的基础。

表4–1　施工准备工作计划

序号	施工准备项目	简要内容	负责单位	负责人	起讫时间	备注

综上所述，各项施工准备工作不是分离的、孤立的，而是互为补充、相互配合的。为了提高施工准备工作的质量、加快施工准备工作的速度，必须加强建设单位、设计单位和施工单位之间的协调工作，建立健全施工准备工作的责任制度和检查制度，使施工准备工作有领导、有组织、有计划和分期分批地进行，贯穿整个施工过程。

第二节　公路工程施工项目进度控制

一、施工项目进度控制原理

施工项目进度控制是以现代科学管理原理作为其理论基础的，主要有系统原理、动态控制原理、信息反馈原理、弹性原理和封闭循环原理等。

（一）系统原理

系统原理就是用系统的概念来剖析和管理施工项目进度控制活动。进行施工项目进度控制应建立施工项目进度计划系统、施工项目进度组织系统。

1.施工项目进度计划系统

施工项目进度计划系统是施工项目进度实施和控制的依据。施工项目进度计划包括施工项目总进度计划、单位工程进度计划、分部分项工程进度计划、材料计划、劳动力计划、季度和月（旬）作业计划等。形成一个进度控制目标按工程系统构成、施工阶段和部位等逐层分解、编制对象从大到小、范围由总体到局部、层次由高到低、内容由粗到细的完整的计划系统。计划的执行则由下而上，从月（旬）作业计划、分项分部工程进度计划开始，逐级按进度目标控制，最终完成施工项目总进度计划。

2.施工项目进度组织系统

施工项目进度组织系统是实现施工项目进度计划的组织保证。施工项目的各级负责人，从项目经理、各子项目负责人、计划人员、调度人员、作业队长、班组长以及有关人员组成了施工项目进度组织系统。这个组织系统既要严格执行进度计划要求、落实和完成各自的职责和任务，又要随时检查、分析计划的执行情况，在发现实际进度与计划进度发生偏离时，能及时采取有效措施进行调整、解决。也就是说，施工项目进度组织系统既是施工项目进度的实施组织系统，又是施工项目进度的控制组织系统，既要承担计划实施赋予的生产管理和施工任务，又要承担进度控制目标，对进度控制负责，这样才能保证总进度目标的实现。

（二）动态控制原理

施工项目进度目标的实现是一个随着项目的施工进展以及相关因素的变化不断进行调整的动态控制过程。施工项目按计划实施，但面对不断变化的客观实际，施工活动的轨迹往往会产生偏差。当发生实际进度与计划进度超前或落后时，控制系统就要做出应有的反应：分析偏差产生的原因，采取相应的措施，调整原来计划，使施工活动在新的起点上按调整后的计划继续运行；当新的干扰影响施工进度时，再开始新一轮调整、纠偏。施工项目进度控制活动按这样的循环往复进行，直至预期计划目标实现。

（三）信息反馈原理

反馈是控制系统把信息输送出去，又把其作用结果返送回来，并对信息的再输出施加影响，起到控制作用，以达到预期目的。

施工项目进度控制的过程实质上就是对有关施工活动和进度的信息不断搜

集、加工、汇总、反馈的过程。施工项目信息管理中心要对搜集的施工进度和相关影响因素的资料进行加工分析，由领导做出决策后，向下发出指令，指导施工或对原计划做出新的调整、部署；基层作业组织根据计划和指令安排施工活动，并将实际进度和遇到的问题随时上报。每天都有大量的内外部信息、纵横向信息流进流出，因而必须建立健全一个施工项目进度控制的信息网络，使信息准确、及时、畅通，反馈灵敏、有力，以及能正确运用信息对施工活动有效控制，才能确保施工项目的顺利实施和如期完成。

（四）弹性原理

施工项目进度控制中应用弹性原理，首先表现在编制施工项目进度计划时，要考虑影响进度的各类因素出现的可能性及其变化的影响程度，进度计划必须保持充分弹性，要有预见性；其次是在施工项目进度控制中具有应变性，当遇到干扰，工期拖延时，能够利用进度计划的弹性，或缩短有关工作的时间，或改变工作之间的逻辑关系，或增减施工内容、工程量，或改进施工工艺、方案等有效措施，对施工项目进度计划及时地做出相应调整，缩短剩余计划工期，最后达到预期的计划目标。

（五）封闭循环原理

施工项目进度控制是从编制项目施工进度计划开始的，由于影响因素的复杂和不确定性，在计划实施的全过程中，需要连续跟踪检查，不断地将实际进度与计划进度进行比较，如果运行正常可继续执行原计划；如果发生偏差，应在分析其产生的原因后，采取相应的解决措施和办法，对原进度计划进行调整和修订，然后再进入一个新的计划执行过程。由计划、实施、检查、比较、分析、纠偏等环节组成的过程就形成了一个封闭循环回路。而施工项目进度控制的全过程就是在许多这样的封闭循环中得到有效的不断调整、修正与纠偏，最终实现总目标。

二、施工项目进度控制的措施

施工项目进度控制的措施主要有管理信息措施、组织措施、技术措施、合同措施和经济措施等，具体见表4-2。

表4-2　施工项目进度控制措施

措施种类	措施内容
管理信息措施	1. 建立对施工进度能有效控制的监测、分析、调整、反馈信息系统和信息管理工作制度 2. 随时监控施工过程的信息流，实现连续、动态的全过程进度目标控制
组织措施	1. 建立施工项目进度实施和控制的组织系统 2. 订立进度控制工作制度：检查时间、方法，召开、协调会议时间、人员等 3. 落实各层次进度控制人员、具体任务和工作职责 4. 确定施工项目进度目标，建立施工项目进度控制目标体系 5. 组织开展劳动竞赛，建立激励机制，对完成或超额完成生产任务的班组实行表扬和奖励，充分调动积极性
技术措施	1. 尽可能地采用先进施工技术、方法和新材料、新工艺、新技术，保证进度目标实现 2. 落实施工方案，在发生问题时，能适时调整工作之间的逻辑关系，加快施工进度
合同措施	1. 以合同形式保证工期进度的实现，即：工程招投标时，合同中要求工期的确定应科学合理和允许投标工期在平衡投标报价中发挥作用；工程进度款既是对施工单位履约程度的量化，又是推进项目运转的动力，在合同约定支付方式中加以体现，确保阶段性进度目标的顺利实现；合同约定中应明确合同工期顺延的申报条件和许可条件 2. 保持总进度控制目标与合同总工期相一致，分包合同的工期与总包合同的工期相一致 3. 供货、供电、运输、构件加工等合同规定的提供服务时间与有关的进度控制目标一致
经济措施	1. 落实实现进度目标的保证资金 2. 签订并实施关于工期和进度的经济承包责任制 3. 建立并实施关于工期和进度的奖惩制度

第三节　施工项目技术与质量控制

一、施工项目技术管理

（一）技术管理概述

1. 公路施工技术管理的概念

公路工程施工技术管理是指以合同条款和技术规范为依据，通过一定的组织系统，按照规定的程序，运用各种有效和必要的方法，使工程最终质量达到一定的标准，满足设计要求，实现设计目的的一系列管理活动。

公路工程施工技术管理一般指与技术保障、技术数据、技术文件有关的管理活动，通常包括施工机械设备选型配置、工程进度设计编制与控制、技术方案的选择和编制、施工过程中日常技术管理、工程测量管理、工程试验管理、工程变更管理、工程技术资料和档案管理等工作。

施工技术管理，在很大程度上决定着企业的经济效益、企业信誉乃至企业的存亡，因此一定要重视技术管理工作，而做好技术管理工作，应按科学的要求进行施工；应将技术管理工作与经济效益相结合，在保证质量的前提下，保证经济效益。

2.公路施工技术管理的特点

(1) 公路施工技术管理具有系统性。公路合同要求采用项目法施工，项目管理机构应是集工人、材料、工具为一体的实体项目部。然而在实施中为了便于管理，项目经理部结合工程的实际分布情况设置作业分部或工区，负责相应管段内的工程内容，并且公路工程大都地质或地形复杂，技术难度大，技术含量高。因此，公路项目的技术管理具有点多面广，技术复杂，资料烦琐等特点，需要多方合作才能完成(是全员参与的多方位的管理活动)。所以，系统的管理显得尤为重要。

(2) 技术管理具有及时性。施工现场的突发事件在施工过程中是经常发生的，尤其是地质多变，结构复杂的工程。因此，技术管理对施工中突发事件必须反应敏捷，处理要及时准确；对施工现场出现的施工隐患也必须周密思考、及时解决；对安全隐患的技术处理更要及时、准确，才能避免很多安全事故的发生。因此，技术管理具有及时性。

(3) 技术管理受合同管理的指导和制约。合同文件是制约甲、乙双方行为的准则，是甲、乙双方联系的纽带，准确、系统理解合同文件是对每一位参建管理者的基本要求，直接体现管理者水平高低，直接关系到企业的经济利益。因此，合同管理对施工技术管理具有极强的指导性、制约性。如何结合工程特点利用合同赋予承包人的权利，避免潜在亏损，就需要深入地研究和分析合同，通过有效的程序，挽回损失，为项目创效益。

3.公路施工技术管理的主要作用

施工技术管理在整个施工中的作用，主要有以下几个方面。

(1) 保证施工过程符合施工技术规范和合同文件的要求，使施工生产始终在设计文件和图纸规定的技术及技术标准的控制下，正常有序地进行，也就是说使工程始终处于可控状态。

(2) 通过技术管理，不断提高技术管理水平和施工人员素质。依据一定的管理程序，有目的地分析施工中可能存在的技术薄弱环节，从而能预见性地发现和处理问题，并预先采取有针对性的措施，把技术和质量事故隐患消灭在萌芽之中，保证工程施工质量。

(3) 通过对技术的动态管理，充分发掘施工中人工、材料及机械设备等资源的潜力，从而在保证工程质量和生产计划的前提下，努力降低工程成本，提高经济效益和提升市场竞争能力。

(4) 通过技术管理，积极研究、开发与推广新技术、新工艺、新材料、新设备，促进工程管理现代化，增加技术储备和技术积累，提高企业竞争能力。

4.施工技术管理的基本任务

(1) 正确贯彻国家各项技术政策和上级有关技术工作的指示与决定。

科学地组织各项技术工作力量的作用，大力开展技术革新和开发工作，不断采用新技术；开展全面质量管理，确保工程质量，组织安全生产和文明生产。

(2) 加强技术研究的组织和技术教育的开展，努力提高机械化施工水平，做好信息情报和技术资料的管理，促进技术管理工作现代化。

5.施工技术管理的原则

(1) 从企业实际管理情况和要求出发，正确贯彻国家规定的技术政策、规范和规程。

(2) 按技术规律要求和科学原理办事，对应用和推广的新技术以及新工艺、新材料创造和革新的成果等，要坚持经过试验做出技术鉴定的原则。

(3) 要全面考虑技术工作的经济效益。

（二）技术管理的基础工作

施工技术管理的基础是指为实现施工企业技术管理、实现技术管理的任务、创造技术管理的客观有利条件而应事先做好的一系列最基础的工作。其主要内容有以下几个方面。

(1) 建立和健全技术管理的组织机构和技术责任制，构筑完善的技术管理体系。建立与企业生产能力和规模相适应的一套技术管理机构，这是做好技术管理系统的基础。从公司到施工队各级组织都要有技术管理的职能机构和技术职能人员，明确各人职责；项目经理部应根据项目规模设项目技术负责人；项目经理部必须在企业总工程师和技术管理部门的指导下，建立技术管理体系。

(2) 贯彻和完善各种技术标准、规范和规程。技术标准、技术规范、技术规程是技术标准化的主要内容，是组织现代化施工的重要技术保证，是组织施工和检验、评定各种建筑材料技术性能以及工程质量的依据。

公路工程技术标准和技术规范是对公路工程的技术、质量标准、规格及其检验方法等做出规定，是公路设计和施工技术的依据。公路工程施工技术规程（包括操作规程）是技术标准、技术规范的具体化，是根据技术标准、技术规范的要求，对施工过程、操作方法、设备和工具的使用、施工安全技术要求等所作的具体规定。

由于地区操作方法和操作习惯不同，技术规程一般由地区或企业自行自定执行。制订技术规程时，必须严格按技术标准和技术规范的要求。总结生产实践经验，在合理利用企业现有生产技术条件的同时，尽可能地采用国内外成熟的先进经验，以促进企业生产技术的发展。贯彻执行技术标准、技术规范和技术规范的基本要求：组织全体职工学习各种有关技术标准、规范和规程以及要求，牢固地树立“百年大计，质量第一”的思想，自觉按照技术标准、规范和规程办事。加强技术监督和检查，发现违反技术标准、规范和规程的行为，任何施工管理人员都有权制止和纠正，对造成严重后果者要进行严肃处理。将技术标准、规范和规程作必要的分解和具体化，如对工程质量标准和操作规程，从原材料开始到每道工序、半成品和成品，对每一个具体工种的施工生产过程进行分解，从而规定出具体的要求，以便明确奋斗目标，落实到班组和个人。

(3) 不断提高职工的技术素质。要提高企业整个技术水平和生产能力，学习和掌握国内外有关先进技术经验，要开展科学技术研究和创新，落实技术标准、技术规范和技术规程，都必须不断提高全体职工文化程度和技术水平。为此，要经常组织职工学文化、学技术，组织技术的操作竞赛或进行必要的技术业务考核。只有这样，才能不断提高企业全体职工的技术素质水平，承担更重要、更复杂的施工生产任务。

(4) 做好信息情报和技术资料管理工作：技术信息情报工作主要要求做好对有关技术资料的收集、整理、报道、交流，有条件的也可以组织编写文摘、简介及翻译科技文献等。技术资料管理工作包括对技术文件和资料的收发、复制、修改、制定、审批、装订、会签、归档、保管、借用、保密等一系列环节进行系统的科学管理。保证技术文件完整性、正确性和及时性，组织有序的交流，及时满足施工生产的需要。

(5) 建立健全严格的技术管理制度：建立健全严格的技术管理制度把整个企业的技术管理工作科学的组织起来，是企业进行技术管理建立正常的生产技术秩序的一项重要工作。

①建立技术责任制：健全严格的技术管理制度是把企业各级生产组织的技术工作，纳入集中统一的轨道，保证企业各级组织的各种技术岗位都有技术人员负责，杜绝施工中责任不清或无人负责的现象，保证工程质量和经济效益。为了达到这个目的，必须建立各级技术领导：工程局或公司设总工程师、处室设主任工程师、施工队设技术队长，实行岗位责任制，使每个技术人员各有专职，各司其事，有职有权有责。

②建立图纸会审制度：图纸会审是一项极其严肃且重要的技术工作，认真做好图纸会审，对减少施工图纸中的差错，保证和提高工程质量有重要作用。

在图纸会审以前，施工单位必须组织人员学习施工图纸，熟悉图纸内容要求和特点，并由设计单位进行设计交底，以达到弄清设计意图，发现问题，消灭差错的目的。

图纸会审工作必须有组织、有领导、有步骤地进行，并按工程性质、规模大小、特殊要求，分别组织图纸会审。一般由建设单位负责组织，设计单位交底，施工单位参加，进行集体会审。

公司图纸会审的要点是全部设计图纸及说明是否齐全、清楚、明确，有无矛盾；施工的新技术及特殊工程和复杂设备的技术可行性和必要性；重点工程和具有普遍性工程的推行方法是否妥当；设计文件中提出的概算是否合理。

施工队图纸会审的要点是除细致审核细部尺寸及其研究操作上的问题外，还应对技术复杂、要求严格、施工操作困难的分部分项工程采取放大样、制作模型，或另绘大样图的方法进行核对；对缺乏经验的新技术、新结构，可先做实物试点，取得经验后进行施工。

(6) 编制相应的工程施工技术文件：工程施工技术文件主要包括实施阶段的总体施工组织设计、重大的施工组织设计、施工方案和施工技术措施，单项或分部工程的施工技术措施等。编制和优化施工方案时，应考虑到市场材料、技术、施工工艺和经济效益等因素；在编制施工方案后，还应对所编制的方案进行经济技术比较和质量、安全、进度与成本相结合的综合评估，确定最佳的施工方案。

(7) 建立技术交底制度：严格按照施工组织设计和施工方案施工。通过技术交底，使参与施工的单位和工程技术人员在施工前充分了解和熟悉设计图纸（文件)、施工方法及施工技术要求，便于合理和科学地组织安排施工，确保工程施工进度、施工质量和施工安全目标的实现。

技术交底工作应分级进行，分级管理。

凡技术复杂（包括推行新技术）的重点工程、重点部位，应由总工程师向主任工程师、技术队长及有关职能部门负责人交底，明确关键性的施工技术问题，主要项目施工方法和特殊工程的技术、材料，提出试验项目、技术要求及主要事项等内容。

普通工程应由主任工程师参照上述内容进行。

施工队一级的技术交底工作，由施工技术队长负责向技术人员、施工员、质量检察员、安全员以及班组长进行交代所承担的工程数量、要求期限、图纸内容、测量放样、施工方法、质量标准、技术措施、操作要求和安全措施等方面技术交底工作。

施工员向班组的交底工作，这是各级技术交底的关键。施工员向班组交底时，要结合具体操作部位，贯彻落实上级技术领导的要求，明确关键部位的质量要求、操作及注意事项，制订保证质量、安全的技术措施，对关键性项目、部位，新技术的推行项目应反复、细致地向操作组进行交底，必要时应做文字交底或示范操作。

(8) 建立施工测量、试验和工程变更管理制度：测量工作就是施工的起点，要求必须实行双校核、交叉检查，同时还要和施工点附近参照物进行比较核对。施工前应做好交接桩和施工复测工作，包括路基工程的导线、中线、水准点的复测，横断面检查、补测，构筑物定位点、水准点的增设等。施工测量必须严格操作制度，换手观测、认真校核，做到测量放线准确无误；测前应对设计进行转项校核，测中按规程操作，认真做好测量记录，测后仔细检查，完善测量资料。

试验工作不仅关系着施工质量，也关系着施工效益，主要包括验证试验、标准试验、工艺试验、抽样试验和验收试验，所有试验原始记录均应作为重要技术管理记录进行保管。

(9) 建立材料验收管理制度：购进原材料、配件时，应建立层层质量控制制度，凡用施工的原料，必须提供合格证明文件，对于没有合格证明的文件，在使用前都按规定进行抽查、复验，证明合格后，方可使用。

(10) 建立工程验收管理：在竣工验收时，应提交完整的施工原始记录、试验数据、分项工程自检数据等质量保证资料，并进行整理分析，其内容包括以下几个方面：所用材料、半成品和质量检验结果；材料配比和试验数据；地基处理和隐蔽工程施工记录；各项质量控制指标的试验记录和质量检验汇总表；施工过程中遇到的非正常情况记录等，这些内容都是竣工验收所需的资料，也是衡量技术管理工作好坏的一个硬指标。

(11) 建立做好工程技术档案与竣工图管理制度：施工单位在工程竣工验收后，应做好工程技术档案与竣工图的管理工作，其内容包括设计说明书、隐蔽工程验收记录、质量验收记录、竣工验收证书、技术档案鉴定验收和移交接收书，工程位置图、总平面图、施工结构图等。

(12) 建立科研创新奖励制度：以项目为载体，推广应用“四新技术”(新技术、新设备、新工艺、新材料)。紧紧围绕缩短工期、提高质量、降低成本，策划新技术应用示范工程。在吸取同行业先进经验、先进技术的基础上，积极开展技术攻关，创新施工技术、施工工艺，解决施工生产中遇到的难题。通过学习、推广应用新技术，在实践中不断总结提高，形成企业的技术优势，在企业内部建立和完善引进机制、应用机制、积累机制、交流机制、奖励机制。要从发展战略高度重新认识、开发和梳理对人才问题的认识，全面提高专业技术人才的科学素质和创新能力，并在实践中不断拓展技术创新的领域，创造更大的社会、经济效益。

（三）施工技术管理的内容

1.按施工技术管理的内容组成分

(1) 施工技术管理的主要内容有：开工报告、技术交底、施工测量、设计变更、工程施工测量设备管理、工程试验与检验、施工日志、隐蔽工程及检验批检查验收、内业资料及竣工文件管理。

(2) 其他技术管理工作的主要内容有：创优规划、合同与投标承诺管理、施工工艺设计与控制、技术风险管理、技术质量管理、工程质量验收管理、工期与进度管理、工业产品投产鉴定管理、成品与半成品防护、成本分析与控制、验工计价。

2.按施工阶段分

(1)施工技术准备阶段的重点内容。

① 工程项目资料交接：现场考察技术资料、投标答疑资料、投标文件、中标通知书、合同文件、与业主签订的协议、投标承诺、图纸等。

应注意的问题：注意检查交接资料是否齐全，并办理交接手续；保留一套完整的合同文件及设计图纸存档，以便今后编制竣工文件；根据需要给相关人员提供资料的复印件。

② 设计交桩及导线点复测：工程开工前，在业主（或监理）的主持下，由设计单位向施工单位进行交桩，交桩应在现场进行。设计单位将路线勘测时所设置的导线控制点、水准控制点及其他重要点位的桩位及相关技术资料逐一交给施工单位。

交桩应有交桩记录。在接受桩位时应注意观察桩位是否有移动、损坏甚至缺失现象，如有此类现象发生，应及时提出并提请设计单位进行补桩。接桩后安排专人负责，采取措施妥善保护。

项目接受导线控制点、水准控制点的桩位后，要及时对这些控制点进行复测，并将复测的结果报监理工程师审核批准，为下一步的控制测量做好准备。

③ 图纸复核：图纸复核应重点关注的问题有：是否符合现行相关技术标准、规范要求，有无重大原则错误；现有施工技术水平能否满足设计要求；是否符合现场和施工的实际条件；设计是否能够进一步优化；图纸本身有无矛盾；图纸中的工程数量表、材料表是否有错误；控制测量数据是否准确。

图纸复核工作应注意的问题：应组织参加施工的全体技术人员参与对图纸的复核，不能仅仅局限于几个人；在图纸复核的过程中要注意全面领会设计意图，不要轻易否定设计；注意结合现场条件进行图纸复核；要带着问题进行图纸复核，为设计交底和以后编制实施性施工组织设计及施工技术方案做准备，不要仅仅局限于工程量的复核。

④ 现场核对设计文件：现场核对包括以下几点：路线与构造物的总体布置、桥涵结构物形式等是否合理，相互之间是否有矛盾和错误；主要构造物的位置、尺寸、孔径是否恰当；新建的桥涵结构物等与原有道路、排水系统的衔接是否流畅；路线的高填深挖地段与设计是否有大的出入，是否合理；原有的灌溉、排水系统功能是否遭到破坏；对地质不良地段采取的技术处理措施是否恰当；设计

推荐或投标文件中编制的总体施工方案及临时设施、便道、便桥方案是否合理可行。

⑤ 为实施性施工组织设计和技术方案补充必要的现场调查资料：施工现场的地形、地貌；工程所在地的地质情况；水文情况调查；当地的气象情况；当地交通、电力、通信、文物、工程附近的建筑物对施工的干扰情况；当地的交通、运输条件；当地水电供应情况；地材供应情况；当地风俗习惯、医疗条件、通信条件、生活物资供应等情况；当地政府对建设工程颁布的相关管理规定。

⑥ 划分单位、分部、分项工程：项目划分单位、分部、分项工程有两种方法：按业主下发的文件或合同文件的规定划分；按《工程质量检验评定标准》划分。

两种方法以业主的要求为准，当业主没有要求时，按《工程质量检验评定标准》执行。

⑦ 建立控制测量网：测量工作就是施工的起点，要求必须实行双校核、交叉检查，同时还要和施工点附近参照物进行比较核对。施工前应做好交接桩和施工复测工作，包括路基工程的导线、中线、水准点的复测，横断面检查、补测，构筑物定位点、水准点的增设等。施工测量必须严格操作，换手观测、认真校核，做到测量放线准确无误；测前应对设计进行转项校核，测中按规程操作，认真做好测量记录，测后仔细检查，完善测量资料。

⑧ 建立项目试验或委托试验，并提前做好先期工程试验及配合比相关工作。

⑨ 提前做好机械、材料、设备计划，并提供有关的技术参数、质量要求和最早进场时间。

⑩ 编制实施性施工组织设计与技术方案。

⑪ 按业主要求和工程具体工作的需要，配备项目所需的技术标准、规范、规程及有关技术参数资料。

⑫ 开工前的技术培训和项目部岗位、职责的确定。

⑬ 其他技术准备工作。

(2) 工程项目施工阶段技术管理。

①开工报告的提报与审批。前期准备工作完成后，提报开工报告。建设项目开工日期，是指建设项目设计文件中规定的任何一项永久性工程第一次正式破土

开槽开始施工的日期；不需开槽的工程，以建筑物组成部分正式打桩日期作为开工日期。铁路建设项目一般均以开始进行土、石方工程日期作为正式开工日期。工程地质勘查、平整场地、旧建筑物的拆除、临时建筑、施工用临时道路和水电等施工不算正式开工。分期建设的项目分别按各期工程的开工时间来计算。

②技术交底。技术交底的目的是使全体施工人员了解设计意图，熟悉工程内容、特点、技术标准、施工方案、施工程序、工艺要求、质量标准、安全措施、工期要求，施工生产过程中应认真做好项目经理部向作业队、向班组作业人员及配合工种的技术交底工作。

③设计变更。设计变更是指自工程初步设计批准之日起至通过竣工验收正式交付使用之日止，对已批准的初步设计文件、技术设计文件或施工图设计文件所进行的修改、完善等活动。建设单位、监理单位主管部门应当加强对工程设计变更活动的监督管理。施工图的修改权为设计单位及项目设计者所拥有，施工单位只应按施工图进行施工。未经设计单位及项目设计负责人允许，施工单位无权修改设计。

现场（普遍）涉及设计变更的情况主要因素为：经过会审后的施工图，在施工过程中，发现施工图仍有差错与实际情况不符；或因施工条件发生变化与施工图的规定不符；或材料、半成品、设备等与原设计要求不符。

设计变更时变更的内容、手续及要求为：工程设计变更应当符合有关工程强制性标准和技术规范的要求，符合工程质量和使用功能的要求，符合环境保护的要求；设计变更分为重大设计变更、较大设计变更和一般设计变更，重大、较大设计变更实行审批制，经批准的设计变更一般不得再次变更；勘察设计、施工及监理等单位可以向项目法人提出工程设计变更的建议，设计变更的建议要以书面形式提出，并要注明变更理由；由于工程勘察设计、施工等有关单位的过失引起工程设计变更并造成损失的，有关单位应当承担相应的费用和相关责任；新工艺、新技术以及职工提出合理化建议等受到采纳，需要对原设计进行修改时，均需用《变更设计申请》向设计单位办理修改手续；重要工程部位及较大问题的变更必须由建设单位、设计和施工单位三方进行洽商，由设计单位修改，向施工单位签发《设计变更通知单》方为有效；如果设计工程做较大变更而影响了建设规模和投资标准，需报请原批准初步设计的主管单位同意后方可修改；《图纸会审纪要》《设计变更通知单》《技术联系单》等技术文件，都要有详细的文字记录，一并会成明细表归入工程档案，将作为施工和竣工结算的依据。

④测量管理。测量复核签认制基本要求如下。

a. 在测量工作的各个程序中实行双检制。测量队应核对有关设计文件和监理签认的控制网点测量资料，应由两人独立进行，核对结果应作记录并进行签认，成果经项目技术部门主管复核签认，项目总工审核签认后方可使用；测量外业工作必须有多次观测，并构成闭合检测条件。控制测量、定位测量和重要的放样测量必须坚持“两人两种方法”制度，坚持采用两种不同方法（或不同仪器）或换人进行复核测量。利用已知点进行引测、加点和施工放样前必须坚持“先检测后利用”的原则；测量后，测量成果必须采用两人独立平行计算进行相互校核，测量队对测量成果进行复核签认。

b. 各工点、工序范围内的测量工作，测量组应自检复核签认，分工衔接上的测量工作，由测量队进行互检复核和签认。

c. 项目测量队组织对控制网点和测量组设置的施工用桩及重大工程的放样进行复核测量，经项目技术部门主管进行检查签认，项目总工程师审核签认合格后，报驻地监理工程师审批认可。

d. 项目总工和技术部门负责人要对测量队执行测量复核签认制进行检查，并做好检查记录。测量记录与资料必须分类整理、妥善保管，作为竣工文件的组成部分归档，具体包括：项目交接桩资料、监理工程师提供的有关测量控制网点、放样数据变更文件；项目及各工点、各工序测量原始记录，观测方案布置图、放样数据计算书；测量内业计算书、测量成果数据图表；计量器具周期检定文件。控制测量、每项单位工程施工测量必须分别使用单项测量记录本。测量记录统一使用水平仪簿和经纬仪簿。一切原始观测值和记录项目在现场记录清楚，不得涂改，不得凭记忆补记、补绘。记录中不准连环更改，不合格时应重测。手簿必须填列页次，注明观测者、观测日期、起始时间、终止时间、气象条件、使用的仪器和类型及编号，并详细记载观测时的特殊情况。凡划去的观测记录，应注明原因，予以保存，不得撕毁。测量队应有专人管理原始记录和资料，建立台账，及时收集，按控制测量、单位工程分项整理立卷。项目工程完工，线路贯通竣工测量完成之后，测量队应将项目全部测量记录和资料档案，分类整理装订成册，上交项目技术部门，经验收合格后，双方办理交接手续。项目部按交工验收的要求将测量记录资料编入竣工文件。内业计算前应复查外业资料，核对起算数据。计算书要书面整洁，计算清楚，格式统一。计算者、复核者要签认。

⑤材料、构（配）件试验管理。

a. 原材料的验证试验：项目经理部必须严格控制工程进场材料的质量、型号、规格。根据材料部提供的有关资料，项目在采购材料之前，材料采购部门应填写《材料试验检验通知单》交项目委托试验室，由试验室指派试验人员配合材料采购人员到货源处取样，进行性能试验。经检验合格的材料，方可与供应方签订供应合同。试验室对进场的主要原材料按施工技术规范规定的批量和项目进行检测试验。对于进场的原材料，试验频次较多，试验人员按规定频率进行取样送样，取样要有代表性，绝不能弄虚作假，如现场出现质量事故会追责处理。没有出厂合格证或试验单的材料及型号规格与图纸要求不符合的材料，一律不得在工程上使用。一旦发现应及时向上级技术负责人反映，通报工地材料员和试验员，及时取样做试验，及时提供材质证明和试验单。进场的材料要做到材质证明随材料走，材质证明要与所代表材料相符，做好材料的标识。

b. 标准试验：标准试验是对各项工程的内在品质进行施工前的数据采集，它是控制和指导施工的科学依据，包括各种标准击实试验、集料的级配试验、混合料的配合比试验、结构的强度试验等。应按以下要求进行：在各项工程开工前合同规定或合理的时间内，应完成标准试验，并将试验报告及试验材料提交监理工程师中心试验室审查批准；监理工程师中心试验室应在承包人进行标准试验的同时或以后，平行进行复核（对比）试验，以肯定、否定或调整承包人标准试验的参数或指标。

c. 工艺试验：工艺试验是依据技术规范的规定，在动工之前对路基、路面及其他需要通过预先试验方法能正式施工的分项工程预先进行工艺试验（所谓的路基试验段），然后依其试验结果全面指导施工。工艺试验应按以下要求进行：提出工艺试验的施工方案和实施细则并报监理工程师审查批准；工艺试验的机械组合、人员配额、材料、施工程序、预埋观测以及操作方法等应有两种以上方案，以便通过试验做出选定；试验结束后应提交试验报告，并经监理工程师审查批准。

d. 构（配）件进场验证试验：对构件厂生产的预制构件，安装前应核验出厂合格证，内容包括构件型号、规格数量、出池或出厂强度、出厂日期；检验后，加盖检验合格章；安装后，在合格证上注明使用部位。对于有缺陷的构件处理。

如认为采取一定的措施认可使用，一定要在合格证上注明鉴定处理意见和使用部位，做好标识。

e. 试验、检测记录管理：试验室对试验检测的原始记录和报告应印成一定格式的表格，原始记录和报告要实事求是，字迹清楚，数据可靠，结论明确，同时应有试验、计算、复核、负责人签字及试验日期，并加盖试验专用公章。工程试验检测记录应使用签字笔填写，内容应填写完整，没有填写的地方应画"—"。原始记录是试验检测结果的如实记载，不允许随意更改，不许删减。原始记录如果需要更改，作废数据应画两条水平线，并将正确数据填在上方，同时加盖更改人印章。试验室所有的质量记录，根据合同规定要求向业主提供足够份数，其余质量记录由试验室装订成册上交公司档案室。当所有规定的工程原材料检验、过程检验和试验均已完成，试验室应将所有的试验记录、报告以及分项工程、分部工程和单位工程的评定结果等资料，按交工验收要求整理成册，准备交工验收。

（3）工程项目施工交竣工阶段技术管理。交竣工阶段内容如下：竣工验收准备；组织现场验收；移交竣工资料；办理交付手续。

（四）公路工程施工变更

公路工程建设项目规模大、工期长、技术复杂、涉及面广，由于主客观的原因，在施工中必然会出现工程变更。

1.公路工程变更的含义

在工程项目施工过程中，按照合同约定的程序对部分或全部工程在材料、工艺、功能、构造、尺寸、技术指标、工程数量及施工方法等方面做出的改变。工程变更不只是图纸内容的改变，材料替换、设备参数修改、施工方法的改变、功能调整、尺寸变化等都属工程变更范畴。

2.公路工程变更的依据与变更权限

工程变更程序必须遵循《公路工程设计变更管理办法》(交通部令2005年第5号)、《公路工程施工监理规范》(JTG G10—2016)、各地方关于公路工程设计变更的管理办法、项目招标文件、合同文件和项目公司管理的有关规定。

工程变更的权限必须遵循《公路工程设计变更管理办法》(交通部令2005年第5号)、《公路工程施工监理规范》(JTG G10—2016)、各地方关于公路工程设计变更的管理办法、项目招标文件、合同文件和项目公司管理的有关规定。

3.工程变更程序

设计单位根据业主设计委托书的要求进行设计，委托书一定要以书面形式给出。设计单位在完成施工图设计后，业主要组织把图纸送交专业职能部门和审图机构审核，审核通过后再把图纸交还业主。由业主组织设计、施工、监理，各方一起对图纸进行会审，尽可能把存在的问题都提出来进行研究和讨论，并由设计单位做出解答，形成文字资料作为日后施工依据。

施工单位按照施工图施工，但在工程实施过程中往往还会遇到许多预想不到的问题，工程实体与设计图纸，设备、材料确定过程与技术说明、参数要求都会有些变化，这些变更一定要经设计单位认可，给出工程变更通知后方可实施。

《公路工程施工监理规范》(JTG G10—2016) 中，明确规定了监理机构处理工程变更的相关程序。

4.公路工程变更的类型

(1) 施工单位所提出的工程变更。

①施工单位对图纸或设计说明有不明确的问题应向设计单位提出询问。

②施工单位提出技术修改，如对某些材料、设备参数的选用提出变更请求。

③施工单位对施工方法、施工议案提出修改。

④施工单位要求修改图纸。比如实际的管路走向与图纸不符时，管线交叉相互碰撞时，施工单位提出修改图纸。

⑤施工单位往往还会因材料采购、资金安排和人力组织方面的原因而提出变更施工组织设计施工方案的要求。

(2) 监理单位提出的工程变更。监理工程师有着丰富的专实践经验，在施工过程中他们经常在现场巡视，往往会发现工程中存在的问题，并提出工程变更建议。

(3) 设计单位提出的工程变更。在施工过程中，设计单位或其驻工地代表会对原设计中存在的问题提出设计修改和完善的建议。

(4) 建设单位提出的工程变更。

①业主和建筑承包商之间签订的合同，都会有或多或少的缺陷，缺陷将导致工程变更。

②业主改变工程结构形式。

③业主改变施工方案中的技术部分。

④为考虑市场因素，完善使用功能，或为了保证工程质量、降低工程造价，加快工程进度等原因，在施工过程中，业主往往也会提出工程变更要求。

(5) 政府及其职能部门等第三方引起的变更。

①公路工程建设项目，从项目报建、工程可行性研究、初步设计、施工图设计到施工，由于各种原因，项目的申报批复过程中，多少存在一些问题，这些问题起初往往被忽视，直到工程全面实施，才得以彻底显露，引起工程变更。

②政府和职能部门，在工程实施的过程中，可能根据国家新的法规、政策的变化，对项目提出新的要求，由此产生工程变更。

(6) 客观因素的限制引起的变更。水利、文物、铁路、城建、电力、电信、环保等市场价格会有变化，这些方面的原因，加之其他不可预见因素均可造成工程变更。

5.工程变更遵循的原则

工程变更应坚持高度负责的精神与严格的科学态度，对于工程变更，确保工程质量的前提下，节约用地、降低工程造价和加快施工进度等有需要时，就要考虑工程变更。将各方面的因素综合考虑，工程变更一般应遵循以下原则。

(1) 所做的变更，应该对提高工程质量和技术标准有利。

(2) 人文地理等不可预见因素导致原设计与现状不符时，设计方案必须变更。

(3) 采用新技术、新工艺解决特殊的技术问题，从而增进科技进步和提高工效。

(4) 有利于日后工程的养护或改善行车条件。

(5) 不降低设计技术标准和工程质量，能显著缩短工期和节省投资的。

(6) 必须保证使用功能，有利于保护环境。

(7) 不得肢解设计变更规避审批，经审批的设计变更一般不得再次变更。

(8) 对原设计方案进行优化时，在遵循上述原则的基础上应严格控制工程造价。

6.公路工程管理

无论是哪一方提出工程变更，都要填写表格履行工程变更手续，上交总监，由总监召集专业监理工程师进行审查，认为可行后，由业主报设计单位、设计单位签署意见或重新出图、总监发布工程变更令后方可交由施工单位执行。

二、施工项目质量控制体系

（一）质量控制概述

1.质量和工程质量

GB/T 19000—ISO 9000标准中有关质量的定义：一组固有特性满足要求的程度。

质量不仅是指产品质量，也可以是某项活动或过程的工作质量，还可以是质量管理体系运行的质量。质量是由一组固有特性组成，这些固有特性是指满足顾客和其他相关方的要求的特性，并由其满足要求的程度加以表征。特性可以是固有的或赋予的，可以是定性的或定量的。质量特性是固有的特性，并通过产品设计过程或体系设计和开发实现其属性。满足要求就是应满足明示的（如合同、规范、标准、技术、文件、图纸中明确规定的）、通常隐含的（如组织的惯例、一般习惯）或必须履行的（如法律、法规、行业规则）需要和期望。顾客和其他相关方对产品、过程或体系的质量要求是动态的、发展的和相对的。

建设工程质量简称工程质量。工程质量是指通过项目实施形成的工程实体的质量，是反映建筑工程满足相关标准规定或合同约定要求的，包括其在安全、使用功能及其在耐久性能、环境保护等方面所有的明显和隐含能力的特性总和。其特性主要表现在适用性、耐久性、安全性、可靠性、工程经济性以及与环境的协调性6个方面，彼此之间是相互依存的，总体而言，适用、耐久、安全、可靠、经济以及与环境的适应性，都是必须达到的基本要求，缺一不可。

工程项目的质量是项目建设的核心，是决定工程建设成败的关键，是实现三大控制目标（质量、投资、进度）的重点。

2.质量控制和工程项目质量控制

（1）质量控制。GB/T 19000—2016/ISO 9000标准中，质量控制的定义是：质量控制是质量管理的一部分，是致力于满足质量要求的一系列相关活动。这些活动主要包括设定标准、测量结果、评价、纠偏。

质量控制是在明确的质量目标和具体的条件下，通过行动方案和资源配置的计划、实施、检查和监督，进行质量目标的事前预控、事中控制和事后纠偏控制，实现预期质量目标的系统过程。

质量控制的工作内容包括了作业技术和活动，也包括专业技术和管理技术两个方面。

质量控制应贯穿产品形成和体系运行的全过程。

(2) 工程质量控制。工程项目质量总目标是由业主提出和决定的，参与各方均应满足业主要求的质量总目标。工程质量控制就是在项目实施的过程中项目参与各方致力于实现业主要求的项目质量总目标的一系列活动；即指致力于满足工程质量要求，也就是为了保证工程质量满足工程合同、规范标准所采取的一系列措施、方法和手段。工程质量要求主要表现为工程合同、设计文件、技术规范标准规定的质量标准。

工程项目质量控制包括建设、勘察、设计、施工工组、监理各方面的质量控制活动。

工程项目质量控制的任务就是对项目参与各方的工程质量行为及项目工程实体质量的设计质量、材料质量、设备质量、施工安装质量进行控制。施工质量控制是项目质量控制的重点。

工程质量控制按其实施主体不同，主要包括以下四个方面。

①政府的工程质量控制。政府属于监控主体，它主要是以法律法规为依据，工程报建、施工图设计文件审查、施工许可、材料设备准用、工程质量监督、重大工程竣工验收备案等主要环节进行的。

②工程监理单位的质量控制。工程监理单位属于监控主体，它主要是受建设单位的委托，代表建设单位对工程实施全过程进行的质量监督和控制，包括勘察设计阶段质量控制、施工阶段质量控制，以满足建设单位对工程质量的要求。

③勘察设计单位的质量控制。勘察设计单位属于自控主体，它是以法律、法规及合同为依据，对勘察设计的整个过程进行控制，包括工作程序、工作进度、费用及成果文件所包含的功能和使用价值，以满足建设单位对勘察设计质量的要求。

④施工单位的质量控制。施工单位属于自控主体，它是以工程合同、设计图纸和技术规范为依据，对施工准备阶段、施工阶段、竣工验收交付阶段等施工全过程的工作质量和工程质量进行的控制，以达到合同文件规定的质量要求。

工程质量控制按工程质量形成过程，包括全过程各阶段的质量控制，主要为以下几方面。

①决策阶段的质量控制。

②工程勘察设计阶段的质量控制。

③工程施工阶段的质量控制。

3.质量管理

GB/T 19000—2016对质量管理的定义是：在质量方面指挥和控制组织的协调的活动。在质量方面指挥和控制活动，通常包括制定质量方针和质量目标以及质量策划、质量控制、质量保证和质量改进。

质量方针是指由组织的最高管理者正式发布的该组织总的质量宗旨和方向。它体现了该组织（项目）的质量意识和质量追求，组织内部的行为准则，也体现了顾客的期望和向顾客做出的承诺。质量方针是总方针的组成部分，由最高管理者批准。

质量目标是指在质量方面所追求的目的，它是落实质量方针的具体要求，它从属于质量方针，应与利润目标、成本目标、进度目标等相协调。质量目标必须明确、具体，尽量用定量化的语言进行描述，保证质量目标容易被沟通和理解。质量目标应分解落实到各部门及项目的全体成员，以便于实施、检查、考核。

质量管理的定义可以说明，质量管理是企业（项目）围绕着使产品质量能满足不断更新的质量要求而开展的策划、组织、计划、实施、检查和监督、审核等所有管理活动的总和。它是企业（项目）各级职能部门领导的职责，而由企业最高领导（或项目经理）负全责，应调动与质量有关的所有人员的积极性，共同做好本职工作，才能完成质量管理的任务。

4.质量管理体系

GB/T 19000—2016对质量管理体系的定义是：在质量方面指挥和控制组织的管理体系。质量管理体系是实施质量方针和目标的管理系统，其内容要以满足质量目标的需要为准，它是一个有机整体，强调系统性和协调性，它的各个组成部分是相互关联的。质量管理体系把影响质量的技术、管理、人员和资源等因素加以组合，在质量方针的指引下，为达到质量目标而发挥效能。

工程质量责任体系包括以下几点。

(1) 建设单位的质量责任。

①建设单位对其自行选择的设计、施工单位发生的质量问题承担相应责任。

②建设单位按合同的约定负责采购供应的建筑材料、建筑构配件和设备，应符合设计文件和合同要求，对发生的质量问题，应承担相应的责任。

(2) 勘察、设计单位的质量责任：勘察、设计单位必须按照国家现行的有关规定、工程建设强制性技术标准和合同要求进行勘察、设计工作，并对所编制的勘察、设计文件的质量负责。

(3) 施工单位的质量责任：施工单位对所承包的工程项目的施工质量负责。实行总承包的工程，总承包单位应对全部建设工程质量负责。建设工程勘察、设计、施工、设备采购的一项或多项实行总承包的，总承包单位应对其承包的建设工程或采购设备的质量负责；实行总分包的工程，分包应按照分包合同约定对其分包工程的质量向总承包单位负责，总承包单位与分包单位对分包工程的质量承担连带责任。

(4) 工程监理单位的质量责任：工程监理单位应依照法律、法规以及有关技术标准、设计文件和建设工程承包合同，与建设单位签订监理合同，代表建设单位对工程质量实施监理，并对工程质量承担监理责任。监理责任主要有违法责任和违约责任两个方面。如果工程监理单位故意弄虚作假，降低工程质量标准，造成质量事故的，要承担法律责任。若工程监理单位与承包单位串通，牟取非法利益，给建设单位造成损失的，应当与承包单位承担连带赔偿责任。如果监理单位在责任期内，不按照监理合同约定履行监理职责，给建设单位或其他单位造成损失的，属违约责任，应当向建设单位赔偿。

(5) 建筑材料、构配件及设备生产或供应单位的质量责任：建筑材料、构配件及设备生产或供应单位对其生产或供应的产品质量负责。

5.工程质量政府监督管理体制及管理职能

(1) 监督管理体制。国务院建设行政主管部门对全国的建设工程质量实施统一监督管理。国务院铁路、交通、水利等有关部门按国务院规定的职责分工，负责对全国的有关专业建设工程质量的监督管理。县级以上地方人民政府建设行政主管部门对本行政区域内的建设工程质量实施监督管理。县级以上地方人民政府交通、水利等有关部门在各自职责范围内，负责本行政区域内的专业建设工程质量的监督管理。

政府的工程质量监督管理具有权威性、强制性、综合性的特点。

(2) 管理职能。

①建立和完善工程质量管理法规。

②建立和落实工程质量责任制。

③建设活动主体资格的管理。

④工程承发包管理。

⑤控制工程建设程序。

6.影响施工质量的因素

施工质量的影响因素主要有人、材料、机械、方法及环境五大方面，即4M1E。施工过程中对这五方面的因素进行严格控制，是保证施工质量的关键工作。

(1) 人的因素：起决定性作用，施工质量控制的基本出发点。人是直接参与施工的决策者、管理者和作业者。人的因素影响主要是指上述人员的质量意识和质量活动能力对施工质量造成的影响。在质量管理中，人的因素起决定性的作用。所以，施工质量控制应以控制人的因素为基本出发点。

(2) 材料的因素：材料质量是工程质量的基础，材料的因素是提供工程质量的重要保证。材料包括工程材料和施工用料，又包括原材料、成品、半成品、构配件等。各类材料是工程施工的物资条件，材料质量不符合要求，工程质量就不可能符合标准。所以加强材料的质量控制，是提高工程质量的重要保证。

(3) 机械的因素：机械设备包括工程设备、施工机械和各类施工工器具。工程设备是指组成工程实体的工艺设备和各类机具，如电梯、泵机、通风空调设备等，它们是工程项目的重要组成部分，其质量的优劣，直接影响工程使用功能的质量。施工机械设备是指施工过程中使用的各类机具设备，包括运输设备、操作工具、测量仪器、计量器具以及施工安全设施等。施工机械设备是工程项目实施的重要物质基础，合理选择和正确使用施工机械设备是保证施工质量的重要措施。

①设备构成工程实体。其质量的优劣直接影响工程使用功能的发挥。

②施工机械是施工过程中使用的各类机具，是工程项目实施的物质基础。

③施工机械的合理选择是保证施工质量的重要基础。

(4) 方法的因素 (施工方法)。方法主要是指施工技术方案、施工工艺、施工技术措施。

（5）环境的因素。环境因素对施工质量的影响具有复杂多变以及不确定性的特点。

环境的因素主要包括现场自然环境因素、施工质量管理环境因素和施工作业环境因素。

环境因素包括三部分：现场自然环境因素、施工质量管理环境因素、施工作业环境因素。

①现场自然环境因素。主要指工程地质、水文、气象条件和周边建筑、地下障碍物以及其他不可抗力等对施工质量的影响因素。

②施工质量管理环境因素。主要指施工单位质量保证体系、质量管理制度和各参建施工单位之间的协调等因素。

③施工作业环境因素。主要指施工现场的给排水条件，各种能源介质供应，施工照明、通风、安全防护设施、施工场地空间条件和通道，以及交通运输和道路条件等。这些条件是否良好，直接影响施工能否顺利进行以及施工质量能否得到保证。

（二）工程项目质量控制体系

1.全面质量管理思想和方法的应用

（1）全面质量管理（TQC）的思想：TQC 是 20 世纪中期开始在欧美和日本广泛应用的质量管理理念和方法。我国从 20 世纪 80 年代开始引进和推广全面质量管理，其基本原理就是强调在企业或组织最高管理者的质量方针指引下，实行全面、全过程和全员参与的质量管理。

TQC 的主要特点是：以顾客满意为宗旨；领导参与质量方针和目标的制订；提倡预防为主、科学管理、用数据说话等。

①全面质量管理：建设工程项目的全面质量管理，是指项目参与各方所进行的工程项目质量管理的总称，其中包括工程（产品）质量和工作质量的全面管理。工作质量是产品质量的保证，工作质量直接影响产品质量。建设单位、监理单位、勘察单位、设计单位、施工总承包单位、施分包单位、材料设备供应商等，任何一方、任何环节的怠慢疏忽或质量责任不落实都会对建设工程质量造成不利影响。

②全过程质量管理：全过程质量管理，是指根据工程质量的形成规律，从源

头抓起，全过程推进。应用“过程方法”进行全过程质量控制。要控制的主要过程有：项目策划与决策过程，勘察设计过程，设备材料采购过程，施工组织与实施过程，检测设施控制与计量过程，施工生产的检验试验过程，工程质量的评定过程，工程竣工验收与交付过程，工程回访维修服务过程等。

③全员参与质量管理：按照全面质量管理的思想，组织内部的每个部门和工作岗位都承担相应的质量职能，组织的最高管理者确定了质量方针和目标，就应组织和动员全体员工参与到实施质量方针的系统活动中去，发挥自己的角色作用。开展全员参与质量管理的重要手段就是运用目标管理方法，将组织的质量总目标逐级进行分解，使之形成自上而下的质量目标分解体系和自下而上的质量目标保证体系，发挥组织系统内部每个工作岗位、部门或团队在实现质量总目标过程中的作用。

(2) 质量管理的 PDCA 循环：在长期的生产实践和理论研究中形成的 PDCA 循环，是建立质量管理体系和进行质量管理的基本方法。从某种意义上说，管理就是确定任务目标，并通过 PDCA 循环来实现预期目标。每一循环都围绕着实现预期的目标，进行计划、实施、检查和处置活动，随着对问题的解决和改进，在一次一次的滚动循环中逐步上升，不断增强质量管理能力，不断提高质量水平。每一个循环的四大职能活动相互联系，共同构成了质量管理的系统过程。

①计划 P：计划由目标和实现目标的手段组成，所以说计划是一条“目标—手段链”。质量管理的计划职能，包括确定质量目标和制订实现质量目标的行动方案两方面。实践表明，质量计划的严谨周密、经济合理和切实可行，是保证工作质量、产品质量和服务质量的前提条件。

建设工程项目的质量计划，是由项目参与各方根据其在项目实施中所承担的任务、责任范围和质量目标，分别制订质量计划而形成的质量计划体系。其中，建设单位的工程项目质量计划，包括确定和论证项目总体的质量目标，制订项目质量管理的组织、制度、工作程序、方法和要求。项目其他各参与方，则根据国家法律法规和工程合同规定的质量责任和义务，在明确各自质量目标的基础上，制订实施相应范围质量管理的行动方案，包括技术方法、业务流程、资源配置、检验试验要求、质量记录方式、不合格处理及相应管理措施等具体内容和做法的质量管理文件，同时也须对其实现预期目标的可行性、有效性、经济合理性进行分析论证，并按照规定的程序与权限，经过审批后执行。

②实施 D：实施职能在于将质量的目标值，通过生产要素的投入、作业技术活动和产出过程，转换为质量的实际值。为保证工程质量的产出或形成过程能够达到预期的结果，在各项质量活动实施前，要根据质量管理计划进行行动方案的部署和交底；交底的目的在于使具体的作业者和管理者明确计划的意图和要求，掌握质量标准及其实现的程序与方法。在质量活动的实施过程中，则要求严格执行计划的行动方案，规范行为，把质量管理计划的各项规定和安排落实到具体的资源配置和作业技术活动中去。

③检查 C：指对计划实施过程进行各种检查，包括作业者的自检、互检和专职管理者专检。各类检查也都包含两大方面：一是检查是否严格执行了计划的行动方案，实际条件是否发生了变化；二是检查计划执行的结果，即产出的质量是否达到标准的要求，对此进行确认和评价。

④处置 A：对于质量检查所发现的质量问题或质量不合格，及时分析原因，采取必要的措施，予以纠正，保持工程质量形成过程的受控状态。处置分为纠偏和预防改进两个方面。前者是采取有效措施，解决当前的质量偏差、问题或事故；后者是将目前质量状况信息反馈到管理部门，反思问题症结或计划的不周，确定改进目标和措施，为今后类似质量问题的预防提供借鉴。

2.施工企业质量管理体系的建立和认证

(1) 质量管理原则的意义：对一个组织管理者，若想成功地领导和经营其组织，需采用一种系统的、透明的方式对其组织进行管理。针对所有相关方的需求，实施并保持持续改进组织业绩的管理体系，可以使组织获得成功。一个组织的管理涉及多方面，如质量管理、环境管理、职业健康与安全管理、财务管理等。质量管理是组织各项管理的内容之一，也是组织管理的重要组成部分。

(2) 质量管理原则的内容。

①以顾客为中心：在当今的经济活动中，任何一个组织都要依存于他们的顾客。组织或企业由于满足或超过了自己顾客的需求，从而获得继续生存下去的动力和源泉。以顾客为中心，不断通过 PDCA 循环进行持续的质量改进来满足顾客的需求。

②领导作用：现场质量管理的领导者应该确立统一的宗旨和方向，创造并保持使职工能充分参与实现企业目标的内部环境。领导在企业的质量管理中起着决定性的作用。

③全员参与：各级人员都是组织之本，只有全员充分参加，才能使他们的才干为组织带来收益。产品质量是产品形成过程中全体人员共同努力的结果，其中也包含着为他们提供支持的管理、检查、行政人员的贡献。企业领导应对员工进行质量意识等各方面的教育，激发他们的积极性和责任感，为其能力、知识、经验的提高提供机会，发挥创造精神，鼓励持续改进，给予必要的物质和精神奖励，使全员积极参与，为达到让顾客满意的目标而奋斗。

而全员参与的核心是调动人的积极性，当每个人的才干得到充分发挥并能实现创新和持续改进时，组织将会获得最大收益。

④过程方法：将相关的资源和活动作为过程进行管理，可以更高效地得到期望的结果。过程方法的原则不仅适用于某些简单的过程，也适用于由许多过程构成的过程网络。ISO 9000族标准建立在一个过程控制的基础上，对可以进行测量、检查的机会和控制点实行测量、检测和管理，便能控制过程的有效实施。过程方法的原则不仅适用于某些较简单的过程，也适用于由许多过程构成的过程网络。

⑤系统管理：将相互关联的过程作为系统加以识别、理解和管理，有助于组织提高实现其目标的有效性和效率。不同企业应根据自己的特点，建立资源管理、过程实现、测量分析改进等方面的关联关系，并加以控制。即采用过程网络的方法建立质量管理体系，实施系统管理。建立实施质量管理体系的工作内容一般包括确定顾客期望；建立质量目标和方针；确定实现目标的过程和职责；确定必须提供的资源；规定测量过程有效性的方法；实施测量并确定过程的有效性；制订防止不合格并清除产生原因的措施；建立和应用持续改进质量管理体系的过程。

⑥持续改进：持续改进总体业绩是组织的一个永恒目标，其作用在于增强企业满足质量要求的能力，包括产品质量、过程及体系的有效性和效率的提高。持续改进是增强和满足质量要求能力的循环活动，是使企业的质量管理走上良性循环轨道的必由之路。

⑦基于事实的决策方法：有效的决策应建立在数据和信息分析的基础上，数据和信息分析是事实的高度提炼。以事实为依据做出决策，可防止决策失误。为此企业领导应重视数据信息的收集、汇总和分析，以便为决策提供依据。

⑧与供方互利的关系：组织与供方是相互依存的，建立双方的互利关系可以增强双方创造价值的能力。供方提供的产品是企业提供产品的一个组成部分。处

理好与供方的关系，涉及企业能否持续稳定地提供顾客满意产品的重要问题。因此，对供方不能只讲控制，不讲合作互利，特别是关键的供方，更要建立互利关系，这对企业与供方双方都有利。

（3）施工企业质量管理体系文件的构成：企业应有完整和科学的质量体系文件，这是企业开展质量管理和质量保证的基础，也是企业为达到所要求的产品质量，实施质量体系审核、质量体系认证、进行质量改进的重要依据。

①质量方针和质量目标：一般都以简明的文字来表述，是企业质量管理的方向目标，应反映用户及社会对工程质量的要求，即企业相应的质量水平和服务承诺，也是企业质量经营理念的反映。

②质量手册：质量手册是规定企业组织建立质量管理体系的文件，质量手册对企业质量体系作系统、完整和概要的描述。内容一般包括：企业的质量方针、质量目标；组织机构及质量职责；体系要素或基本控制程序；质量手册的评审、修改和控制的管理办法。

③程序性文件：各种生产、工作和管理的程序文件是质量手册的支持性文件，是企业各职能部门为落实质量手册要求而规定的细则，企业为落实质量管理工作而建立的各项管理标准、规章制度都属于程序文件范畴。一般以以下6个方面的程序为通用性管理程序，各类企业都应在程序文件中制订：文件控制程序；质量记录管理程序；内部审核程序；不合格品控制程序；纠正措施控制程序；预防措施控制程序。

④质量记录：质量记录是产品质量水平和质量体系中各项质量活动进行及结果的客观反映，以规定的形式和程序进行，并有实施、验证、审核等签署意见。

（4）施工企业质量管理体系的建立与运行：质量管理体系是企业质量管理的核心，也是贯彻质量管理和质量保证标准的关键，是在确定市场及顾客需求的前提下，按照八项质量管理原则制订企业的质量方针、质量目标、质量手册、程序文件及质量记录等体系文件，并将质量目标分解落实到相关层次、相关岗位的职能各职责中，形成企业质量管理体系的执行系统。

质量管理体系的运行是在生产及服务的全过程，按质量管理体系文件所制订的程序、标准、工作要求及目标分解的岗位职责进行运作。

质量管理体系的建立和运行一般可分为三个阶段，即质量管理体系的建立、质量管理体系文件的编制和质量管理体系的实施运行。

(5) 施工企业质量管理体系的认证与监督：施工企业质量管理体系按我国质量管理体系族标准进行建立与认证。由公正的第三方机构认证，按申请、审核、审批与注册发证等程序进行。企业获准认证的有效期为三年，认证后监督管理工作的主要内容有企业通报、监督检查、认证注销、认证暂停、认证撤销、复评及重新换证等。

3. 施工质量保证体系

(1) 质量保证体系的概念：质量保证体系是为使人们确信某产品或某项服务能满足给定的质量要求所必须的全部有计划、有系统的活动。因此，质量保证体系是企业内部的一种管理手段，在合同环境中，质量保证体系是施工单位取得建设单位信任的手段。

(2) 施工质量保证体系的内容。

①质量管理与质量控制的保证措施。工程项目的质量管理和质量控制应遵照《建设工程质量管理条例》和《质量管理体系》GB/T 19000 族标准的要求，根据全面质量管理的基本观点和方法，建立持续改进质量管理体系，设立专职管理部门或专职人员。质量管理应坚持预防为主的原则，按照策划、实施、检查、处置的方式进行系统运作。项目经理部应通过对人员、机具、设备、材料、方法、环境等要素的过程管理，实现过程、产品和服务的质量目标。质量管理应满足发包人及其他相关方的要求以及建设工程技术标准和产品的质量要求。

项目质量策划：

a. 项目经理部应进行质量策划，制订质量目标以及实施项目质量管理体系的过程和资源，编制针对项目质量管理的文件。该文件称为质量计划。质量计划也可以作为项目管理实施规划的组成部分。

b. 质量计划的编制应依据下列资料：合同有关产品 (或过程) 的质量要求；与产品 (或过程) 有关的其他要求；质量管理体系文件；组织对项目的其他要求。

质量计划应确定下列内容：质量目标和要求；质量管理组织和职责；工程项目领导班子应坚持全员、全过程质量管理，保持并实现工程项目达到规定要求；应使企业领导和上级主管部门相信工程施工正在实现，并能保持所期望的质量，开展内部质量审核和质量保证活动；开展一系列有系统、有组织的活动，提供真实文件，使建设单位、政府质量监督部门和工程监理单位确信该工程项目能达到预期的目标。

②质量管理体系的建立和运行：质量管理体系是指为了实施质量管理的组织机构、职责、程序、过程和资源的一种特定体系。

质量管理体系包含一套专门的组织机构。建立质量管理体系的几项基本的原则性工作为：确定质量环；明确和完善体系结构；质量管理体系文件化；定期进行质量管理体系审核与质量管理体系复审。

建立和完善质量管理体系的程序：项目领导决策。编制工作计划（包括培训教育、体系分析、职能分配、文件编制、配备仪器等内容）。分层次教育培训，组织学习 ISO 9000 族标准和全面质量管理知识。分析工程项目特点，确定采用哪些质量体系要素和采用程度。编制质量体系文件。

质量管理体系的运行：质量管理体系运行是执行质量管理体系文件、实现质量目标、保持质量管理体系持续有效和不断优化的过程，其有效地运行是依靠体系的组织机构进行组织协调、实施质量监督、开展信息反馈、进行质量管理体系审核和复审来实现。

③质量控制：项目经理部应依据质量计划的要求，运用动态控制原理进行质量控制。质量控制主要控制过程的输入、过程中的控制点以及输出，同时也应包括各个过程之间接口的质量。质量控制是为了确保合同、规范所规定的质量标准，而采取的一系列检测监控的措施、手段和方法。施工项目的质量控制是从工序质量到分项工程质量、分部工程质量、单位工程质量的系统控制过程，也是一个从对投入原材料的质量控制开始，直到完成工程质量检测为止的全过程。项目经理部应在质量控制过程中，跟踪收集实际数据并进行整理，并应将项目的实际数据与质量标准和目标进行比较，分析偏差，并采取措施予以纠正和处理，必要时对处置效果和影响进行复查。

在进行施工项目质量控制过程中，应遵循以下原则：坚持“质量第一，用户至上”；以人为核心，即以工作质量来保证工序质量和工程质量。以预防为主，加强对质量的事前、过程控制，以及对工作质量、工序质量和中间产品质量的检查；坚持质量标准，严格检查，一切用数据说话。贯彻科学、公正、守法的职业道德规范，建筑施工管理人员，在处理问题过程中，应尊重客观事实，尊重科学，正直、公正，不持偏见。

a. 建立企业自检体系。施工单位作为工程产品的直接生产者，要依照合同计划完成工程建设的费用、进度和质量要求，在工程建设的质量管理保证体系中占有重要地位。因此，实行工程质量的企业自检是实现工程建设三大目标的必要条件。

自检体系的建立和完善应以全面质量管理的观点和方法为基础，实施 ISO 9000《质量管理体系》标准，建立质量管理体系，加强质量控制，提供有效的质量保证。

b. 质量控制的具体措施。对工程质量，可分为事前控制、过程控制和事后控制三个阶段：

事前质量控制是指在正式施工前进行的质量控制，其控制重点是做好施工准备工作，且施工准备工作要贯穿于施工全过程中。

过程质量控制是指在施工过程中进行的质量控制，其策略是全面控制施工过程，重点控制工序质量，具体措施如下：工序施工有自控，工序交接有检查，隐蔽过程有验收，质量预控有对策，测量器具校正有复核，施工项目有方案，设计变更有手续，技术措施有交底，图纸会审有记录，材料进场有控制，配制材料有试验，质量事故处理有复查，质量工程师行使质量控制有否决，质量文件有档案。

事后质量控制是指在完成施工过程形成产品后的质量控制，其具体工作内容有：准备交（竣）工验收资料，组织自检和初步验收；按规定的质量评定标准和办法，对完成的分项、分部工程和单位工程进行质量评定；参加交（竣）工验收。

④质量改进：项目经理部应定期对项目质量状况进行检查、分析，向组织提出质量报告，提出目前质量状况、发包人及其他相关方满意程度、产品要求的符合性以及项目经理部的质量改进措施。

组织应对项目经理部进行检查、考核，定期进行内部审核，并将审核结果作为管理评审的输入，促进项目经理部的质量改进。

组织应了解发包人及其他相关方对质量的意见，对质量管理体系进行审核，确定改进目标，提出相应措施并检查落实。

三、工程项目施工质量控制

建设工程项目的施工质量控制，有两个方面的含义：一是指建设工程项目施工单位的施工质量控制，包括总承包、分包单位，综合的和专业的施工质量控制；二是指广义的施工阶段的建设工程项目质量控制，即除了施工单位，还包括建设单位、设计单位、监理单位以及政府质量监督机构的监督管理和控制职能。

（一）施工质量控制的依据与基本环节

1.施工质量的基本要求

工程项目施工是实现项目设计意图形成工程实体的阶段，是最终形成项目质量和实现项目使用价值的阶段。项目施工质量控制是整个工程项目质量控制的关键和重点。施工质量要达到的最基本要求是：通过施工形成的项目工程实体质量经检查验收合格。

项目施工质量验收合格应符合下列要求。

(1) 符合相关专业验收规范的规定，如《公路工程质量检验评定标准》(JTG F80/1—2017)、《城镇道路工程施工与质量验收规范》(CJJ 1—2008) 等。

(2) 符合工程勘察、设计文件的要求。

(3) 符合施工承包合同的约定。

“合格”是对项目质量的最基本要求，国家鼓励采用先进的科学技术和管理方法，提高建设工程质量。国家和地方的建设主管部门或行业协会设立了“中国建筑工程鲁班奖(国家优质工程)”，以及“金钢奖”“白玉兰奖”和以“××杯”命名的各种优质工程奖等，都是为了鼓励项目参建单位创造更好的工程质量。

2.施工质量控制的依据

(1) 适用于施工质量管理有关的、通用的、具有普遍指导意义和必须遵守的基本法规。主要包括：国家和政府有关部门颁布的与工程质量管理有关的法律法规性文件，如《中华人民共和国建筑法》《中华人民共和国招标投标法》《建设工程质量管理条例》等。

(2) 交通运输行业的各专业技术规范、文件。包括规范、规程、标准、规定等中，含有关建筑材料、半成品和构配件质量方面的专门技术法规性文件，有关材料验收、包装和标志等方面的技术标准和规定，施工工艺质量等方面的技术法规性文件，有关新工艺、新技术、新材料、新设备的质量规定和鉴定意见等。

(3) 项目专用性依据。指本项目的工程建设合同、勘察设计文件、设计交底及图纸会审记录、设计修改和技术变更通知以及相关会议记录和工程联系单等。

3.施工质量控制的基本环节

施工质量控制应贯彻全面、全员、全过程质量管理的思想，运用动态控制原理，进行质量的事前控制、事中控制和事后控制。

（1）事前质量控制：即在正式施工前进行的事前主动质量控制，通过编制施工质量计划，明确质量目标，制订施工方案，设置质量管理点，落实质量责任，分析可能导致质量目标偏离的各种影响因素，针对这些影响因素制订有效的预防措施，防患于未然。事前质量预控必须充分发挥组织的技术和管理方面的整体优势，把长期形成的先进技术、管理方法和经验智慧，创造性地应用于工程项目。事前质量预控要求针对质量控制对象的控制目标、活动条件、影响因素进行周密分析，找出薄弱环节，制订有效的控制措施和对策。

（2）事中质量控制：指在施工质量形成过程中，对影响施工质量的各种因素进行全面的动态控制。事中质量控制也称作业活动过程质量控制，包括质量活动主体的自我控制和他人监控的控制方式。自我控制是第一位的，即作业者在作业过程对自己质量活动行为的约束和技术能力的发挥，以完成符合预定质量目标的作业任务；他人监控是对作业者的质量活动过程和结果，由来自企业内部管理者和企业外部有关方面进行监督检查，如工程监理机构、政府质量监督部等的监控。

施工质量的自控和监控是相辅相成的系统过程。自控主体的质量意识和能力是关键，是施工质量的决定因素；各监控主体所进行的施工质量监控是对自控行为的推动和约束。

因此，自控主体必须正确处理自控和监控的关系，在致力于施工质量自控的同时，还必须接受来自业主、监理等方面对其质量行为和结果所进行的监督管理，包括质量检查、评价和验收。自控主体不能因为监控主体的存在和监控职能的实施而减轻或免除其质量责任。

事中质量控制的目标是确保工序质量合格，杜绝质量事故发生；控制的关键是坚持质量标准；控制的重点是工序质量、工作质量和质量控制点的控制。

（3）事后质量控制：事后质量控制也称为事后质量把关，以使不合格的工序或最终产品（包括单位工程或整个工程项目）不流入下道工序、不进入市场。事后控制包括对质量活动结果的评价、认定；对工序质量偏差的纠正；对不合格产品进行整改和处理。控制的重点是发现施工质量方面的缺陷，并通过分析提出施工质量改进的措施，保持质量处于受控状态。

以上三大环节不是互相孤立和截然分开的，它们共同构成有机的系统过程，实质也就是质量管理 PDCA 循环的具体化，在每一次滚动循环中不断提高，达到质量管理和质量控制的持续改进。

（二）施工准备的质量控制与施工过程的质量控制

施工质量控制是一种过程性、纠正性和把关性的质量控制。只有严格对施工全过程进行质量控制，即包括各项施工准备阶段的控制，施工过程中的质量控制和竣工阶段的控制，才能实现项目质量目标。

1.施工准备的质量控制

(1) 施工技术准备工作的质量控制：施工技术准备是指在正式开展施工作业活动前进行的技术准备工作。

例如：熟悉施工图纸，组织设计交底和图纸审查；进行工程项目检查验收的项目划分和编号；审核相关质量文件，细化施工技术方案和施工人员、机具的配置方案，编制施工作业技术指导书，绘制各种施工详图 (如测量放线图、大样图及配筋、配板、配线图表等)，进行必要的技术交底和技术培训。

技术准备工作的质量控制，包括对上述技术准备工作成果的复核审查，检查这些成果是否符合设计图纸和施工技术标准的要求；依据经过审批的质量计划审查、完善施工质量控制措施；针对质量控制点，明确质量控制的重点对象和控制方法；尽可能地提高上述工作成果对施工质量的保证程度等。

(2) 现场施工准备工作的质量控制

①计量控制：这是施工质量控制的一项重要工作。施工过程中的计量，包括施工生产时的投料计量、施工测量、监测计量以及对项目、产品或过程的测试、检验、分析计量等。开工前要建立和完善施工现场计量管理的规章制度；明确计量控制责任者和配置必要的计量人员；严格按规定对计量器具进行维修和校验；统一计量单位，组织量值传递，保证量值统一，从而保证施工过程中计量的准确。

②测量控制：工程测量放线是建设工程产品由设计转化为实物的第一步。施工测量质量的好坏，直接决定工程的定位和标高是否正确，并且制约施工过程有关工序的质量。因此，施工单位在开工前应编制测量控制方案，项目技术负责人批准后实施。要对建设单位提供的原始坐标点、基准和水准点等测量控制点进行复核，并将复测结果上报监理工程师审核，批准后施工单位才能建立施工测量控制网，进行工程定位和标高基准的控制。

③施工平面图控制：建设单位应按照合同约定并充分考虑施工的实际需要，事先划定并提供施工用地和现场临时设施用地的范围，协调平衡和审查批准各施工单位的施工平面设计。施工单位要严格按照批准的施工平面布置图，科学合理地使用施工场地，正确安装设置施工机械设备和其他临时设施，维护现场施工道路畅通无阻和通信设施完好，合理控制材料的进场与堆放，保持良好的防洪排水能力，保证充分的给水和供电。建设（监理）单位应会同施工单位制订严格的施工场地管理制度、施工纪律和相应的奖惩措施，严禁乱占场地和擅自断水、断电、断路，及时制止和处理各种违纪行为，并做好施工现场的质量检查记录。

④材料设备的质量控制：对原材料、半成品及工程设备进行质量控制的主要内容包括：控制材料设备的性能、标准、技术参数与设计文件的相符性；控制材料、设备各项技术性能指标、检验测试指标与标准规范要求的相符性；控制材料、设备进场验收程序的正确性及质量文件资料的完备性；控制优先采用节能低碳的新型建筑材料和设备，禁止使用国家明令禁用或淘汰的建筑材料和设备等。

施工单位应在施工过程中贯彻执行企业质量程序文件中关于材料和设备封样、采购、进场检验、抽样检测及质保资料提交等方面明确规定的一系列控制标准。

⑤施工机械的质量控制：施工机械设备是所有施工方案和工法得以实施的重要物质基础，合理选择和正确使用施工机械设备是保证施工质量的重要措施。对施工所用的机械设备，应根据工程需要从设备选型、主要性能参数及使用操作要求等方面加以控制，符合安全、适用、经济、可靠、节能、环保等方面的要求；对施工中使用的模具、脚手架等施工设备，除按适用的标准定型选用外，一般需按设计及施工要求进行专项设计，对其设计方案及制作质量的控制及验收应作为重点进行控制；按现行施工管理制度要求，工程所用的施工机械、模板、脚手架，特别是危险性较大的现场安装的起重机械设备，不仅要对其设计安装方案进行审批，而且安装完毕交付使用前必须经专业管理部门的验收，合格后方可使用。同时，在使用过程中尚需落实相应的管理制度，以确保其安全使用。

2.施工过程的质量控制

施工过程的质量控制是在工程项目质量实际形成过程中的事中质量控制。

建设工程项目施工由一系列相互关联、相互制约的作业过程（工序）构成，因此施工质量控制，必须对全部作业过程，即各道工序的作业质量持续进行控制。从项目管理的立场看，工序作业质量的控制，首先，是质量生产者即作业者的自控，在施工生产要素合格的条件下，作业者能力及其发挥的状况是决定作业质量的关键。其次，是来自作业者外部的各种作业质量检查、验收和对质量行为的监督，也是不可缺少的设防和把关的管理措施。

（1）工序施工质量控制：工序是人、材料、机械设备、施工方法和环境因素对工程质量综合起作用的过程，所以对施工过程的质量控制，必须以工序作业质量控制为基础和核心。因此，工序的质量控制是施工阶段质量控制的重点。只有严格控制工序质量，才能确保施工项目的实体质量。

工序质量控制的基本步骤是：检测→分析→判断→对策。

工序质量控制的原则：严格遵守工序作业标准或规程，主动控制工序活动条件的质量，及时控制工序活动效果的质量，合理设置工序质量控制点。

工序施工质量控制主要包括工序施工条件质量控制和工序施工效果质量控制。

①工序施工条件控制：工序施工条件是指从事工序活动的各生产要素质量及生产环境条件。工序施工条件控制就是控制工序活动的各种投入要素质量和环境条件质量。

工序施工条件控制的手段主要有：检查、测试、试验、跟踪、监督等。

工序施工条件控制的依据主要是：设计质量标准、材料质量标准、机械设备技术性能标准、施工工艺标准以及操作规程等。

②工序施工效果控制：工序施工效果主要反映工序产品的质量特征和特性指标。对工序施工效果的控制就是控制工序产品的质量特征和特性指标能否达到设计质量标准以及施工质量验收标准的要求。

工序施工效果控制属于事后质量控制，其控制的主要途径是：实测获取数据、统计分析所获取的数据、判断认定质量等级和纠正质量偏差。

按有关施工验收规范规定，下列工序质量必须进行现场质量检测，合格后才能进入下道工序。

③工序质量控制点的设置：工序质量控制点是指在不同时期工序质量控制的重点。包括人的行为与物的状态，材料的质量和性能，施工方法与关键的操作，施工顺序，技术间隙与技术参数，常见的质量通病，新工艺、新技术、新材料的应用，质量不稳定、质量问题较多的工序，特殊土地基和特种结构。

(2) 施工作业质量的自控。

①施工作业质量自控的意义：施工作业质量的自控，从经营的层面上说，强调的是作为建筑产品生产者和经营者的施工企业，应全面履行企业的质量责任，向顾客提供质量合格的工程产品；从生产的过程来说，强调的是施工作业者的岗位质量责任，向后道工序提供合格的作业成果 (中间产品)。因此，施工方是施工阶段质量自控主体。施工方不能因为监控主体的存在和监控责任的实施而减轻或免除其质量责任。我国《中华人民共和国建筑法》和《建设工程质量管理条例》规定：建筑施工企业对工程的施工质量负责；建筑施工企业必须按照工程设计要求、施工技术标准和合同的约定，对建筑材料、建筑构配件和设备进行检验，不合格的不得使用。

施工方作为工程施工质量的自控主体，既要遵循本企业质量管理体系的要求，也要根据其在所承建的工程项目质量控制系统中的地位和责任，通过具体项目质量计划的编制与实施，有效地实现施工质量的自控目标。

②施工作业质量自控的程序：施工作业质量的自控过程是由施工作业组织的成员进行的，其基本的控制程序包括：作业技术交底、作业活动的实施和作业质量的自检自查、互检互查以及专职管理人员的质量检查等。

a. 施工作业技术的交底：技术交底是施工组织设计和施工方案的具体化，施工作业技术交底的内容必须具有可行性和可操作性。从项目的施工组织设计到分部分项工程的作业计划，在实施之前都必须逐级进行交底，其目的是使管理者的计划和决策意图为实施人员所理解。施工作业交底是最基层的技术和管理交底活动，施工总承包方和工程监理机构都要对施工作业交底进行监督。作业交底的内容包括作业范围、施工依据、作业程序、技术标准和要领、质量目标以及其他与安全、进度、成本、环境等目标管理有关的要求和注意事项。

b. 施工作业活动的实施：施工作业活动是由一系列工序所组成的。为了保证工序质量的受控，首先要对作业条件进行再确认，即按照作业计划检查作业准备状态是否落实到位，其中包括对施工程序和作业工艺顺序的检查确认，在此基础上，严格按作业计划的程序、步骤和质量要求展开工序作业活动。

c. 施工作业质量的检验：施工作业的质量检查，是贯穿整个施工过程的最基本的质量控制活动，包括施工单位内部的工序作业质量自检、互检、专检和交接检查；以及现场监理机构的旁站检查、平行检验等。

施工质量检查的一般内容如下：检查施工依据：即检查是否严格按质量计划的要求和相关的技术标准进行施工；有无擅自改变施工方法、粗制滥造、降低质量标准的情况。检查施工结果：即检查已完工的成果是否符合规定的质量标准。检查整改落实：即检查生产组织和人员对质量检查中已被指出的质量问题或需要改进的事项是否认真执行整改。

施工作业质量检查是施工质量验收的基础，已完检验批及分部分项工程的施工质量，必须在施工单位完成质量自检并确认合格之后，才能报请现场监理机构进行检查验收。

前道工序作业质量经验收合格后，才可进入下道工序施工。未经验收合格的工序，不得进入下道工序施工。

③施工作业质量自控的要求：工序作业质量是直接形成工程质量的基础，为达到对工序作业质量控制的效果，在加强工序管理和质量目标控制方面应坚持以下要求。

a. 预防为主：严格按照施工质量计划的要求，进行各分部分项施工作业的部署。同时，根据施工作业的内容、范围和特点，制订施工作业计划，明确作业质量目标和作业技术要领，认真进行作业技术交底，落实各项作业技术组织措施。

b. 重点控制：在施工作业计划中，不仅要认真贯彻实施施工质量计划中的质量控制点的控制措施；同时要根据作业活动的实际需要，进一步建立工序作业控制点，深化工序作业的重点控制。

c. 坚持标准：工序作业人员在工序作业过程中应严格进行质量自检，通过自检不断改善作业，并创造条件开展作业质量互检，通过互检加强技术与经验的交流。对已完工序作业产品，即检验批或分部分项工程，应严格坚持质量标准。对不合格的施工作业质量，不得进行验收签证，必须按照规定的程序进行处理。

《公路工程质量检验评定标准》(JTG F80/1—2017）是公路施工作业质量自控的合格标准。有条件的施工企业或项目经理部应结合自己的条件编制高于国家标准的企业内控标准或工程项目内控标准，或采用施工承包合同明确规定的更高标准，列入质量计划中，努力提升工程质量水平。

d. 记录完整：施工图纸、质量计划、作业指导书、材料质保书、检验试验及检测报告、质量验收记录等，是形成可追溯性的质量保证依据，也是工程竣工验收所不可缺少的质量控制资料。

因此，对工序作业质量，应有计划、有步骤地按照施工管理规范的要求进行填写记载，做到及时、准确、完整、有效，并具有可追溯性。

④施工作业质量自控的制度：根据实践经验的总结，施工作业质量自控的有效制度有：质量自检制度，质量例会制度，质量会诊制度，质量样板制度，质量挂牌制度，每月质量讲评制度等。

(3) 施工作业质量的监控。

①施工作业质量的监控主体：为了保证项目质量，建设单位、监理单位、设计单位及政府的工程质量监督部门，在施工阶段依据法律法规和工程施工承包合同，对施工单位的质量行为和项目实体质量实施监督控制。

设计单位应就审查合格的施工图纸设计文件向施工单位作详细说明；应参与建设工程质量事故分析，并对因设计造成的质量事故，提出相应的技术处理方案。

建设单位在领取施工许可证或者开工报告前，应按照国家有关规定办理工程质量监督手续。

作为监控主体之一的项目监理机构，在施工作业实施过程中，根据其监理规划与实施细则，采取现场旁站、巡视、平行检验等形式，对施工作业质量进行监督检查，如发现工程施工不符合工程设计要求、施工技术标准和合同约定的，有权要求建筑施工企业改正。监理机构应进行检查而没有检查或没有按规定进行检查的，给建设单位造成损失时应承担赔偿责任。

必须强调，施工质量的自控主体和监控主体，在施工全过程相互依存、各尽其责，共同推动着施工质量控制过程的展开和最终工程项目质量总目标的实现。

②现场质量检查：现场质量检查是施工作业质量监控的主要手段。

现场质量检查的内容：开工前的检查，主要检查是否具备开工条件，开工后是否能够保持连续正常施工，能否保证工程质量。工序交接检查，对于重要的工序或对工程质量有重大影响的工序，应严格执行“三检”制度（即自检、互检、专检），未经监理工程师（或建设单位技术负责人）检查认可，不得进行下道工序施工。隐蔽工程的检查，施工中凡是隐蔽工程必须检查认证后方可进行隐蔽掩盖。停工后复工的检查，因客观因素停工或处理质量事故等停工复工时，经检查认可后方能复工。分项、分部工程完工后的检查，应经检查认可，并签署验收记录后，才能进行下一工程项目的施工。成品保护的检查，检查成品有无保护措施以及保护措施是否有效可靠。

现场质量检查的方法。

a. 目测法：即凭借感官进行检查，也称观感质量检验，其手段可概括为“看、摸、敲、照”四种。看：即根据质量标准要求进行外观检查，例如，桥梁基础砌体表面应平整、砌缝不应有裂隙等；摸：即通过触摸进行检查、鉴别，例如，油漆的光滑度，浆活是否牢固、不掉粉等；敲：即运用敲击工具进行音感检查，例如，对地面工程中的水磨石、面砖、石材饰面等，均应进行敲击检查；照：即通过人工光源或反射光照射，检查难以看到或光线较暗的部位，例如，管道井、电梯井等内部管线、设备安装质量，装饰吊顶内连接及设备安装质量等。

b. 实测法：通过实测数据与施工规范、质量标准的要求及允许偏差值进行对照，以此判断质量是否符合要求，其手段可概括为“靠、量、吊、套”四种。靠：即用直尺、塞尺检查诸如墙面、地面、路面等的平整度；量：即指用测量工具和计量仪表等检查断面尺寸、轴线、标高、湿度、温度等的偏差，例如，大理石板拼缝尺寸，摊铺沥青拌和料的温度，混凝土坍落度的检测等；吊：即利用托线板以及线坠吊线检查垂直度，例如，墙体垂直度检查、门窗的安装等；套：即以方尺套方，辅以塞尺检查，例如，对阴阳角的方正、踢脚线的垂直度、预制构件的方正、门窗口及构件的对角线检查等。

c. 试验法：指通过必要的试验手段对质量进行判断的检查方法，主要包括如下内容。

理化试验：工程中常用的理化试验包括物理力学性能方面的检验和化学成分及化学性能的测定等两个方面。物理力学性能的检验，包括各种力学指标的测定，如抗拉强度、抗压强度、抗弯强度、抗折强度、冲击韧性、硬度、承载力等，以及各种物理性能方面的测定，如密度、含水量、凝结时间、安定性及抗渗、耐磨、耐热性能等。化学成分及化学性质的测定，如钢筋中的磷、硫含量，混凝土中粗骨料中的活性氧化硅成分，以及耐酸、耐碱、抗腐蚀性等。此外，根据规定有时还需进行现场试验，例如，对桩或地基的静载试验、下水管道的通水试验、压力管道的耐压试验、防水层的蓄水或淋水试验等。

无损检测：利用专门的仪器仪表从表面探测结构物、材料、设备的内部组织结构或损伤情况。在混凝土结构中，无损检测方法常用的有：回弹法、超声脉冲法、超声回弹综合法、钻芯法、拔出法等；在钢结构工程中，无损检测方法常用的有：X 射线和 Y 射线探伤、超声无损探测、磁粉探伤检测、渗透探伤检测；在砌体结构中，无损检测方法常用的有：原位轴压法、扁顶法、原位单剪法、原位单砖双剪法。

③技术核定与见证取样送检。

a. 技术核定：在建设工程项目施工过程中，因施工方对施工图纸的某些要求不甚明白，或图纸内部存在某些矛盾，或工程材料调整与代用，改变建筑节点构造、管线位置或走向等，需要通过设计单位明确或确认的，施工方必须以技术核定单的方式向监理工程师提出，报送设计单位核准确认。

b. 见证取样送检：为了保证建设工程质量，我国规定对工程所使用的主要材料、半成品、构配件以及施工过程留置的试块、试件等应实行现场见证取样送检。见证人员由建设单位及工程监理机构中有相关专业知识的人员担任；送检的试验室应具备经国家或地方工程检验检测主管部门核准的相关资质；见证取样送检必须严格按执行规定的程序进行，包括取样见证并记录、样本编号、填单、封箱、送试验室、核对、交接、试验检测、报告等。

检测机构应当建立档案管理制度。检测合同、委托单、原始记录、检测报告应当按年度统一编号，编号应当连续，不得随意抽撤、涂改。

(4) 隐蔽工程验收与成品质量保护。

①隐蔽工程验收：凡被后续施工所覆盖的施工内容，如地基基础工程、钢筋工程、预埋管线等均属隐蔽工程。加强隐蔽工程质量验收，是施工质量控制的重要环节。其程序要求施工方首先应完成自检并合格，然后填写专用的《隐蔽工程验收单》。验收单所列的验收内容应与已完的隐蔽工程实物相一致，并事先通知监理机构及有关方面，按约定时间进行验收。验收合格的隐蔽工程由各方共同签署验收记录；验收不合格的隐蔽工程，应按验收整改意见进行整改后重新验收。严格隐蔽工程验收的程序和记录，对于预防工程质量隐患，提供可追溯质量记录具有重要作用。

②施工成品质量保护：建设工程项目已完工的成品保护，目的是避免已完工成品受到来自后续施工以及其他方面的污染或损坏。已完工的成品保护问题和相应措施，在工程施工组织设计与计划阶段就应该从施工顺序上进行考虑，防止施工顺序不当或交叉作业造成相互干扰、污染和损坏；成品形成后可采取防护、覆盖、封闭、包裹等相应措施进行保护。

（三）工程项目施工质量验收

公路工程施工质量验收应按《公路工程质量检验评定标准》(JTG F80/1—2017) 进行，是在施工过程中、在施工单位自行质量检查评定的基础上，参与建设活动的有关单位共同对检验批、分项、分部、单位工程的质量进行抽样复验，根据相关标准以书面形式对工程质量达到合格与否做出确认。

正确进行工程项目质量的检查评定和验收，是施工质量控制的重要环节。施工质量验收的内容包括施工过程的质量验收和施工项目竣工质量验收两个部分。

1.施工过程的质量验收

工程质量验收可将工程项目划分为检验批、分项工程、分部工程、单位工程。施工过程质量验收主要是指检验批和分项、分部工程的质量验收。

施工质量验收的依据：工程施工承包合同、工程施工图纸、国家和有关部门颁发的施工规范、质量标准、验收规范等。

(1) 施工过程质量验收的内容：《公路工程质量检验评定标准》(JTG F80/1—2017) 与各个专业工程施工质量验收规范，明确规定了各分项工程的施工质量的基本要求，规定了分项工程检验批量的抽查办法和抽查数量，规定了检验批主控项目、一般项目的检查内容和允许偏差，规定了对主控项目、一般项目的检验方法，规定了各分部工程验收的方法和需要的技术资料等，同时对涉及人民生命财产安全、人身健康、环境保护和公共利益的内容以强制性条文做出规定，要求必须坚决、严格遵照执行。

检验批和分项工程是质量验收的基本单元；分部工程是在所含全部分项工程验收的基础上进行验收的，在施工过程中随完工随验收，并留下完整的质量验收记录和资料；单位工程作为具有独立使用功能的完整的建筑产品，进行竣工质量验收。

施工过程的质量验收包括以下验收环节，通过验收后留下完整的质量验收记录和资料，为工程项目竣工质量验收提供依据。

①检验批质量验收：所谓检验批是指按同一生产条件或按规定的方式汇总起来供检验用的，由一定数量样本组成的检验体，检验批可根据施工及质量控制和专业验收需要按楼层、施工段、变形缝等进行划分。检验批是工程验收的最小单位，是分项工程乃至整个建筑工程质量验收的基础。

检验批应由监理工程师（建设单位项目技术负责人）组织施工单位项目专业质量（技术）负责人等进行验收。

检验批质量验收合格者应符合下列规定：主控项目和一般项目的质量经抽样检验合格，具有完整的施工操作依据、质量检查记录。

主控项目是指建筑工程中的对安全、卫生、环境保护和公众利益起决定性作用的检验项目。主控项目的验收必须从严要求，不允许有不符合要求的检验结果，主控项目的检查具有否决权。除主控项目以外的检验项目称为一般项目。

②分项工程质量验收：分项工程的质量验收在检验批验收的基础上进行。一般情况下，两者具有相同或相近的性质，只是批量的大小不同而已。分项工程可由一个或若干检验批组成。

分项工程应由监理工程师（建设单位项目技术负责人）组织施工单位项目专业质量（技术）负责人进行验收。

分项工程质量验收合格者应符合下列规定：分项工程所含的检验批均应符合合格质量的规定，分项工程所含的检验批的质量验收记录应完整。

③分部工程质量验收：分部工程的验收在其所含各分项工程验收的基础上进行。

分部工程应由总监理工程师（建设单位项目负责人）组织施工单位项目负责人和技术、质量负责人等进行验收；地基与基础、主体结构分部工程的勘察、设计单位工程项目负责人和施工单位技术、质量部门负责人也应参加相关分部工程验收。

分部（子分部）工程质量验收合格应符合下列规定：分部（子分部）工程所含分项工程的质量均应验收合格；质量控制资料应完整；地基与基础、主体结构和设备安装等分部工程有关安全及功能的检验和抽样检测结果应符合有关规定；观感质量验收应符合要求。

必须注意的是，由于分部工程所含的各分项工程性质不同，因此它并不是在所含分项验收基础上的简单相加，即所含分项验收合格且质量控制资料完整，只是分部工程质量验收的基本条件，还必须在此基础上对涉及安全和使用功能的地基基础、主体结构、有关安全及重要使用功能的安装分部工程进行见证取样试验或抽样检测；而且还需要对其观感质量进行验收，并综合给出质量评价，对于评价为“差”的检查点应通过返修处理等进行补救。

(2) 施工过程质量验收不合格的处理：施工过程的质量验收是以检验批的施工质量为基本验收单元。检验批质量不合格可能是由于使用的材料不合格，或施工作业质量不合格，或质量控制资料不完整等原因所致，其处理方法有以下几种。

①在检验批验收时，发现存在严重缺陷的应推倒重做，有一般的缺陷可通过返修或更换器具、设备消除缺陷后重新进行验收。

②个别检验批发现某些项目或指标（如试块强度等）不满足要求难以确定是否验收时，应请有资质的法定检测单位检测鉴定，当鉴定结果能够达到设计要求时，应予以验收。

③当检测鉴定达不到设计要求，但经原设计单位核算仍能满足结构安全和使用功能的检验批，可予以验收。

④严重质量缺陷或超过检验批范围内的缺陷，经法定检测单位检测鉴定以后，认为不能满足最低限度的安全储备和使用功能，则必须进行加固处理，虽然改变外形尺寸，但能满足安全使用要求，可按技术处理方案和协商文件进行验收，责任方应承担经济责任。

⑤通过返修或加固处理后仍不能满足安全使用要求的分部工程严禁验收。

2.竣工质量验收

项目竣工质量验收是施工质量控制的最后一个环节，是对施工过程质量控制成果的全面检验，是从终端把关方面进行质量控制。未经验收或验收不合格的工程，不得交付使用。

(1) 竣工质量验收的依据。

①国家相关法律法规和建设主管部门颁布的管理条例和办法。

②工程施工质量验收统一标准。

③专业工程施工质量验收规范。

④批准的设计文件、施工图纸及说明书。

⑤工程施工承包合同。

⑥其他相关文件。

(2) 竣工质量验收的要求。建筑工程施工质量应按下列要求进行验收。

①建筑工程施工质量应符合本标准和相关专业验收规范的规定。

②建筑工程施工应符合工程勘察、设计文件的要求。

③参加工程施工质量验收的各方人员应具备规定的资格。

④工程质量的验收均应在施工单位自行检查评定的基础上进行。

⑤隐蔽工程在隐蔽前应由施工单位通知有关单位进行验收，并应形成验收文件。

⑥涉及结构安全的试块、试件以及有关材料，应按规定进行见证取样检测。

⑦检验批的质量应按主控项目和一般项目验收。

⑧对涉及结构安全和使用功能的重要分部工程应进行抽样检测。

⑨承担见证取样检测及有关结构安全检测的单位应具有相应资质。

⑩ 工程的观感质量应由验收人员通过现场检查，并应共同确认。

(3) 竣工质量验收的标准。单位工程是工程项目竣工质量验收的基本对象。单位 (子单位) 工程质量验收合格应符合下列规定。

①单位 (子单位) 工程所含分部 (子分部) 工程的质量均应验收合格。

②质量控制资料应完整。

③单位 (子单位) 工程所含分部工程有关安全和功能的检验资料应完整。

④主要功能项目的抽查结果应符合相关专业质量验收规范的规定。

⑤观感质量验收应符合要求。

(4) 竣工质量验收的程序。建设工程项目竣工验收，可分为验收准备、竣工预验收和正式验收三个环节进行。整个验收过程涉及建设单位、设计单位、监理单位及施工总分包各方的工作，必须按照工程项目质量控制系统的职能分工，以监理工程师为核心进行竣工验收的组织协调。

①竣工验收准备：施工单位按照合同规定的施工范围和质量标准完成施工任务后，应自行组织有关人员进行质量检查评定。自检合格后，向现场监理机构提交工程竣工预验收申请报告，要求组织工程竣工预验收。施工单位的竣工验收准备，包括工程实体的验收准备和相关工程档案资料的验收准备，使之达到竣工验收的要求，其中设备及管道安装工程等，应经过试车、试压和系统联动试运行，并有检查记录。

②竣工预验收：监理机构收到施工单位的工程竣工预验收申请报告后，应就验收的准备情况和验收条件进行检查，对工程质量进行竣工预验收。对工程实体质量及档案资料存在的缺陷，及时提出整改意见，并与施工单位协商整改方案，确定整改要求和完成时间。具备下列条件时，由施工单位向建设单位提交工程竣

工验收报告，申请工程竣工验收。包括以下内容：完成建设工程设计和合同约定的各项内容；有完整的技术档案和施工管理资料；有工程使用的主要建筑材料、构配件和设备的进场试验报告；有工程勘察、设计、施工、工程监理等单位分别签署的质量合格文件；有施工单位签署的工程保修书。

③正式竣工验收：建设单位收到工程竣工验收报告后，应由建设单位（项目）负责人组织施工（含分包单位）、设计、勘察、监理等单位（项目）负责人进行单位工程验收。

建设单位应组织勘察、设计、施工、监理等单位和其他方面的专家组成竣工验收小组，负责检查验收的具体工作，并制订验收方案。

建设单位应在工程竣工验收前7个工作日前将验收时间、地点、验收组名单书面通知该工程的工程质量监督机构。建设单位组织竣工验收会议。正式验收过程的主要工作如下：建设、勘察、设计、施工、监理单位分别汇报工程合同履约情况及工程施工各环节施工满足设计要求情况，质量符合法律、法规和强制性标准的情况；检查审核设计、勘察、施工、监理单位的工程档案资料及质量验收资料；实地检查工程外观质量，对工程的使用功能进行抽查；对工程施工质量管理各环节工作、对工程实体质量及质保资料情况进行全面评价，形成经验收组人员共同确认签署的工程竣工验收意见；竣工验收合格，建设单位应及时提出工程竣工验收报告，验收报告应附有工程施工许可证、设计文件审查意见、质量检测功能性试验资料、工程质量保修书等法规所规定的其他文件；工程质量监督机构应对工程竣工验收工作进行监督。

（5）竣工验收备案：我国实行建设工程竣工验收备案制度。新建、扩建和改建的各类房屋建筑工程和市政基础设施工程的竣工验收，均应按《建设工程质量管理条例》规定进行备案。

①建设单位应当自建设工程竣工验收合格之日起15日内，将建设工程竣工验收报告和规划以及公安、消防、环保等部门出具的认可文件或准许使用文件，报建设行政主管部门或者其他相关部门备案。

②备案部门在收到备案文件资料后15日内，对文件资料进行审查，符合要求的工程，在验收备案表上加盖“竣工验收备案专用章”，并将一份退建设单位存档。如审查中发现建设单位在竣工验收过程中，有违反国家有关建设工程质量管理规定行为的，责令停止使用，重新组织竣工验收。

③建设单位有下列行为之一的，责令改正，处以工程合同价款百分之二以上百分之四以下的罚款；造成损失的依法承担赔偿责任：未组织竣工验收，擅自交付使用的；验收不合格，擅自交付使用的；对不合格的建设工程按照合格工程验收的。

第四节　施工项目成本管理

一、施工成本的定义

施工成本是指在建设工程项目的施工过程中所发生的全部生产费用的总和，包括所消耗的原材料、辅助材料、构配件等费用；周转材料的摊销费或租赁费；施工机械的使用费或租赁费；支付给生产工人的工资、奖金、工资性质的津贴；进行施工组织与管理所发生的全部费用等。建设工程项目施工成本由直接成本和间接成本组成。

直接成本是指施工过程中耗费的构成工程实体或有助于工程实体形成的各项费用支出，是可以直接计入工程对象的费用，包括人工费、材料费和施工机具使用费等。

间接成本是指准备施工、组织和管理施工生产的全部费用支出，是非直接用于也无法直接计入工程对象，但为进行工程施工所必须发生的费用，包括管理人员工资、办公费、差旅交通费等。

二、成本目标与计划成本目标

建设工程项目施工成本管理应从工程投标报价开始，直至项目保证金返还为止，贯穿于项目实施的全过程。成本作为项目管理的一个关键性目标，包括责任成本目标和计划成本目标，它们的性质和作用不同。前者反映公司对施工成本目标的要求，后者是前者的具体化。

根据成本运行规律，成本管理责任体系应包括公司层和项目经理部。公司层的成本管理除生产成本以外，还包括经营管理费用；项目经理部应对生产成本进行管理。公司层贯穿于项目投标、实施和结算过程，体现效益中心的管理职能；项目经理部则着眼于执行公司确定的施工成本管理目标，发挥现场生产成本控制中心的管理职能。

三、施工成本管理的任务和环节

施工成本管理就是要在保证工期和质量满足要求的情况下，采取相应管理措施，包括组织措施、经济措施、技术措施、合同措施，把成本控制在计划范围内，并进一步寻求最大限度的成本节约。施工成本管理的任务和环节主要包括以下几方面。

(1) 施工成本预测。

(2) 施工成本计划。

(3) 施工成本控制。

(4) 施工成本核算。

(5) 施工成本分析。

(6) 施工成本考核。

工程项目成本管理是一个有机联系与相互制约的系统过程，承包企业应按照其形成的特点和规律，建立文件化的工程项目成本管理流程，规范和指导工程项目成本管理的实施。在工程项目成本管理流程中，每个环节都是相互联系和相互作用的。

成本预测是成本决策的前提，成本计划是成本决策所确定目标的具体化。成本计划控制则是对成本计划的实施进行控制和监督，保证决策的成本目标的实现，而成本核算又是对成本计划是否实现的最后检验，它所提供的成本信息又将为下一个施工项目成本预测和决策提供基础资料。成本考核是实现成本目标责任制的保证和实现决策目标的重要手段。

（一）施工成本预测

施工成本预测是在工程施工前对成本进行的估算，是施工项目成本决策与计划的依据。施工成本预测，通常是对施工项目计划工期内影响其成本变化的各个因素进行分析，比照近期已完工的施工项目或将完工的施工项目的成本（单位成本），预测这些因素对工程成本中有关项目（成本项目）的影响程度，预测出工程的单位成本或总成本。通过成本预测，可以在满足项目业主和本企业要求的前提下，选择成本低、效益好的最佳成本方案，并能够在施工项目成本形成过程中，针对薄弱环节，加强成本控制，克服盲目性，提高预见性。

道路工程项目主要包含的施工成本预测内容有工、料、机费用预测；施工方案引起费用变化的预测；辅助工程费的预测；大型临时设施费的预测；小型临时设施费、工地转移费的预测；成本失控的风险预测等内容。

（二）施工成本计划

施工成本计划是以货币形式编制施工项目在计划期内的生产费用、成本水平、成本降低率以及为降低成本所采取的主要措施和规划的书面方案。它是建立施工项目成本管理责任制、开展成本控制和核算的基础，是项目降低成本的指导文件，是设立目标成本的依据。

（三）施工成本控制

施工成本控制是在施工过程中，对影响施工成本的各种因素加强管理，并采取各种有效措施，将施工中实际发生的各种消耗和支出严格控制在成本计划范围内；通过动态监控并及时反馈，严格审查各项费用是否符合标准，计算实际成本和计划成本之间的差异并进行分析，进而采取多种措施，减少或消除施工中的损失浪费。

建设工程项目施工成本控制应贯穿于项目从投标阶段开始直至保证金返还的全过程，它是企业全面成本管理的重要环节。施工成本控制可分为事先控制、事中控制（过程控制）和事后控制。在项目的施工过程中，需按动态控制原理对实际施工成本的发生过程进行有效控制。

（四）施工成本核算

施工成本核算包括两个基本环节：一是按照规定的成本开支范围对施工费用进行归集和分配，计算出施工费用的实际发生额；二是根据成本核算对象，采用适当的方法，计算出该施工项目的总成本和单位成本。施工成本管理需要正确及时地核算施工过程中发生的各项费用，计算施工项目的实际成本。施工项目成本核算所提供的各种成本信息，是成本预测、成本计划、成本控制、成本分析和成本考核等各个环节的依据。

施工成本核算一般以单位工程为对象，也可以按照承包工程项目的规模、工期、结构类型、施工组织和施工现场等情况，结合成本管理要求，灵活划分成本核算对象。

（五）施工成本分析

施工成本分析是在施工成本核算的基础上，对成本的形成过程和影响成本升降的因素进行分析，以寻求进一步降低成本的途径，包括有利偏差的挖掘和不利偏差的纠正。施工成本分析贯穿于施工成本管理的全过程，它是在成本的形成过程中，主要利用施工项目的成本核算资料（成本信息），与目标成本、预算成本以及类似的施工项目的实际成本等进行比较，了解成本的变动情况；同时也要分析主要技术经济指标对成本的影响，系统地研究成本变动的因素，检查成本计划的合理性，并通过成本分析，深入研究成本变动的规律，寻找降低施工项目成本的途径，以便有效地进行成本控制。成本偏差的控制，分析是关键，纠偏是核心；要针对分析得出的偏差发生原因，采取切实措施，加以纠正。

（六）施工成本考核

施工成本考核是指在施工项目完成后，对施工项目成本形成中的各责任者，按施工项目成本目标责任制的有关规定，将成本的实际指标与计划、定额、预算进行对比和考核，评定施工项目成本计划的完成情况和各责任者的业绩，并以此给予相应的奖励和处罚。通过成本考核，做到有奖有惩，赏罚分明，才能有效地调动每一位员工在各自施工岗位上努力完成目标成本的积极性，从而降低施工项目成本，提高企业的效益。

施工成本考核是衡量成本降低的实际成果，也是对成本指标完成情况的总结和评价。成本考核制度包括考核的目的、时间、范围、对象、方式、依据、指标、组织领导、评价与奖惩原则等内容。

以施工成本降低额和施工成本降低率作为成本考核的主要指标，要加强公司层对项目经理部的指导，并充分依靠技术人员、管理人员和作业人员的经验和智慧，防止项目管理在企业内部异化为靠少数人承担风险的以包代管模式。成本考核也可分别考核公司层和项目经理部。

公司层对项目经理部进行考核与奖惩时，既要防止虚盈实亏，也要避免实际成本归集差错等的影响，使施工成本考核真正做到公平、公正、公开，在此基础上落实施工成本管理责任制的奖惩或激励措施。

四、施工成本管理的措施

（一）施工成本管理的基础工作

施工成本管理的基础工作是多方面的，成本管理责任体系的建立是其中最根本最重要的基础工作，涉及成本管理的一系列组织制度、工作程序、业务标准和责任制度的建立。除此之外，应从以下各方面为施工成本管理创造良好的基础条件。

（1）统一组织内部工程项目成本计划的内容和格式。其内容应能反映施工成本的划分、各成本项目的编码及名称、计量单位、单位工程量计划成本及合计金额等。这些成本计划的内容和格式应由各个企业按照自己的管理习惯和需要进行设计。

（2）建立企业内部施工定额并保持其适应性、有效性和相对先进性，为施工成本计划的编制提供支持。

（3）建立生产资料市场价格信息的收集网络和必要的派出询价网点，做好市场行情预测，保证采购价格信息的及时性和准确性。同时，建立企业的分包商、供应商评审注册名录，发展稳定、良好的供方关系，为编制施工成本计划与采购工作提供支持。

（4）建立已完项目的成本资料、报告报表等的归集、整理、保管和使用管理制度。

（5）科学设计施工成本核算账册体系、业务台账、成本报告报表，为施工成本管理的业务操作提供统一的范式。

（二）施工成本管理的措施

为了取得施工成本管理的理想成效，应当从多方面采取措施实施管理，通常可以将这些措施归纳为组织措施、技术措施、经济措施、合同措施、质量管理措施。

1.组织措施

组织措施是从施工成本管理的组织方面采取的措施。施工成本控制是全员的活动，如实行项目经理责任制，落实施工成本管理的组织机构和人员，明确各级施工成本管理人员的任务和职能分工、权力和责任。施工成本管理不仅是专业成本管理人员的工作，各级项目管理人员都负有成本控制责任。

组织措施是编制施工成本控制工作计划、确定合理详细的工作流程。要做好施工采购计划，通过生产要素的优化配置、合理使用、动态管理，有效控制实际成本；加强施工定额管理和施工任务单管理，控制活劳动和物化劳动的消耗；加强施工调度，避免因施工计划不周和盲目调度造成窝工损失、机械利用率降低、物料积压等现象。成本控制工作只有建立在科学管理的基础之上，具备合理的管理体制、完善的规章制度、稳定的作业秩序、完整准确的信息传递，才能取得成效。组织措施是其他各类措施的前提和保障，而且一般不需要增加额外的费用，运用得当可以取得良好的效果。

2.技术措施

施工过程中降低成本的技术措施，包括进行技术经济分析，确定最佳的施工方案；结合施工方法，进行材料使用的比选，在满足功能要求的前提下，通过代用、改变配合比、使用外加剂等方法降低材料消耗的费用；确定最合适的施工机械、设备使用方案；结合项目的施工组织设计及自然地理条件，降低材料的库存成本和运输成本；应用先进的施工技术，运用新材料，使用先进的机械设备等。在实践中，也要避免仅从技术角度选定方案而忽视对其经济效果的分析论证。

技术措施不仅对解决施工成本管理过程中的技术问题是不可缺少的，而且对纠正施工成本管理目标偏差也有相当重要的作用。因此，运用技术纠偏措施的关键，一是要能提出多个不同的技术方案；二是要对不同的技术方案进行技术经济分析比较，以选择最佳方案。

3.经济措施

经济措施是最易为人们所接受和采用的措施。管理人员应编制资金使用计划，确定、分解施工成本管理目标。对施工成本管理目标进行风险分析，并制订防范性对策。对各种支出，应认真做好资金的使用计划，并在施工中严格控制各项开支。及时准确地记录、收集、整理、核算实际支出的费用。对各种变更，及时做好增减账，及时落实业主签证，及时结算工程款。通过偏差分析和未完工工程预测，可发现一些潜在的可能引起未完工程施工成本增加的问题，对这些问题应以主动控制为出发点，及时采取预防措施。经济措施的运用绝不仅仅是财务人员的事情。

4.合同措施

采用合同措施控制施工成本，应贯穿整个合同周期，包括从合同谈判开始到合同终结的全过程。对于分包项目，首先，是选用合适的合同结构，对各种合同结构模式进行分析、比较，在合同谈判时，要争取选用适合于工程规模、性质和特点的合同结构模式。其次，在合同的条款中应仔细考虑一切影响成本和效益的因素，特别是潜在的风险因素。通过对引起成本变动的风险因素的识别和分析，采取必要的风险对策，如通过合理的方式，增加承担风险的个体数量，降低损失发生的比例，并最终将这些策略体现在合同的具体条款中。在合同执行期间，合同管理的措施既要密切注视对方合同执行的情况，以寻求合同索赔的机会；同时也要密切关注自己履行合同的情况，以防被对方索赔。

5.质量管理措施

加强质量管理，控制返工率。在施工过程中，要严把工程质量关，各级质量自检人员定点、定岗、定责、加强施工工序的质量自检和管理工作真正贯彻到整个过程中，采取防范措施，消除质量通病，做到工程一次成型、一次合格，杜绝返工现象的发生，避免造成因不必要的人力、财力、物力等大量投入而加大工程成本。

参考文献

[1] 李栋国，张洪军 . 道路桥梁工程施工技术 [M]. 武汉：武汉大学出版社 , 2014.

[2] 王琨，赵鹍鹏 . 公路工程施工技术 [M]. 徐州：中国矿业大学出版社 , 2015.

[3] 吕春雨 . 道路工程施工项目管理技术 [M]. 北京：中国水利水电出版社 , 2016.

[4] 唐先习，梁金宝 . 桥梁施工 [M]. 北京：机械工业出版社 , 2014.

[5] 刘世忠 . 桥梁施工 [M]. 北京：中国铁道出版社 , 2010.

[6] 王修山，王波 . 道路与桥梁施工技术 [M]. 北京：机械工业出版社 , 2016.

[7] 刘杰，郝付军 . 铁路桥梁施工与维护 [M]. 北京：中国铁道出版社 , 2014.

[8] 贾小东 . 公路工程 [M]. 武汉：华中科技大学出版社 , 2010.

[9] 张擎，姚玉玲 . 公路工程经济与管理 [M]. 北京：人民交通出版社 , 2017.